小松隆二

日本労働組合論事始

忘れられた「資料」を発掘・検証する

KOMATSU Ryuji

論創社

はしがき

研究にも流行や流行後れがある。社会科学でも、労働運動史や社会思想史などは、その流行遅れの典型といってよいほどである。近年、若い研究者には人気がないのがその証のようなものである。ただし、流行後れが、研究の必要や意味までなくなっているということではない。

本書は、その流行後れの領域や課題に属するテーマに挑戦したものである。いずれも、労働運動史や社会思想史においてさえ、十分に議論されたり、注目を集めたりしたテーマではない。むしろ無視されたり、解明されずに取り残されたりしてきたテーマである。労働組合（論）の源流考しかり、幻の存在と言ってよい幸徳秋水の戦前版全集しかりである。またアナキズム系の膨大な数のパンフレットや機関紙誌の実態しかり、多くの思想家たちが挑戦した個人紙誌の全体像しかりである。

いずれも、強い光をあてられることはなかったが、決して無視されてよいテーマではない。労働組合をとっても、日本で労働者や労働組合の用語が使われるようになったのは最初からではない。労働組合そのものは明治初年には紹介されるが、労働組合に用語が統一されたり、正確に理解されたりするには相当の歳月を要した。そのことは長い間ほとんど関心を集めることがなかった。

現在は、極めて少数しか見られなくなったが、大正・戦前昭和には実に多くの思想家が挑戦した個人紙誌も、忘れられてきた存在である。高田集蔵、中里介山、加藤一夫、賀川豊彦、山崎今朝弥、三宅雪嶺、武者小路実篤、有島武郎、相馬御風、矢内原忠雄らはいずれも、重要な時点で個人紙誌に挑戦した。彼らの生涯と思想を解明するのに、個人紙誌を無視することはできない。にもかかわらず、これまでそれらは研究者にも関心を持たれることは稀であった。

それだけに、本書も、それらのテーマに関する長い間の研究の空白を完全に埋めることができているわけではない。本格的・全面的解明への扉を開いた程度といってよいものである。

もっとも、それらのテーマに私が挑戦したのは、今回が初めてではではない。本書で取り上げたテーマは、アナキズム系のロシア革命批判のパンフレット、および柳沢善衛と自由社の機関紙誌およびパンフレットに関する短い二つの章を除いて、すでに発表済みのもので、その多くは三〇年ほど前に発表したものである。本書は、それらの再論や修正稿といってよい。初出については、各章末尾の〈参考文献〉欄に示した。

そのように、本書は決して流行に乗るテーマを取り上げたのではない。しかも、依然として出版環境も厳しい。そこで、今回も出版の方は論創社にお願いすることになった。森下紀夫社長には、御快諾を頂いた上、多くの御教示等もいただいた。心から感謝を申し上げる次第である。

本書が研究の流行や流行後れについて、また労働組合（論）の源流と展開、秋水全集など戦前の思想家の全集、労働運動史や思想運動史におけるパンフレット等小出版物類の役割、あるいは思想家の個人紙誌などについて、関心や深い研究を呼ぶきっかけになれば幸いである。

二〇一八年五月

小松　隆二

日本労働組合論事始――忘れられた「資料」を発掘・検証する　目次

第二章　日本労働組合論事始　48

第Ⅱ部　忘れられた『幸徳秋水全集』の発掘

第二章　加藤一夫と個人誌『大地に立つ』――半個人誌から個人紙（第二次）へ　334

日本労働組合論事始——忘れられた「資料」を発掘・検証する

第 I 部

忘れられた日本における労働組合の導入過程

第一章　日本における労働組合思想の導入過程

1　労働研究・労働組合研究史における重大な欠落

近年、労働組合の目的、役割、課題が改めて問い直されている。戦後でも、かつての総評（日本労働組合総評議会）・同盟（全日本労働総同盟）時代を頂点に、労働組合の組織率の低下、春闘における獲得成果の後退・不十分さ、さらには労働組合の社会的地位や役割の沈下などが顕著に進行してきた。特に近年は、労働者の生活水準の向上、まちづくりや自然・環境保護などの新しい市民的要請に、労働組合は十分に対応できないのではないかという懸念も拡がった。

労働組合に対する反省や検証の必要の声が湧き起こったのは、そのように労働組合がかつてほど輝き、魅力、夢を労働者や市民に与えなくなった状況・現実からであった。その意味では、必ずしも積極的な意味、前向きの視点からの検証・問い直しの要請ではなかった。

いうまでもなく、日本では労働組合は外来の思想であり、制度である。その思想の欧米からの移入以来、今日に至る歩みについては、戦後に至り研究の自由を得てから、その研究水準は格段の前進を見せている。しかし、まだまだ解明されていない問題も少なくない。肝心の労働組合の出発点にあたる、日本への導入過程にしても、すべてが明らかになっているわけではない。遠い時代のことであるだけに、むしろ不明の点が多々存在している。

例えば、労働組合の用語、さらにその理念・思想が日本に初めて紹介されたのはいつ、どのようなルート・方法でなされたのか、労働者や労働組合なる用語、あるいはストライキや同盟罷業なる用語が初めて使用されたのはいつなのか、といったことなども、実は共有される理解はまだ成立していない。当時を振り返れば、資本主義社会に入って、下層の労働者が立ち上がって労働組合を結成し、運動を起こすことは、資本家・経営者にとって、また社会にとって予想を超える激動であった。それだけに現代に比べれば、黎明期における労働組合とその運動の社会的衝撃・意義は極めて大きかった。

それほどなので、労働組合の実際の生成に先立って、従ってそれがまだ全く生成していない時代に、それらを正しく理解し、適切に受けとめるのは、きわめて難しいことであった。しかるに、その事業に挑戦した研究者が意外に多く存在した。実際に、労働運動や労働組合が全く存在しない時代に、多くの研究者たちが、ゆっくり時間をかけて受けとめ、理解し、移入した。

それだけに、労働組合や労働争議の用語・思想の移入過程の解明は、特別の意味をもっている。にもかかわらず、それらに対する既存の理解は、根底から再検討せざるをえないほど、不十分な認識・理解の側面をもっていた。

たまたま、近年、社会科学のみか、物理学などの自然科学にあっても、既成の理論や法則が大きな批判・反省にさらされた。学として混迷状態にある領域、あるいは新しい価値観や方法、また未開拓の理論や思想の追究・再構築の必要が訴えられる領域も見られた。たまたまソ連(ロシア)、東欧、中国、あるいは中南米において、革命に値する激動が生起し、世界を驚愕させてきたが、それらの激動も、新しい科学や学問、理論や法則、あるいは価値観や評価を転換、開拓・発掘するあり方・方向を促したといってよい。

と同時に、日本をはじめとする資本主義諸国も、表面的には平穏無事に豊かさを享受しているように見えて、実は多くの難題を抱え、目に見えない側面や深部ではやはり不安定・混迷・動揺の進行にさらされてきた。その点では、われわれ自身の周りでも、新しい考えや価値観、あるいは個々の持家づくりを越える「まちづくり」などに見られる生活や思想を抜本的に改革する新しい方向性・あり方を追究することが不可避になっている。

学問・研究の領域においても、全般的なレベルでも、また個々の問題ごとにも、既成の理論や方法や理解が否定や批判にさらされ、まったく新しいあり方が模索されつつある。それも、やはり世界的な激動と無関係とは言えない。

社会政策論や労働(運動)史研究にあっても、そのような動揺・混迷、そして新しい模索が混在し、一つの転機にさしかかっている。理論や方法に関しても、対象や問題に関しても、また研究者・担い手に関しても、新しい時代の流れを受け止めざるをえない状況にある。

例えば、社会政策論あるいは社会政策研究に従事する研究者の比較的多くのものがこれまでマルクス主義（主に経済学）の応用学として労働（問題）研究に取り組んできたと言ってよいが、その功罪を含め、方法的・理論的再検討・再検証も避けえないであろう。

本章は、そのような認識の下で、日本における労働組合（思想）研究の出発点になる、その理念や思想、さらには運動の移入・受容過程を検証し、新しい理解の提示を試みることを目的にしている。この問題は、これまで必ずしも深く立ち入ることがなされず、長い間、旧来のままの理解にとどまってきた。もちろん、ある程度共通の認識は形成されているが、そこにとどまる限り、理論的にも、資料・実証面でも、新たな前進を図ることは、困難であった。

しかも、重要なことに、この点の検証あるいは再検証は、同時に労働・労働問題研究の方法、例えば社会政策論に対する再検証にもつながっていかざるをえない面も持っている。労働組合の移入から受容・展開に至る過程は、まさに労働組合研究の方法論の形成過程でもあったからである。

実際に、日本における労働問題研究は社会政策論として、かつ官学（東京帝国大学）の研究者を主たる担い手として始まったとされる認識への検証と反省なしには、上記の課題に対する本格的な取り組み、そして適切な解答や位置づけは不可能といってよい。たしかに、労働問題・労働組合の特化された専門的研究は社会政策論の登場と共に始まったといってよい。そうだとしても、それに先立つ労働組合の存在しない時代に、労働力や労働組合の問題に正面から取り組み、試行錯誤しながら労働組合、労働争議、仲裁制度まで適切に受けとめ、理解した努力を無視してよいということにはならない。

はたして、そのような理解は意味がないのか、やはり日本における労働研究・労働組合研究は社会政策論として始まったのか、そうであるとすると、労働研究・労働組合研究の出発は、社会政策論の導入される一八九〇年代の後半以降にしか求めることができないが、そのような理解でよいのか。

例えば、明治初年の翻訳経済学でも、また、その後徐々に手掛けられる翻訳を脱皮して自立に向かう経済学でも、労働力、それに関わる賃金、労働時間、さらに労働組合・労働争議などの労働問題は、明快な研究対象・課題であった。イギリスなどでは、一九世紀後半には労働組合、その運動は一般化しており、経済学にあっては労働力とそれをめぐる諸問題は日常的で、かつ重要な課題になっていた。そのようなイギリスなどから、そこにおける研究が労働組合の存在していない明治初年の日本にそのまま移入されたのである。しかも、それをある時期以降は、日本の経済学者もよく咀嚼していた。したがって、それこそ日本における労働組合認識・労働研究の出発点ではなかったのか。国家による社会政策の導入を前提に、労働者生活の維持・改善を目指す政策論的視点からの労働研究・アプローチは、その後に登場する取り組みではなかったのか。こんな疑問がすぐに浮かぶであろう。

その種の疑問に応え、克服することなしには、労働組合の導入過程の的確な理解は不可能である。その意味でも、労働組合の導入過程の解明は、同時に労働研究の視点や方法論にも関わっていかざるをえない。

そこで、まず本章の主たる狙いを、労働組合の理念・思想が日本にいつ、どのように移入されたのか、またそれがその後の労働研究、とくに社会政策論にどのような意味を持つのか、さらにそれ以前に労働者や労働組合という基本となる用語自体がどのように形成されたのか、そういった課題・疑問について、明治初年の時期に光をあてつつ、検討することにしたい。

2　労働組合（思想）の導入過程に関する既存の理解

日本において労働組合（運動）が初めて成立する、いわば労働運動の生成過程に関しては、比較的共通の理解が定着してきた。その理解・認識は、通念としてことさら大きな批判にさらされることもなく今日まで維持されてきた。

例えば、片山潜・西川光次郎の『日本の労働運動』（労働新聞社、一九〇一年）に紹介されるなど、周知のことではあるが、次のように印刷工と鉄工による動きが団結に向かう最初の挑戦であった。

印刷工に関しては、一八八四（明治一七）年に東京印刷会社の植字課長が組織化を企てたのを始め、一八八九年にも秀英舎の印刷工が再度組織化に挑戦している。いずれも失敗に終わるが、どちらの場合にも、経営者（秀英舎社長）でいながら日本労働運動の貢献者・慈父と言ってよい佐久間貞一が印刷工たちの相談に与かっているのが興味を引く。

この直後の一八九〇年に、印刷工たちはついに「同志会」の結成に成功する。印刷工にとっては初めて成立した組織ではあったが、会費の管理の失敗（使途不明）から、長くは続かなかった。

ほぼ同じ頃、まず一八八七年に、鉄工（機械工）も組織化に取り組んでいる。これは失敗に終わる

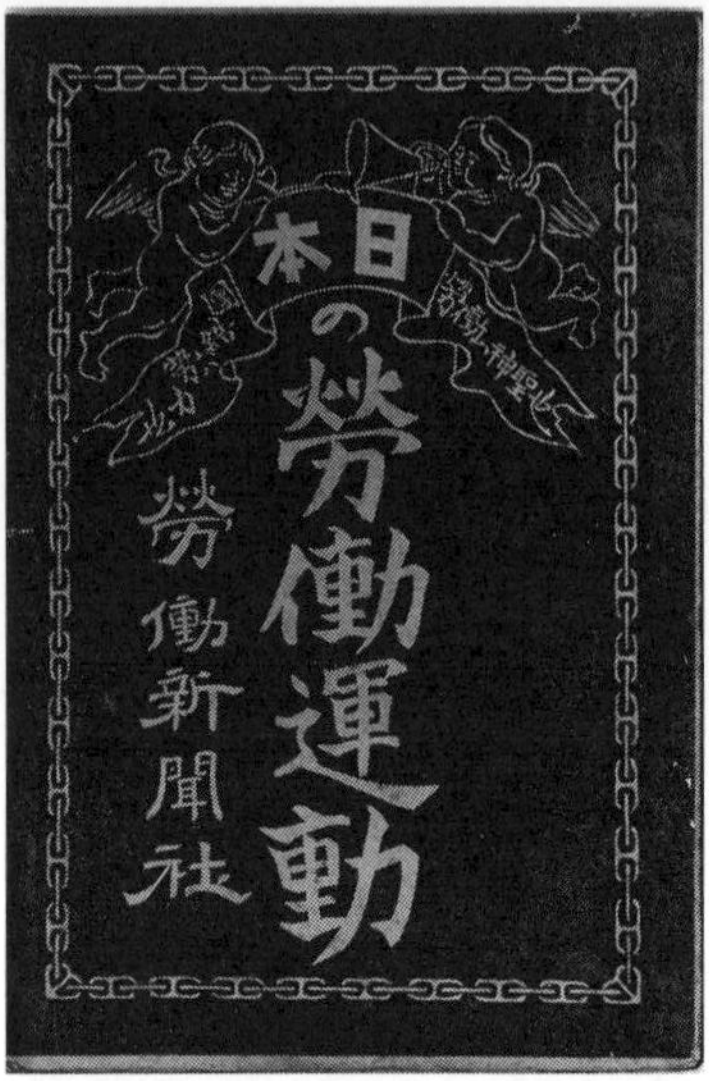

片山潜・西川光次郎著『日本の労働運動』
（新村忠雄氏の所蔵本）

が、二年後の一八八九年には「同盟進工組」の組織化に成功する。石川島造船所、陸・海軍の官営工廠など近代的機械工業の熟練工たちが参加した組織であった。しっかりした規約を含む「趣意書」までつくった労働者組織で、近代的な労働組合とは言えないまでも、最初の労働組合的な組織、あるいは労働者団体と言ってよいものである。ただこれも会費（積立金）の管理の失敗から、長くは続かず、短命に終わっている。

ちょうどその頃、甲府において女工、すなわち近代的工業労働者による最初の争議も発生する。一八八六（明治一九）年の雨宮生糸場の女工による争議がそれで、結果は女工側の要求がほぼ全面的に認められる形で終わるものであった。

これらの動きは、資本主義経済の出発、自由民権運動の勃興、国会開設に向けての官民の慌ただしい動きなど、まだ不安定さを抜け切っていなかった資本主義形成期の動向を背景に展開された。それらの動きに、日本においても労働者の運動がいよいよ芽をふきだしつつあったことがうかがえるであろう。

ただ、いずれも下からの自然発生的な、それだけに散発的な動きで、まだ恒常的で安定した運動に成育したものではなかった。これらの動きを恒常的なものに成育させるには、初期にはインテリゲンチャなど非労働者階級の協力が必要であった。いずれの国でも、その協力が労働者とその運動の成育への大きな支え・インパクトとなるのがつねであった。とりわけ日本では、彼らによる労働組合思想の紹介や支援が重要な意味を持っていた。正確な情報も知識もない労働者たちが、自然発生的に活動し要求しはじめた芽をより大きなものに育て、組織化・恒常化させるには、それを可能にする労働組合（思想）に関する正確な知識・情報を得ることのできる文献・資料の登場が不可欠であったのである。

これまで、その役割を負った先駆的な足跡としては、一八九〇（明治二三）年九月二三日発行の『国民之友』（第九五号）に発表され、「罷工同盟」「団結」「同盟罷工」などの用語も使用して「同業組合（労働組合）」と「共同会社（協同組合）」に労働問題の解決策を求めた「労働者の声」を先頭に、翌九一年の高野房太郎による「日本ニ於ケル労働問題」（『読売新聞』一八九一年八月七〜一〇日）、ついで翌九二年の佐久間貞一による「職工組合の必要」（『東京経済雑誌』第二五巻六一七号、一八九二年四月二日、『国民新聞』一八九二年四月五〜八日）等が指摘されるが、それらが世に送り出される経過は、研究者の間ではほぼ共通に確認されてきた（佐久間貞一「職工組合の必要」の所収誌を調査し、正しい誌名を明らかにしたのは、池田信［『日本社会政策思想史論』東洋経済新報社、一九七八年］と下田健人［労働史研究同人会『日本労働運動の先駆者たち』慶応通信、一九八五年］である）。

これらの流れの中では、その先駆性ゆえに「労働者の声」がとりわけ高い位置を与えられてきた。たとえば赤松克麿は、同稿を「我国に於いて始めて純正なる意味に於ける労働組合主義を鼓吹した文献である」と、早くも戦前にあって評価した（『明治文化全集　第二一巻社会篇』日本評論社、一九二九年）。特に「労働組合主義」と受けとめたことが赤松の進んだ理解をうかがわせる。

戦後に至ると、大河内一男・松尾洋は、通俗的な〈物語〉の水準を超えるほど資料的にも豊富に新事実を織り込んだ『日本労働組合物語・明治』（筑摩書房、一九六五年）において、「この訴えは、この種の文章としては日本最初のものだったといわれる」と評価した。また隅谷三喜男も、通史としては評価の高い著作の一つである『日本労働運動史』（有信堂、一九六六年）において、この「労働者の声」を「これはしばしば、日本に於て最初に労働組合を支持した文章とされている」と位置づけている。

加えて、二村一夫は、高野房太郎に関する詳細・緻密な研究（二村一夫『労働は神聖なり、結合は勢力なり――高野房太郎とその時代――』岩波書店、二〇〇八年）において、その「労働者の声」の執筆者が高野房太郎であることを論証された。

私自身も、それらと同じような認識に立って、この「労働者の声」の発表された一八九〇年前後に、労働組合の必要性や支持を訴える主張が初めて赤松の言う「労働組合主義」として登場し、ついで高野と佐久間が労働組合を最初の総合的な枠組みの中に位置づけたことで、この時期が、日清戦争直後の一八九〇年代末の動きと並んで、初期労働組合論の二つの高峰を形づくるものと理解してきた（小松隆二「わが国における労働組合思想の生成―佐久間貞一と高野房太郎を中心に―」『経済学年報』(慶応義塾大学)第一三号、一九七〇年)。

ただ、そのような理解はそれで間違いではないのであるが、その理解にとどまっている限り、一八八九年に「組合」「組合員」の用語も使用した同盟進工組のすすんだ規約(趣意書)、あるいは「労働者の声」や佐久間の先駆的な労働組合論の典拠が解明されないままという未解決の問題が残った。この一八九〇年前後に標された、優れたいくつかの足跡が、何の先行する典拠もなく忽然と生み出されたのではなく、その土台や基礎となるものがどこかにあったのではないかと推測されながら、それが解明できないままに今日まで推移してきた。

それに対して、同盟進工組の成立、「労働者の声」の発表、あるいは佐久間による労働組合論の発表がなされる時期以前にも、すでに日本には、労働運動・労働組合の理解・思想がかなりの広がりで紹介されていたという状況、しかもその状況が明快な文献・資料をもって事実として確認できれば、その問題はある程度解決するのではないかと考えるようになった。

しかるに、実際にそのような事実、つまり一八九〇年前後以前にも、日本には労働運動・労働組合(思想)がすでに広く紹介されていたという研究状況が存在するのである。しかも、志士仁人に訴え、労働組合と協同組合に解決策を求める「労働者の声」や高賃金論を基礎とする佐久間による労働組合・労働運動に関する理解にきわめて類似の労働組合観も、一八九〇年よりもさらに遡る時期の経済学書の中に、見られるのである。

そういった事実の確認は、これまでの日本における労働組合（運動）史の理解、のみならず社会政策論として始まるとされてきた労働（問題）研究の方法論やその歴史的推移の理解にも、ある程度修正を迫るものといってよいであろう。

3　労働者や労働組合の概念・用語の移入と変遷

（1）労働組合の用語・思想の移入・定着への挑戦

今日では自明のように使用される〈労働組合〉の用語も、そこにたどり着き、定着するまでには、多くの試行・変遷が辿られてきた。それだけに、輸入・移入概念・用語の常で、いろいろの表現・用語を経て〈労働組合〉に落ち着くには、先人たちによって多くの労苦・挑戦が積み重ねられ、相当の歳月の経過も必要であった。本章の本筋に入る前に、その労働組合の概念・用語の移入過程を先にふれてみよう。

日本では、労働組合が現実に成立する以前に、その概念・理念の方が先に移入・紹介された。そのような場合、労働組合の見聞も実体験もないだけに、ただ頭脳・脳裡の中で推察・考察を展開するところから出発する。当然すぐに正しい認識・理解が出来るとは限らない。試行錯誤がなされ、推測ミス、誤解、誤りをくり返しては、訳語の発案、形成、さらにその修正、より良い用語の工夫が繰り返される。〈労働組合〉もその例外でない。

幕末という早い時期に、日本に労働組合を最初に紹介する栄誉を担う機会を持ちながら、その機会を生かせずに終わるのは、『福翁自伝』にも登場する開成所（後の東京大学）教授時代の神田孝平である。彼は、ウィリアム・エリスの入門書の翻訳を通して日本に西洋経済学を最初に紹介した人としてつとに高名である。その最初の経済学紹介書であった『経済小学』（一八六七年）に、当時の経済学書のつねとして賃労働・労働組合に近い記述がみられる。

ところが、まだ見たことも聞いたこともない労働組合の理解・訳述に戸惑ったのであろう。神田はその実像を理解することができなかった。労働組合とその活動に適切にも〈同業相結〉〈同業相迫〉の訳語を与えつつも、それを労働者の活動や組織（労働組合）ではなく、企業の経済活動や組織と解釈してしまったのである。

もっとも、この点で神田の理解不足を責めることはできない。一八七七年に『初学経済論』で労働組合を的確に紹介する牧山耕平でさえも、日本における最初の経済学辞典である『初学経済論字引』（文山房蔵梓、一八七九年）に〈トレード。ユニオン〉を成業同社として一項目を立てながら、〈トレード〉に惑わされたのか、それを「製造ナリ商売ナリメイメイ金を出シ又ハ労ヲ致シテ均クリエキヲスル社ナリ」と説明した。それを想起すると、幕末に神田が労働組合を企業・経営の組織や活動と理解したとしても、時代状況を考えたら、誤訳などと簡単に片づけることはできないであろう。

社会政策の移入・紹介者ならば、福沢諭吉、中村正直（敬宇）、高橋達郎らの名前が浮かんでくるが、労働組合の移入・紹介者としては、まず林正明、小幡篤次郎、高橋、ついで永田健介、牧山の名前を上げなくてはならないであろう。まだ社会科学が未発展・未分化の時代ではあったが、その多くは経済学者であった。

林と小幡は福沢門下であるが、林は『経済入門』（M・フォーセット、一八七四年）において、また小幡は『英氏経済論』（F・ウェーランド、一八七一−七七年）において、労働組合の紹介を試みた。林は労働組合を〈協同工社〉とし、資本主義経済の理にかなうもの、小幡は〈工人の結党〉とし、資本主義経済の理を乱すものと受け止め、訳述した。

同じ頃（一八七六年）、高橋も、工人党や労者結党の訳語で労働組合を紹介するが（J・ロジャース『泰西経済新論』）、労働組合像全体を明確に提示したわけではなかった。労働組合をその全体像において経済的制度として、しかも労働者の視点から的確に紹介したのは、永田健介（M・フォーセット『宝氏経済学』一八七七年）である。

永田も福沢門下である。彼は労働組合を〈工業結社〉〈協同工社〉、争議を〈傭工同党〉、あるいは今日にも続く〈ストライキ〉とし、その活動を一般読者の理解できる用語・内容で訳述した。同じ頃、牧山もほぼ同様の〈傭工党結〉、〈傭工同党〉の訳語で説明した（A・メイスン他『初学経済論』一八七七年）。

なお、一八七八年前後の労働者の呼称は、力作者（林、堀越愛国）、工人・工職人（林、永田、西村茂樹）、傭工（牧山）、労者（高橋、小笠原利孝）、力役者・雇工（川本清一）などが多かった。同盟罷工の呼称は早くから定着するのに、労働者という呼称は定着までに相当の歳月を要するのである。

ちなみに、福沢諭吉であるが、日本における経済学の発展には大きな貢献をなした彼も、資本や財に比べて、もう一つの生産要素である労働力にはあまり関心を示すことをしなかった。貧民はじめ、慈善事業に関わる底辺の問題には強い関心を示し、西洋社会事業を日本に最初に紹介した貢献者であるのに、労働（力）や労働組合に関しては、さほど興味を示さなかった。

福沢は『西洋事情』では、労働者を未成熟な時代状況に合わせるように、底辺の役夫・土工・貧人などとして〈役夫職人〉〈役徒職人〉と呼ぶが、後に『民間経済録』（福沢氏版、一八七七年）では、労働者を〈力役者〉と呼び、その中でホワイトカラーの〈心労〉とブルーカラーの〈力役〉の二つに分けて理解するほどになる。その段階でも、そろそろ紹介されだしていた労働組合に対しては関心を示すまでには至らなかった。

(2)　労働組合という呼称、さらに労働組合論の登場と定着

その後、労働組合の呼称には職工相結（栗原亮一）、職工連合（宍戸義知）、労動者の党結（森下岩楠）、労働者の連合（蟻川堅治）、職工組合（嵯峨根不二郎、酒井雄三郎、佐久間貞一、牧山耕平）、工人連合社（渡辺修次郎）、同業組合（農商務省、浮田和民、高野房太郎）、職業結社（坂牧勇助）、共同職工結社（天野為之）、職業同盟（中川小十郎）、労力同盟（薬師寺政治郎、望月彰）、労力団体（佐藤昌介）などが加わる。実に多様に造語・表現されてきた。

また労働者の呼称には職工（栗原、森下、矢野文雄、佐藤）、労力者（犬養毅、嵯峨根、持地六三郎、

浮田、山本兼太郎）、労役者（大石正巳、光吉元）、労動者（森下）、労働者（蟻川、稲波釣三郎、薬師寺政治郎、望月彰、山本）などが継承されたり、新たに加わったりする。これらを見ても、労働組合と労働者のどちらにも、日清戦争以前には広く受容されるほど定着した呼称は成立していなかったことがうかがえよう。

ただ、この時代にも、一八九〇年代に入ると、注目すべき動きが、いくつか始動する。労働組合研究としては、引き続き永田ら、それに東京専門学校（後の早稲田大学）の天野為之らの貢献が加わるが、加えて以前には見られなかった新しい動きが注意を引くようになる。

それらの中で特に留意すべきことの一つは、経済学や社会学の一環としてではなく、労働組合論として完結した主張が初めて登場することである。言わずと知れた高野房太郎（一八九一年）と佐久間貞一（一八九二年）による実践的な労働組合（論）の提唱である。

その二つ目は、労働組合を力役者組合や工業組合と訳した渡辺簾吉訳『行政学』（L・スタイン）が、一八八七年に職工に加えて〈労動者〉を、また人権法、職場法と共に、やや狭い用法とはいえ、〈労動法〉の用語を早くも訳述したことである。それまでも、江木衷の〈社会行政法〉（一八八五年）、その直後（一八八八年）には、農商務省の〈社会法律〉といった使用例も見られるが、今日に続く労動法という用語の登場は看過されてはならない。

さらにその三つ目は、特に重要な動きであるが、初めて〈労働組合〉の名称が登場することである。その最初の使用者は稲波釣三郎である。彼は大学予備門（一高、さらに東大につながる）を卒業して大蔵省に入省、その公務で出張中に二六歳の若さで早逝した。彼は早くも一八九〇年に「労働政略」を執筆したが（後一八九六年刊行の『稲波法学士遺稿』に収録）、そこに〈労働組合〉と〈労働者〉の呼称を全面的に使用・展開したのである。

この稲波による労働組合の用語が高野太郎を介して明治、大正、さらに昭和に引きつがれ、今日に至るのである。

このような先駆的な動きの後に、次のステージとして明治三〇年に労働組合の名称が初めて実践にも使用される時代を迎える。と同時に、それまでは研究ということで寛大であった官憲・当局の姿勢も、厳しい抑圧的なものに変わることになる。

先の稲波の先駆的努力を経て、労働組合の名称を冠する実践団体が初めて誕生するのは、周知のように日清戦争直後の一八九七（明治三〇）年のことである。労働組合設立の母胎として高野房太郎が佐久間貞一らの助力を得て設立した労働組合期成会がそれである。

高野は、その直前まで労働組合を〈同業組合〉と呼んでいたが、労働者に労働組合の必要と結成を訴える実践活動、そして実践団体の出発に際しては、〈労働組合〉を選択、使用したのである。

その点で、高野と佐久間は労働組合の名を初めて広く知らしめた人であった。今日、二人が、一方は〈日本労働運動の父〉、他方は〈労働運動の慈父〉と評価されるのは、その点でも理由のないことではなかったのである。

もっとも、以後、労働界において直線的に労働組合の呼称が普及し、定着するのではない。しばらくは矯正会、誠友会、至誠会のような名称が目立つ。さらに大正に入っても、当初は職工組合の使用例が多く、その後も○○労働組合を名乗るよりも、なお友愛会、信友会、技友会、向上会、工友会など友愛的、同志的、道義的な名称も使用され続ける。労働組合の用語が一般的に使用されるのは、大正デモクラシーの下に労働運動も大衆化に向かう第一次世界大戦後のことである。それに合わせて、一九二〇年に創刊された二つの『労働年鑑』も、労働組合の用語を使用するようになる。

ただ、その後も労働者が団結すれば、決まって労働組合の名称を使用するというのではなかった。労働組合の呼称が広く定着し、労働者の日常にまで入り込むのは、もっと遅く太平洋戦争後と言ってよい。その時代になると、労働組合の名称が全域に受容され、定着することになる。

4　経済学の移入と労働研究

(1)「労働者の声」に先行する労働・労働運動・労働組合の紹介

日本において労働組合の結成を支持・推奨した論稿の最初のものと言われてきた「労働者の声」に時期的に先立って、以上に見た労働・労働組合に関する活動や文献の存在が、これまで全く紹介されたことがなかったわけではない。

例えば、一般にも知られたものとしては、第一インタナショナルを「万国職人同盟」「万国党」と紹介すると共に、労働組合を「職工会同」として紹介した大久保常吉の「東洋社会党」(大久保編『日本政党事情』思誠堂、一八八二年）、第一インタナショナル（万国職工連合会）や「罷工」にも詳しく触れたT・D・ウールセイ原著、宍戸義知訳・宍戸百川評『古今社会党沿革説』（第一巻は弘令社、第二巻は小笠原書房、一八八二年）、あるいは社会党、インタナショナル、メーデー、さらに「トレード・ユニオン」や「フラインドリー・ソサイチー」など「職工組合」にも詳しく触れた酒井雄三郎による、いくつかの欧州通信（「社会問題」『国民之友』第八一〜八三号、一八九〇年五月三、一三、二三日。「社会党の運動」『国民之友』第八八号、一八九〇年七月一三日。その他）などがある。

その他、労使の問題について触れたものでは、『東京経済雑誌』に発表された乗竹孝太郎の「労資の関係」（第二一号、一八八〇年二月二八日）、「労者の連合」（第二五号、一八八〇年四月二一日）、礫川散史の「救貧一策」（第五六号、一八八一年三月一五日）、あるいはドイツ等の労働者保護法に関する紹介記事等も専門家の間には知られていた。

もっとも、これら、さらに礫川稿は「友愛仲間」（友愛組合）、社会党、「傭主傭工」関係に触れ、また「労者の連合」では争議に触れてはいるが、いずれもまだ労働組合の全体像を明快に説明するには至っていない。

それ以外に、これまでまったく無視されていた文献に目を向けて見ると「労働者の声」と同年の発表ではあるが、同稿に僅かにではあれ、時期的に先行したものとして、労働・社会主義思想に関する記事・論稿もしばしば掲載して注目される『庚寅新誌』（一八九〇年二月一一日創刊）に発表された論稿がいくつか忘れられない。

例えば、エミル・ド・ラブレイ（四谷学人訳）「労働社会改良主義」（第八号、一八九〇年六月一日）は「同盟罷工」に言及して、それを「工主と職工間の戦争なり」と言い、そのため「職工皆な組合を結び」ストライキ準備金の積み立てをする例のあること、またストを避ける方法として「仲裁」制度と賃金のスライド制があることにも言及している。

またフリードリヒスルーに引退したO・E・ビスマルクのインタビュー記事として紹介された「労力及び社会主義に関するビ公の意見」（第一〇号、一八九〇年七月一日）は、労働者のデモなど大衆行動の弊害という視点に立ちつつも、「傭者被傭者の反目は、天則の結果にして……」「労力と資本　此二者間に成立せる永久の争闘に於て、勝利を占めたるものは労力なり」などとビスマルクに言わせている。

その他、数は少ないが、時たま労働関係の記事・論稿をも掲載している『交詢雑誌』（一八八〇年二月一五日創刊）にも、「労働者の声」に僅かに先行するものとして、例えば「労働者の団結」（第三七二号、一八九〇年七月一五日）がある。同稿は、資本主義体制を擁護し、労働者の「同盟」に批判的な観点からのもので、かつ短い記事ではあるが、タイトルにあるように早くも「団結」の用語を使いつつ、アメリカの「労働者連合会」の「同盟罷工」について触れ、日本も貧富の差が拡大し、問題が深刻になる前に「法制を設けて稍や之を予防するは社会の秩序を保ち寧ろ富者永遠の安全なるべし」などと社会政策論的主張を行っている。

ところが、これらと並行して、あるいはこれらにさらに遡って、もっと広範な広がりで、かつ詳細に労働組合や労働運動を紹介した文献も多数存在している。初期経済学者たちと、その苦労・苦心の作である経済学書の多くが、それであった。

実際に、日本における労働研究は、経済学の欧米からの移入・紹介と共に始まった。より明確に言えば、労働研究は、いきなり社会政策論や労働法学のような国家の政策を媒介にする自立した学や研究領域としてではなく、まず経済学の一環として、その体系と理論の中で研究に着手されたのであった。

たしかに、幕末から明治維新期に経済学が移入・紹介される過程に見られた日本の労働界の当時の状況は、労働運動も労働組合も、まだ将来の課題で、およそ現実性のない段階にあった。にもかかわらず、労働問題・労働運動は、資本制生産に不可欠な生産要素の一つである労働力、そしてその労働、賃金、労働時間、生産性などにわたる問題として、さらにそれらを要求する労働者の組織的行動の問題として認識された。そこに、労働組合の受容、そして労働研究へのささやかな踏み出しもうかがえる。

ただ、そこでは、労働や労働関連の問題は、もっぱら、あるいは自立的に取り上げられる形で紹介・研究の対象になったのではない。あくまでも資本や生産との関わりで取り上げられ、考察・研究の対象になったにすぎなかった。具体的には資本あるいは資本の再生産過程に不可避的に結びつく労働力、それに関わる分業、賃金、労働時間、生産性の問題として経済循環や経済学体系の中に位置づけられ、労働経済学として経済学の視点・論理で説明されたものであった。

その点では、まだ単純な方法であった。それでも、そこに労働経済学の先行形態と言える方法的認識・接近として労働研究の出発が見てとれるのである。

労働力が資本主義経済の基本的な生産要素であるとすれば、労働力とその所有者である労働者の問題が経済学書に必ずといってよいほど取り上げられるのは、当然でもあった。しかも、労働に言及すれば、いかに経済学とその理論に方法的に限定して論じようとも、経済学の枠を超えかねない労働者の意識、要求、組織、活動にも触れるものが出てくることも避けえなかった。もちろん経済学的認識の範囲内での位置づけ・処理にすぎなかったが、それだけに、そこには労働市場論的、労働経済論的認識がうかがえたのである。

実は、そのような視点と方法で紹介された諸著作が、ここで課題にしている労働組合とその活動を最初に日本に移入・紹介した文献でもあった。しかも、まだ現実性もなく、まったく観念や理論の中でのみ認識され、展開されたものであっただけに、外部から余分の圧力がかかることもなかった。それを受けて紹介・記述の仕方も自由であり、中には労働運動や労働組合に理解を示しつつ筆をすすめるもの、そして先の「労働者の声」や佐久間の主張を先導する労使関係観・労働組合観をうかがわせるものも見られたのである。

5　労働・労働組合研究の本格化

(1) 初期経済学書と労働研究――その①

いうまでもなく、日本における経済学は翻訳の学として始まった。日本における資本主義初期の経済学の著作については、いずれも完全に網羅したものではなく、さらに補遺や修正も必要であるが、堀経夫『明治経済学史』(弘文堂書房、一九三五年)、堀経夫『明治経済思想史』(明治文献、一九七五年)、塚谷晃弘『近代日本経済思想史研究』(雄山閣出版、一九八〇年)などが有益である。

幕末に最初の紹介がなされてから、日本の経済学は二〇年近くも翻訳学の域を超えることができなかった。

翻訳の学の域を少しずつ抜け出し、自立の道を開拓するのは、一八八七(明治二〇)年前後からである。自由民権運動を乗り切り、いよいよ大日本帝国憲法の制定や帝国議会の開設、そして資本主義経済の確立を目前にひかえていた時期であった。それから、明治二〇年代後半以降の資本主義生産の本格化と共に、自立的な経済学の道を一歩一歩進むのである。

日本に最初に紹介された西洋経済学の著書は、一八六七(慶応三)年、神田孝平によって訳された。前述のW・エリス(William Ellis)の『経済小学』(神田氏蔵版、翌一八六八年に『西洋経済小学』と標題を変えて刊行)であった。オランダ語からの重訳で、和装本二冊で世に送り出された。福沢諭吉訳述『西洋事情・外編』（尚古堂）と同年の刊行ではあるが、僅かに先行した。

日本における経済学研究の先駆者の一人永田健助が「本邦ニ於テ始メテ発行スル経済書ハ神田孝平氏ノ訳ニ係ル経済小学ニシテ宛モ明治維新前ニ在リ是レ世人カ始メテ此学問ヲ知ルノ端緒ナリ」（宝節徳夫人撰著『改訳増補宝氏経済学』一八八八年九月改訂「訳者緒言」）と言っているように、神田は、『経済小学』の翻訳により、西洋経済学書の最初の翻訳者・紹介者の栄誉を与えられ、かつ〈economy〉に、熊沢蕃山、本多利明、中井竹山、佐藤信淵らの著作で知られるように、すでに江戸時代にもよく使用されていた「経済」の用語をあて、これを確定した貢献者でもあった（『明治大正昭和経済文化展覧会目録』東洋経済新報社、一九四〇年）。

神田は、兵庫県令、元老院議官も歴任、同書翻訳当時は開成所教授であった。蘭学者として、また考古学者としても知られるが、法律、裁判、政治等広い分野に発言、執筆をした。

この神田の翻訳を先頭に、資本主義の形成に向かう時代の要請に応えるように、夥しい数の経済学文献が刊行されることになる。ほとんどの著作は、資本の活動や理論と共に、労働（力）についても、比重や長さには相違があるものの、経済活動の根本をなすものだけに何らかの形で言及することになる。

経済学文献であれば、その体系の中に労働（力）あるいは労働研究を含むのは当然でもある。資本のみで経済活動が成り立つのではないからである。その結果、欧米からの経済学の移入が、同時に労働（力）に対する研究、しかも労働者や労働条件や労働者組織も含む研究とその認識の開始にもなっていく。

そこで、労働組合思想の導入過程とその中で展開された労働組合論を詳しく紹介・検討する前に、当時刊行された経済学文献のうち、労働研究の観点から無視できないいくつかを取り出し、各々の構成や内容、ことに労働の位置づけを見てみよう。

まず、先の『経済小学』であるが、その目次はすでによく知られているので、労働に多少なりとも関係する章のみ列挙すると、上編では「雇直」「利分」「分業」「品位」「物価高低」、下編では「雇直」「利分」「同業相助相迫」「貧窮」「消費」などがある。労使の団体・団結に関連することでは、「同業相結」「同業相迫」なる用語を使用し、原文の意のままではなく、これを神田は会社組織と理解している。また「工人相迫」も原文に従えば、労働組合ないしはそれに近い活動・運動と理解すべきであったのであるが、神田はまだ労働組合活動とは理解していないし、労使関係的な視点からの理解・翻訳もなしていない。

開学直後の慶応義塾にあって、日本最初となる経済書講義では、フランシス・ウェーランド（Francis Wayland）の *The Elements of Political Economy* が教科書として使用された。担当者は当初は福沢諭吉であったが、一八六九年に、後に塾長にもなる小幡篤次郎に代わった。同書は、福沢が戊辰戦争における上野の戦火のさ中にも講義を続けたことで著名であるが、小幡が翻訳し、『英氏経済論』（小幡氏版、一八七一・七七年）として刊行する。

同書は、次のような目次からなっている。労働関係では「勤労論」「工銀ノ総論（第七編）」などの編や章が含まれている。労働者の活動・争議については、深くは触れていないが、労働者の運動や組織については、理解して受けとめている。ただ、それを経済的には「工人各党ヲ結テ自然ノ平均ヲ失ハシメントスル」ものと受け止めているように、経営者の団体的行動と共に、労働者の組織的行動も自由競争の観点から必ずしも肯定的ではない。「結党シテ之ヲ動サントスルハ徒労ト云ウモノ」あるいは「不義ナルモノ」として、団結や争議を否定的に見ているのも、そういった視点の現れである。

第一編　生財論
第二編　勤労論
第三編　勤労ヲ財本へ加フル所以ノ法ヲ論ス
第四編　交易論
第五編　貨幣ヲ藉テ交易スルヲ論ス
第六編　楮幣ノ通用ヲ論ス
第七編　分派論
第八編　利息論
第九編　地代論
第一〇編　消靡ヲ論ス
第一一編　一人ノ消靡ヲ論ス

第一二編　一国ノ消靡ヲ論ス

なおウェーランドの著作は、一八七二（明治五）年にも、何禮之の手で『世渡の杖――一名経済便蒙』（盈科斎蔵版、後編は一八七四年の刊行）と題して、二巻各巻四章からなる抄訳の形で紹介されている。「労作」「分業」「勤惰」などについては説明されているが、労働運動や労働組合については取り上げていない。

百科全書の一冊として、堀越愛国が翻訳した『経済論』（文部省、平田宗敬校、一八七四年）は、まず「全旨総論」で全体を論じた後、以下「消費」「産生」「交易」「分配」の構成をとっている。労働組合に関する記述は特にないが、「消費」や「分配」の章で「労作ヲ論ズ」「工銀」「労作ノ供給ヲ論ズ」「労作ニ就テノ要需ヲ論ズ」「労作ノ価値ノ一般ニ於ケルト、諸分科ニ於ケルトヲ論ズ」などの項を立てて労働関係を経済現象の中で記述している。ただし基になった著者・書名は不明である。

一八七〇年代中葉という早い時期に、労働組合のほか、工場法や救貧法、あるいは友愛組合や協同組合（ロッチデール）についても詳しく触れていることで、労働関係の研究史では画期的な意味を持つ『泰西経済新論』（文部省、一八七四・七八年）は、ジェームス・ロジャース（James E. T. Rogers）の *A Manual of Political Economy for Schools* が原著である。翻訳・紹介は高橋達郎であった。労働組合は「工人党」、争議は「罷工」、ロックアウトは「罷市」の用語があてられて、詳細にその例が紹介されている。なお「労動」や「工人」のほか、「勤労者」の用語も使われている。また工場法は「工場令（ファクトレーアクト)」、救貧法は「救貧律」、友愛組合は「結友会社」の用語があてられている。その目次は次のとおりである。

巻之一
第一編　小引、第二編　価値ノ原由、第三編　価値ノ標準
巻之二
第四編　貨幣ノ代用、第五編　物価ノ分派、第六編　財本、第七編　勤労及ヒ労銀
巻之三
第八編　人口ノ増殖、第九編　職業ノ制限
巻之四
第十編　労銀ノ高ヲ圧低スルノ原、第十一編　利分及ヒ利息
(巻之五　第十二編　地代論から、巻之八　第二十三編　公債、までは省略)

長年月を費やして翻訳されたJ・S・ミルの『経済学原理』、当時の『弥児経済論』(林董・鈴木重孝訳、林氏蔵版・英蘭堂蔵版、一八七五~八四年)は、初編に「巻之二　第二章　労力ハ生殖ノ具」、「巻之四　第八章　労力ノ協同」、「巻之六　第十章　労力増加ノ定則」などの巻および章を立てて、

労働関係を記述している。ただ、労働組合については、同訳では特に言及がない。

ちなみに、アダム・スミスの『国富論』は、福沢門下の石川暎作と嵯峨正作の手で『富国論』（経済雑誌社、一八八四〜八八年）として後に翻訳される。著名な分業論はじめ、労働関係にも相当の比重が割かれていることは、周知のことである。

その頃、西欧経済学の翻訳のみでなく、国内でも外国人法学者・経済学者等による経済学講義が経済学の研究と教育に大きな位置を占めていた。そのいくつかは講義録として刊行されている。例えば、ギュスターヴ・ボワソナード（Gustave E. Boissonade）の司法省法学校での『経済学講義』（大森鍾一訳、法制局、一八七六年）、ジョルジュ・アッペール（George Appert）の明治法律学校での『経済学・理財学講義』（宇川盛三郎口訳、一八八四年）などであるが、講義録の場合、一般に労働運動や労働組合の記述は見られない。

（2）初期経済学書と労働研究——その②

日本における経済学の成立に大きな貢献をなし、同時に労働研究でも重要な役割を演ずる宝節徳、つまりフォーセット夫人（Millicent Garret Fawcett）の『初学者のための経済学』（*Political Economy for Beginners*）が日本において本格的に普及するのは、一八七七年以降である。

しかし、同書が初めて紹介されたのは、福沢門下で、後に福沢諭吉とも距離をおく林正明による『経済入門』（求知堂蔵版、一八七三年）の訳であった。その目次は次のとおりである。労働関係についでは「力作」「力作ノ工銀」「協同工社、力作者ノ討要、并ニ協同会社等」の章で扱っているが、そこで協同組合と共に協同工社（労働組合）とその活動にも、訳者の私見を交えるように協同工社にやや否定的・消極的評価のできる側面のあることも添えつつ、しかも婉曲な表現による記述方式で、その役割に言及している。

巻之一

「叙」「小引」

第一篇　財貨ノ産生

第一章　土地、　第二章　力作、　第三章　財本

巻之二

第二篇　財貨ノ交換

第一章　物品ノ価値并ニ銭価、　第二章　貨幣、　第三章　物品ノ価値、第四章　貨幣ノ価値

巻之三

第三篇　財貨ノ分配

第一章　土地ノ借料、　第二章　力作ノ工銀、　第三章　財本ノ利益、　第四章　協同工社、力作者ノ討要、并ニ協同会社等

巻之四

第四篇　外国貿易信義并ニ租税（章は略）

このフォーセットの同じ著書を一層明快に翻訳・紹介したのは、林と同じく福沢門下で、慶応義塾教員も務め、また商業地理の開拓者でもあった永田健助である。『宝氏経済学』（永田氏蔵版、一八七七年）の標題であった。

その構成や内容は、林訳『経済入門』と比べて、訳語が違っているのを除けば、ほぼ同じで、次の通りである。労働関係では「勤労」「勤労ノ賃銀」「工業結社」などの章を含み、工業結社（労働組合）や傭工同党（労働争議）については、林訳以上に明快に肯定する視点から説明を加えている。同一の原著でも、時には訳者によって理解がかなり変わってくるところに、当時の訳者の役割や限界を垣間見ることができるであろう。

第一編　生財論
第一章　土地、第二章　勤労、第三章　財本
第二編　交易論（章は略）
第三編　分配論
第一章　地代、第二章　勤労ノ賃銀、第三章　財本ノ利潤、第四章　工業結社
第四編　外国交易信用及ヒ租税論（章は略）

この『宝氏経済学』は、一八八七年に「改訳増補」され、洋装本一冊（思誠館蔵版）にまとめられる。同版は、訳語や訳文も大幅に改められ、別の著書の趣さえ呈している。とりわけ労働組合（「職業結社」「職業同盟」の用語に変わっている）とその活動については、一層明快に、かつ詳しく記述している。この点は、労働組合研究史に占める永田の重要な役割と共に詳述する必要があるが、ここではこれ以上触れない。

なお、この『宝氏経済学』は、永田訳本の刊行と同じ一八七七年に、他にも「法舌署」原著、田沢鎮太郎訳『経済学階梯』（懸車堂）として刊行されている。ただし「給料ヲ論ス」「作業会社罷工及ヒ租税ヲ論ス」など労働関係の章の入った第三編以降の第二巻は未見で、これまで刊行そのものを確認できなかった。

牧山耕平も、初期労働研究あるいは労働組合の紹介に貢献した一人で、永田に似た役割を演じている。アルフレッド・メスン（Alfred B. Mason）とジョン・レイラー（John J. Lalor）共著『初学経済論』を牧山が翻訳したのは、一八七七年（七九年再版、八二年改定）である。同書では、「傭工同党」「傭工党結」の用語で労働組合と争議を説明し、それにやや消極的な評価を与えつつ、役割を検討している。

同書は、広く読まれたほか、経済学辞典である『初学経済論字引』（文山房蔵梓、一八七九年）、『経済論読本』（一八七九年版権、八二年改正）などでも、編者の牧山は『初学経済論』の視点と内容を展開した。また同書の労働関係の認識は、城谷謙『小学経済論』（求心館、一八八二年）などいくつかの著作に引き継がれ、普及していく。

当時では珍しい部類に属する自説の展開をなした福沢諭吉の『民間経済録』(福沢氏版、一八七七年)は、先に少しだけ触れたが、日常生活のレベルで経済の問題を考察する。労働関係では、「第二章　賃銭ノ事」「第三章　倹約ノ事」などを含み、例えば労働者をホワイトカラー「心労」とブルーカラー「力役」に分けて、前者が貴く価値があるとか、後者が卑しく価値がないなどということはなく、むしろ前者の学者などは国民の衣食・生活の維持・改善には貢献するところ少ないと説明するなど興味深い主張も見せている。

福沢は、前述の『西洋事情・外編』(一八六七年)などにも経済、私有、勤労、貧富等について論じているが、全般的には田口卯吉らと共に、経済や経済学を、もっぱら翻訳で紹介するのではなく、また専門的で難解な表現や用語を駆使して紹介するのでもなく、日本が直面する問題や国民が日常的に関わる問題に目を向けて、咀嚼された経済論を展開した。ことに、近代商工業や市民生活に目を向けて、経済的側面を通して理解し、説明を加えようとした。

その点では、当時にあってはなお農業や古い側面にも関心をとどめた長江受益(謙)『経済蕘言』(沈流堂蔵版、青陽堂、一八七二年)、神田孝平『許點経済餘論』(正栄堂蔵版、一八七九年)などとも違う新しさがうかがえる。

そのような資本主義が勃興し、形成される過程で展開された日常的な経済現象に、専門や形式にとらわれずに経済的理解を深めようとしたところに、福沢の経済学研究における啓蒙家としての特色と役割も存していた。

『魯氏経済論』(小笠原利孝訳、志賀雷山閲、集英堂蔵版、一八七八年)は、「ローゲル原著」となっているが、ローゲルとは先のジェームス・ロジャースのことである。この三年後に刊行される小山雄訳(中根淑閲)の『小学経済要略』『社会経済要略』(この二著は、同一の内容で、表題のみ変えたものである。いずれも金港堂蔵版、一八八一年刊)も、ロジャースの著作で、章の立て方や内容から、『魯氏経済論』と同一の原著の異版と思われる。

ただ『魯氏経済論』には、労働関係の章はいくつかあるが、労働組合等の説明はない。それに比べて『小学経済要略』『社会経済要略』は、経営者団体や協同組合との区別が曖昧のままではあるが、「結合」「幇助結合」「連結」の表現で労働組合的組織にも、やや不鮮明ながら、記述を加えている。

そこで、目次としては『小学経済要略』『社会経済要略』の方を示すことにする。同書は「童蒙ニ交際学ノ端緒ヲ示ス」ことを目的にして訳述された書で、文章を平易に、章などの構成もわかりやすくする努力がなされている。

上巻

第一章　野蛮及ヒ文明人民ノ生計

第二章　蒸餅一片ノ事

第三章　蒸餅市価分配及ヒ地価

第四章　職人ノ賃銀

第五章　改良ノ進路
第六章　事業ノ殊別
第七章　賃銀ノ殊別
第八章　無報ノ事業
第九章　勤労ノ刺激
第十章　職業仲間
　下巻
第十一章　雇主ノ報銀
第十二章　市価ヲ定ム可キ売主ノ権
（第十三章「金銀の使用」以下、第二十一章「刑罰ノ主義」までは略）

彼理、つまりアーサー・ペリー（Arthur L. Perry）の『理財原論』（*Elements of Political Economy*、川本清一訳、須原量平版、一八七八年）は、労働に関しては全一〇巻のうち「巻六　工労」で扱っている。明治初期の文献としては、労働について比較的詳しく触れているので、注目してよい著作の一つである。ただ労働組合や争議については、自由競争市場の視点から否定的で、それほど深くは触れていない。
なお、ペリーの同じ原著は、すでに一八六九、七〇年に、緒方儀一（正）と箕作中の手で『官版経済原論』（開成学校）として訳されている。ただし三巻（「経済学要旨」）、四～六巻（「価値」）、および七～九巻（「貨幣説」）のみの刊行で、他は未刊。労働関係は五、六巻に僅かに触れられているのみである。

永田健助編述『経済説略』（永田氏蔵版、一八七九年。八〇年改正版）は、『宝氏経済学』を基に、それを抄訳するような形で編述された。永田の経済学者としての先駆性についてはすでに評価の高いところであるが、明治初年に翻訳を基礎にしつつも、自前の経済学を打ち立てる努力をしていたのも、当時では例外的と言ってよい。同書も、フォーセットの著作を基に「童蒙ヲ啓発セント」して刊行したものであるが、あえて翻訳の形をとらなかったのは、そのような姿勢の現れといってよいだろう。そこでは、『宝氏経済学』と違って、労働組合については触れていないが、「協同肆店及ヒ工業社」「協同結社」として協同組合については詳しく触れ、ロッチデールも事例として取り上げている。

なお永田は、この直後の一八八一年に、『農工商経済論』（レバッシール〔Pierre E. Levasseur〕原撰、思誠館）を訳述している。農業論、工業論、商業論の三篇一〇冊からなり、労働関係は工業論で言及されている。そこでは、労働組合とその活動（傭工同党）が権利や「人権自由」の観点から触れられているほか、サン・シモン、フーリエの理想社会構想（職工協同会）にも言及がなされている。

巴士智亜、つまりフレッドリック・バスチア（Frederic Bastiat）も、明治期には自由主義経済学の大家として影響力の小さくない人物である。*Sophismes Economiques*が『経済辨妄』として林正明訳で刊行されたのは、一八七八年、ついで『理財要論』（平海書院蔵版）として山寺信炳訳で刊行されたのは、一八八〇年である。山寺訳は、労働やサン・シモンなど「社会党」にも言及しているが、労働組合とその活動についてはとくに深くは言及していない。

(3) 初期経済学書と労働研究——その③

日本における〈経済原論〉の標題を持つ経済書の誕生は、以上の翻訳の時代における研鑽を積んだ後の一八八三年になってからである。前述のように、早くも明治早々に緒方儀一(正)と箕作中が『官版経済原論』(開成学校)を刊行している。

ところが、同書は全編刊行には至らず中途で終わり、未完に終わったと思われる。その点で、外見的に整ったものとしては、森下岩楠の『経済原論』(中近堂蔵版、一八八三年)が、『経済原論』の名称の著作としては、その端緒とされてきた。

しかし、森下の『原論』の内容は、大方が翻訳といってよかった。全体が自前・自立の内容ではなかったのである。ただし、翻訳とはいえ、まだ近代的労働者の創出も、労働者の団結も、資本主義生産の発展も遅れた日本にあっては、経済学、その一環としての労働(力)、労働組合などの正確な受容、訳語の的確な選択にさえ、苦労する時代であった。それだけに、翻訳自体、一種の著作に近い一面もあり、公刊に至るには相当の労力・苦労を要したことは認めないわけにはいかない。

同書は、巻之上が「総論、第一編　生財、第二編　配財」、ついで巻之下が「第三編　貿易、第四編　租税」からなり、それらは、さらに労働関係の例で見れば「第六章　勤労」「第一四章　共合勤労」、「第一五章　分業」、「第二一章　真正ノ賃銭ト貨幣ノ賃銭ノ別」、それに協同組合やロッチデールについても触れる「第二三章　共同会社」などの構成からなっている。

各章は短いが、全体としては経済学の体系を整えている。著書名などから、新鮮な印象を受けがちであるが、なお日本資本主義が成熟していない段階であっただけに、労働関係はじめ、十分に日本の土壌に根づいた理解や認識に達していたわけではない。事例なども、既存の翻訳書に紹介されている例をそのまま使用している場合も見られ、翻訳を超えて自立化できる経済学書にはなお遠い内容である。しかし、それも、明治に入ってなお一五年の経過にすぎなかったという時代状況を考えれば、仕方のないことであろう。

この決して大著ではない森下の著作にあっても、当然労働（力）は彼の経済学体系に組み込まれている。労働組合運動も、僅かの行数ではあるが、「労動者ノ党結」「傭工党結」として触れられているのが注意を引く。森下も福沢門下で、慶応義塾教員・学務長・塾長、三菱商業学校校長、東京興信所所長も務めた。著訳書は経済学のほか、医学、簿記学にも及ぶ。

なお森下の『経済原論』が刊行される前後の年に、ジェヴォンス（William S. Jevons）の経済学が訳述されている。ただし、一八八二年刊行の安田源次郎訳『偕氏経済論』は、全一五篇のうち、五篇までの訳で、六篇以降は刊行されていない可能性が高い。そのために八、九篇で取り上げられるはずであった労働組合等の部分は、未紹介に終わったと思われる。

二年後の一八八四年には、同一の原著が斯坦利日奔氏、つまりスタンリー・ゼヴヲンス著『日奔氏経済初学』（松井氏蔵版）として、渡辺修次郎の訳で刊行されている。この著書は原著の全般に渡っており、六篇以下も訳述されているので、労働組合（「工人連合社」）と「罷工」などの活動（なおロックアウトつまり「傭主の罷工」には「解工」の用語をあてている）、さらには「仲裁」「和解・裁決」など仲裁制度、あるいは協同組合に至るまで広く言及されている。労働研究史にあっては看過できない著作の一つである。

翻訳経済学から巣立つ自前の経済学としては、東京専門学校（後の早稲田大学）の天野為之の『経済原論』（富山房書店、一八八六年）が重要である。「原論」を世に問うた森下を優に超える水準に達しており、同書を紹介することで、明治初期の経済学研究書に見られる労働関係の認識・記述の紹介は終えることにしよう。

天野は多くの経済学の理論書を刊行するが、その中でも、最初の著書となるのが『経済原論』である。

総論

第一部　生産論

第一篇　生産ヲナスニ必須ナル件々ヲ論ス

第二篇　三必要件ノ産出力ヲ論ス

第三篇　三必要件ノ分量ヲ論ス

第二部　分配論

総論
第一篇　利潤論、第二篇　給料論、第三篇　地代論
第三部　交易論
総論
第一篇　価値論、第二篇　通貨論、第三篇　外国貿易論
〈付録〉
第一　経済学沿革史
第二　報酬漸減ノ法則トハ何ソヤ
第三　財産ノ安固
第四　紐育手形交換所ノ景況
第五　経済用語英和対照表（ただし第一および第五は増補版で追加されたもの）

労働関係は、「共同職工結社」「連合」（労働組合）や「共同罷工」「共同罷業」「打撃」「ストライキ」（労働争議）、さらには具体的に労使紛争の解決・回避策としての「コーペレション」を含め、「給料論」において詳しく検討されている。永田らと共に、天野の労働組合理解は、日本資本主義の確立以前、つまり労働組合やその運動の登場以前における先駆事例としては特に留意されてよい。

天野らの尽力により、経済学はようやく翻訳万能、あるいは翻訳依存の時代を抜け出す方向に動き

出すが、なおしばらくは翻訳経済学の影響を強く受け続け、ともかく翻訳と自立の経済学の共存の時代を一歩一歩前に進んでいく。

そんな中で、翻訳ものでは、すでに一八七八年に大塚成吉によってドイツ経済学の著作は紹介されていたが（ヲート・ヒウブネル『訓蒙経済概論』博聞社蔵版）、その後明治も二〇年代に入った直後、自由主義経済学の普遍主義を批判し、歴史学派の先駆をなしたフリードリヒ・リスト（Friedrich List）の翻訳が見られる。『李氏経済論』（富田鉄之助校閲、大島貞益訳、民友社、一八八九年）がそれで、その頃からドイツの保護主義、あるいは歴史学派の経済思想の紹介と影響が急速に目立つようになっていく。

それに対し、天野ら以外にも、駒井重格、中川恒次郎、土子金四郎、荒井甲子三郎、嵯峨根不二郎、蟻川堅治、片岡志郎らの著作のように、翻訳依存を越えて自前の経済学研究書刊行への挑戦が少しずつ見られるようになっていく。そこでも労働関係は各々の経済学体系の中で重視され続ける。

そのような流れの中で、労働組合とその運動についても、ヘンリー・マクラウド（Henry D. Macleod）『麻氏財理学』（赤坂亀次郎訳、集成社書店、一八八九年）など、依然として労働組合活動を完全に否定しているわけではないが、消極的な評価に立つ著作の刊行も続けられる一方、日清戦争後の労働運動が本格化する時代に向けて、労働関係の用語は新しく、また理論や説明はより正確で詳しくなり、時には社会主義にも相当の紙面も割く経済学の著作も、目立って刊行されるようになっていく。

天野為之の諸著作、ラーネッド（Dwight W. Learned）『経済学之原理』（浮田和民訳、経済雑誌社、一八九一年)、エリー(T. Ely)『威氏経済学』(佐藤昌介訳、丸善商社書籍店、一八九一年)、エミール・ド・ラブレー(Emile de Laveleye)『経済学粋』(牧山耕平訳、経済雑誌社、一八九四年)などが、それである。

これらが高野房太郎や佐久間貞一の労働組合論と合流し、さらに歴史学派の経済理論、あるいはその影響を受けた社会政策論に引き継がれて、日清戦争後に労働問題に関する自立した認識と研究の領域が形成されることになるのである。

おわりに——日本における労働研究に道を開いた経済学

以上のように、明治の新しい時代の到来、そして進行と共に、資本主義経済が日本の土壌に根づき、やがて欧米に追いつくことを目標にするようになる。そのためには、富国強兵・殖産興業政策に取り組むことが不可欠とされ、一方で欧米の経済体制や経済活動を的確に認識し、吸収すること、他方でその経済体制や活動の基礎になる欧米経済学の受容と理解も必要であった。

その必要を認識するように、早くも幕末、それから明治前半にかけて次から次へ経済学書が翻訳、紹介され、公刊された。とりわけ日本に資本主義経済が生成・確立する一八九〇年前後以前の翻訳時代には、実に夥しい数の経済学書が競いあうように刊行された。

この時代における闇雲にとも言えそうな勢いで、しかし苦闘し、手探りしながら取り組まれた翻訳の成果を土台に、やがて資本主義の発展に合わせるように、翻訳段階を抜け出して少しずつ自前の経済学の試みがなされる。実際に、一八八〇年代の後半以降、なお翻訳に負う比重が小さくないが、日本人研究者の手でオリジナルに経済学書が執筆され、公刊される方向に歩み出すようになる。

これらの資本主義初期の翻訳・習作時代の産物と言ってよい経済学書の中に、早くも労働一般のみでなく、労働組合や労働運動にも言及、さらには実践にも目を向けるものが見られた。それも、当初からすでに存在した自由主義経済学と保護主義経済学の両学派のうち、とりわけ自由主義経済学の立場に立つ学者による著作の中に、労働組合とその運動を取り上げるものが目立っていた。

もっとも、労働組合とその活動を肯定的ないしは客観的に見るもの（高橋達郎訳『泰西経済新論』、永田健助訳『宝氏経済学』など）ばかりではなく、否定的ないしは消極的に見るもの（小幡篤次郎訳『英氏経済学』、川本清一訳『理財原論』など）、あるいはその中間に位置するものも見られた（牧山耕平訳『初学経済論』、牧山編纂『経済論読本』、城谷謙『小学経済論』など）。

さらには、労働組合については比較的詳しく触れるものばかりでなく、ごく簡単にしか触れない著書も少なくなかった。経済学の一環として取り上げるとしても、労働力は主要な生産要素の一つとして重要な位置にあるので、本来労働問題・労働組合についても相応に触れる必要があった。特にイギリスなどでは、一九世紀後半には、労働運動は経験を積み重ねて、法認もされ、定着していた。そのような土台の上に展開される経済学書が移入されたのである。

そうはいえ、日本ではまだ労働組合は存在しなかった。そういう国情に先進国の経済学書が導入され、同時に労働組合が紹介された。それにしては労働組合やその運動などを日本の学者は良く理解した。とはいえ、初期経済学の段階だけに、誤解・誤りも少なくなかったし、また簡単に触れる程度の著書も見られることになった。稀にそれを超えて比較的詳しく触れる方がむしろ例外であった。

そのように例外的に詳しく労働・労働組合に触れている著作こそ、日本に労働組合の理念や思想を紹介した先駆的文献として忘れることのできないものである。

ただし、詳しく触れているものにしても、必ずしも労働組合を肯定する視点に立っているものばかりではない。その点では、労働組合に否定的な立場に立つものにも、初期という特殊な時期と紹介という限りでは、労働組合思想の移入に関して先駆的役割を果たしたものとして無視できない著作も見られる。それにしても、やはり留意すべきは、労働組合を肯定的ないしは客観的に受け止め、紹介した著作があったこと、そしてそれらが決して無視できない著作・研究であったことである。

その労働や労働組合に比較的詳しく触れ、かつ労働組合を肯定的に論じている代表的事例として、明治初期の翻訳経済学の時代のものでは、永田健助訳の『宝氏経済学』(一八七七年)、また自前の経済学の形成に立ち向かうようになる時代のものでは、天野為之『経済原論』(一八八六年)を挙げることができるであろう。

いずれも、時代としては「労働者の声」や高野・佐久間の労働組合論をはるかに遡るものであった。それら以外にも、すでに見たように、「労働者の声」に先行して労働運動・労働組合に触れた経済学文献は少なくないが、この二著を見るだけでも、労働組合の導入過程に関する既存の理解、ひいては労働運動・労働組合史に関する既存の理解に修正の必要があることを教えられるであろう。

ただ、くり返すまでもなく、初期経済学書の中では、労働運動・労働組合の記述で特に際立つ位置に立つこの二著も、当然労働組合そのものをもっぱら考察対象にして取り上げているのではない。労働組合そのものが自立的に主要な研究対象になるのは、労働問題の拡大によって、労働運動や労働組合がたんなる理念や遠い未来の問題ではなく、差し迫った現実の問題になる日清戦争直後で、その時にはもはや自由主義経済学・古典派の理論・適用方法では労働問題にきちんと対処することが難しくなっていた。

その結果、自由主義経済学の枠の中におさまりきれなくなった労働問題、それも後発資本主義国にあって、権利もなく、地位も低い労働者と彼らを取り巻く諸問題に対処できる新しい方法や理論が必要とされた。それに応えるものとして登場するのが、ドイツから移入される歴史学派の経済理論であり、ことにその理論に基づいて国家の労働政策を媒介・前提に労働問題を認識・受容する社会政策論であった。

その流れを再度振り返れば、日本の労働研究は、経済学、なかんずく英米の自由主義経済学の一環として労働経済学的な視点で、それだけにむしろ現実の日本の労働力・労働問題に関する動向に関係なく、純理論的に接近・認識されるところから出発した。決して社会政策論がその嚆矢となったのではなかった。

その点で、日本における労働研究は、官学の研究者の手によってではなく、主に民間や私学の研究者の手によって入口を開かれたと言ってよい。官学の研究者が主たる担い手となって出発する社会政策論が登場するのは、さらに歳月を経て、日清戦争後のことである。その頃、労働問題・社会問題の拡大、そして労働運動の実際の生成と共に、労働諸条件が劣悪で、かつ労働者の運動や権利の容認・法認以前で、労働運動・労働組合に対する理解に欠ける日本の現実に合った国家の政策的媒介・援助を前提とする新しい視点・方法・理論による状況の認識と研究が必要とされたのであった。

そこに至って、自由主義経済学、そしてまだ初期的なものであったとはいえ、その労働経済論的な思考方法から離陸するように、経済学、それも新歴史学派の社会経済理論を主たる基礎に持つ社会政策論の成立が要請されたのであった。この社会政策論の導入によって、初めて日本に労働問題研究が本格化し、かつ経済学の一部門としてではなく、自立した領域を形成する方向に向かうのである。

その社会政策論は、経済理論の面によりも、倫理性や社会性、具体的には社会改良や国家の政策面に力点をおく新歴史学派の社会経済思想に立脚した。そこに、日本における労働研究の主流は、なおも経済学に主たる基礎をおきつつも、経済理論の深化よりも、国家の政策的対応・保護を前提にする社会改良の主張と実践になじみやすい一面を強く呈していくことになった。

実際に、時と共に社会政策論の方法は、経済分析や労働市場的認識・理論化に進むのではなく、政策学、あるいは政策を要求する実践に結びつく批判精神とイデオロギー性の強い方法に傾斜していく。労働諸条件が劣悪で、かつ労働者に権利がなく、なお自覚も、労働運動も遅れた状況下では、労働研究は、社会政策を媒介に労働組合や運動を考察する方法が先行せざるをえなかったのである。

しかも、そのような性格が戦前昭和に続き、さらに戦後昭和に入っても、主流としては、社会政策論をマルクス主義経済学と融合させるあり方が一層進み、研究が広く深く発展する。その流れが、変貌しつつあるとはいえ、今日まで引き継がれる社会政策論の大きな特色の一つになっていく。

〈参考文献〉

ミリセント・フォーセット・永田健助訳『宝氏経済学』永田氏蔵版、一八七七年
天野為之『経済原論』冨山房書店、一八八六年
片山潜・西川光次郎『日本の労働運動』労働新聞社、一九〇一年
堀経夫『明治経済学史』弘文堂書房、一九三五年
堀経夫『明治経済思想史』明治文献、一九七五年
塚谷晃弘『近代日本経済思想史研究』雄山閣出版、一九八〇年
小松隆二「日本における労働組合思想の導入過程――労働研究の成立と社会政策論――」『日本労働協会雑誌』一九九〇年月号。本章は、この旧稿と下記の旧稿「明治の黎明に『労働組合』はどのように移入されたか」を基に書き改めたものである。
小松隆二「労働組合論事始」『三田学会雑誌』第八三巻第三号、一九九〇年一〇月
小松隆二「明治の黎明に『労働組合』はどのように移入されたか」『三色旗』慶應義塾大通信教育部、第五三四号、一九九二年九月。
二村一夫『労働は神聖なり、結合は勢力なり――高野房太郎とその時代――』岩波書店、二〇〇八年

第二章　日本労働組合論事始

1　初期経済学と労働組合研究

長い間、日本における労働組合（論）の生成に関しては、一八九〇年前後、つまり明治二〇年代前半にその源流が求められてきた。印刷工と鉄工（機械工）による組織化の企てがそれであった。また労働組合の理念・思想など労働組合論に関しても、同様にその印刷工と鉄工による活動の直後に「労働者の声」（『国民之友』一八九〇年九月）を先駆に、労働組合の目的、また組織や機能のあり方が少しずつ紹介されだすという理解であった。

ついで日清戦争後に至り、社会政策学会の創設とそこを足場とする労働研究の開始・進展、社会政策論の本格的展開、労働者保護政策の提唱が見られだす。あわせて同じ頃、労働組合期成会、そして印刷工、鉄工、鉄道労働者による初期労働組合の結成も見られる。

このような理解がこれまで研究者の間に共有されてきた労働組合・労働運動に関する一般的な動向

であり、認識であった。この点は、前章において検討したとおりである。

それに対して、私は今から三〇年近く前に、「日本における労働組合思想の導入過程」(『日本労働協会雑誌』一九九〇年四月号)および「日本労働組合論事始」『三田学会雑誌』第八三巻題三号、一九九〇年一〇月)において、労働組合(思想)の紹介は一八九〇年前後よりも遥かに早い明治初年に、西洋経済学の移入と共に行われていたこと、またその意味で労働や労働組合に関する紹介も研究も、社会政策論の認識や方法を出発点とするのではなく、社会政策論がドイツから紹介されるよりずっと早い時期に、まず経済学、とりわけ自由主義経済学の一環として始まっていたことを明らかにした。

本章では、その旧稿(前章)の概説を受けて、そのような初期においても特に重要性を持つ労働組合論を取り上げて、当時の組合認識とその意義を再説したい。たしかに、明治初期の労働組合紹介のほとんどが、まだ労働組合・労働運動の実践も見られない時代だけに、必要性に駆られた労働組合論の形、またまとまった労働組合論の形をなすには至っていない。また労働問題・労働組合を特化して専門的に取り組む研究でもなかった。むしろ労働組合の紹介段階といった方が相応しいものであった。ただ、そうだからと言って、それらを無視することはできない。相当の数の紹介・展開であっただけに、むしろきちんと検証すべきであろう。

そこで、それらの著述のうち、主要なものをいくつかを取り出し、やや詳しく説明を加えることで、初期労働組合論の理解を深めるよう努めたい。その際、前稿に引き続き、取り上げる対象を主に経済学関係書にしぼることにしたい。

その具体的な検討対象としては、まず明治初年を代表するものとして永田健助および牧山耕平ら、ついでまだ概説書の域にとどまっていたとはいえ、たんなる翻訳を超えて、自前の経済学書の挑戦がみられだす時期、つまり一八八〇年代半ば以降の時期のものとしては天野為之らを取り上げることにする。

前者の時代には、労働組合研究は、まだ狭い広がりで経済学の一環としての認識にとどまる段階であった。しかるに、後者の時代になると、経済学の枠で取り上げる対象も広くなり、社会思想的な側面まで言及されだす。また経済学以外の研究・著作あるいは雑誌類にも労働組合や労働運動に言及するものが出てくる。

その点で、労働組合論も多面性を持つようになる。大石正己（訳述『社会改造新論』大石蔵版、一八八二年）、浮田和民（ドワイト・W・ラーネッド『経済学之原理』経済雑誌社、一八九一年）、吹田鯉六（W・スタンレー・ジェボンス『労働問題』経済雑誌社、一八九三年）、牧山耕平（エミール・ド・ラブレー『経済学粋』経済雑誌社、一八九四年）などの訳書もその例に属するもので、その一部はすでに旧稿（前章）で紹介した。

もっとも、大石の『社会改造新論』については、「労役の組織法」「共産主義」等を説明する予定であった第二冊の存在を確認できなかった。第一冊のみの刊行で終わった可能性も高い。

この永田から天野に至る時代にも、まだ労働組合を否定的に受けとめるものも少なくなかった。しかし、ここで柱として取り上げるものは、いずれも（牧山の訳書はやや消極的な一面も持っているが）、労働組合を経済制度の一つとしてあるがままに受容する視点に立つ著訳書である。それらの著訳書のいくつかは、協同組合史研究では先駆的業績としてすでに知られてきた。

ところが、それらは、社会政策論や労働組合史研究の領域では、いずれもこれまで言及されることのなかった人物であり、著作である。既存の労働組合史研究が労働組合論の登場を一八九〇年以降と受け止めてきた以上、それ以前の業績をこれまでまったく看過してきたのは当然であった。その点では、協同組合史研究に後れる対応であった。今後、労働組合史研究に取り組むにも、既存の研究にとらわれぬ新しい視点や姿勢、またより広い視角が必要である。明治初年にまで遡るほど視界を遠くに拡げることで、その意味を教えられるであろう。

2　日本における労働組合思想の形成

（1）労働組合思想の導入

西洋経済学が導入されだす明治初年から、森下岩楠、天野為之らの経済学書が登場する明治一〇年代中頃まで、つまり一八六〇年代の後半から一八八〇年代の前半にあたる時期に、労働組合なり労働運動なりに触れている主な経済学書には、次のものがある。

小幡篤次郎（フランシス・ウェーランド『英氏経済論』小幡氏版、一八七一～一八七七年）、林正明（ミリセント・フォーセット『経済入門』求知堂蔵版、一八七三年）、高橋達郎（ジェームス・ロジャース『泰西経済新論』文部省、一八七四〜一八七八年)、永田健助(ミリセント・フォーセット『宝氏経済学』永田氏蔵版、一八七七年。『経済説略』一八七九年。ピエール・レバッシール『農工商経済論』思誠館、一八八一年)、牧山耕平(アルフレッド・メスン、ジョン・レイラー『初学経済論』青山清吉他、一八七七年。『初学経済論字引』文山房蔵梓、一八七九年。『経済論読本』雁金屋清吉他、一八七九年)、川本清一(アーサー・ペリー『理財原論』須原量平、一八七八年、増補改正一八八〇年)、小笠原利孝(ジェームス・ロジャース『魯氏経済論』集英堂蔵版、一八七八年)、小山雄(ジェームス・ロジャース『小学経済要略』『社会経済要略』金港堂蔵版、一八八一年)、城谷謙(アルフレッド・メスン、ジョン・レイラー『小学経済論』求心館、一八八二年)、宇川盛三郎(ジョルジュ・アッペール『経済学講義』一八八三年)らの手による翻訳書がそれである。

これらのうち、労働組合について、たんなる用語の説明や他の問題との関連で触れる程度に止まらず、その理念、そして組織や機能にわたって比較的詳しく説明しているものとしては、永田と牧山の訳書が代表といってよいであろう。

ただ、どちらも刊行当時は経済学の啓蒙書として受容されたので、訳書そのものは広く読まれることにはなったが、労働組合・労働問題に関する記述部分に関しては、当時もその後も殊更留意されることもなく推移してきた。ましてや、それが日本における一つのまとまりを持つ労働組合紹介の最初の文献であるという重要性なども認識されることなく、まったく顧みられぬまま今日まで放置されてきた。

それだけになおのこと、労働組合（研究）史あるいは労働文献史に向き合うとき、永田や牧山の訳書はもちろん、その当時の経済学書は検討し直して、的確に評価し位置付けなおす必要があるであろう。

ここで、原著者と共に、あるいはそれ以上に、日本社会への訳者・紹介者の方を取り上げるのは、いうまでもなく各々の原著の役割の大きさを否定する故にではない。労働組合の経験もその芽もまだなかった当時の日本にあっては、原著を正しく理解した上で、用語を創作し、訳文を理解・工夫する作業は、並大抵のことではなかった。その労苦は自ら初めて書き下ろすほど大きなもので、訳者の理解・判断抜きには原著の意味も役割も理解できない時代であった。

現に「労働組合」や「労働争議」にしろ、訳者によって理解力や訳語が異なる時代であった。そこに、限定的ながら、訳者の役割の方に焦点をあてる方法も、意味を持つと考えられるのである。

(2) 永田健助訳『宝氏経済学』と労働・労働組合

(1) フォーセット『初学者のための経済学』の受容過程　明治初年にあって、最も広く読まれ、それだけに日本の初期経済学界に大きな影響を与えた経済学書の一つは、盲目の経済学者ヘンリー・フォーセットの夫人ミリセント・フォーセットの著作『初学者のための経済学』（*Political Economy for Beginners*）であった。神田孝平や小幡篤次郎の訳書も当時にあっては、よく読まれた著作であるが、フォーセットの著書には及ばなかった。さらに『宝氏経済学』に匹敵するほど読まれた永田編述の

『経済説略』(一八七九年)まで加えたら、明治初年の経済学領域におけるフォーセットの影響力の大きさは一層明快になるであろう。

このフォーセットの『初学者のための経済学』は、一八七三年、林正明訳述前掲『経済入門』(和装本四冊)として初めて日本の社会に移入された。林は同年に『合衆国憲法』『英国憲法』『泰西新論』『政学提綱』など多くの著作を刊行するが、その一つが『経済入門』であった。

それに続くのが、一八七七年に永田健助の手によって訳述された『宝氏経済学』(和装本五冊)であった。原著の第四版(一八七六年)が使用されている。

同書は、その標題からもうかがえるように、入門書である。そのことも、初期にフォーセットを広く受容させた一因であった。と同時に、その訳者の一人が永田健助であったことも、フォーセットを普及させた一因と考えてよいであろう。

それは、一つには翻訳経済学の時代にも、永田の経済学理解が労働組合など労働関係の理解を含め、たんなる翻訳・受け売りの域を超えて、主体的に消化・受容する姿勢に裏付けられていた面が強かったことに関わる。この点は、同時代のフォーセットの翻訳者である林正明(前掲『経済入門』)や田沢鎮太郎(『経済学階梯』懸車堂、一八七七年)の訳よりも比較的よく咀嚼され、より明快に叙述されていること、またフォーセットの同書をもとにした『経済説略』が、形の上では翻訳としてではなく、永田の編述としてまとめられたことにも、永田の経済学理解における主体的な姿勢がうかがえる。さらに経済地理学や商業経済学の構築への開拓者的取組みにも、その姿勢はうかがえるであろう。

堀経夫（『明治経済学史』弘文堂書店、一九三五年）および塚谷晃弘（『近代日本経済思想史研究』雄山閣出版、一九八〇年）の両氏も、永田の主体的な役割を評価しているのは、具体的な事由は明示していないが、その辺のことに関わるとみてよいであろう。

ほかに、『宝氏経済学』の初版が刊行された一八七七年には、田沢鎮太郎訳前掲『経済学階梯』、本章の対象時期を超えるが、一九〇五年にも、同じ原著を基に鈴木重孝訳で『フォーセット氏小経済論』が刊行されている。しかし、フォーセット夫人の著作の普及に最も貢献したのは、永田であり、その労のお陰もあって、同書はその後もくり返し世に送り出され続けるのである。

なお、田沢訳『経済学階梯』については、前章の「日本における労働組合思想の導入過程」でも触れたように、「作業会社罷工及ヒ租税ヲ論ス」など労働関係の章の入る第三編以降の第二巻はこれまで未見で、第一巻のみの刊行で終わった可能性が高い。

(2)　永田健助による労働組合思想の移入過程

ここで永田訳の『宝氏経済学』をことさら取り上げるのは、以上のような推移・位置に加えて、同書が労働組合とその活動を的確に日本に紹介した最も早い文献の一つであったことも、一つの理由である。

すでに見たように神田孝平の訳によるウィリアム・エリス『経済小学』（神田氏蔵版、一八六七年）以来、経済学書は何らかの形で労働組合を始め、労働関係の説明を含むのがつねであった。ただ、永田の『宝氏経済学』以前の著書はいずれも、ことに労働組合とその活動になると、まだ正確には理解がすすんでいなかった。神田も前掲『経済小学』の訳述では労働組合の意味をまだ理解・消化できずに、むしろ誤訳に陥らざるをえなかった。また救貧法や工場法を紹介したことで画期的な意味を持つ高橋達郎訳前掲『泰西経済新論』にしても、「工人党」と訳した労働組合の説明となると、不十分な認識にとどまるものであった。

前述のように、林訳『経済入門』も、永田訳『宝氏経済学』も、〈労働〉の説明にかなりのスペースを割いている。ただし、内容理解や説明方法では、永田の訳書の方が、当然先に刊行されていた林訳も参考にできただけに、より説得的である。労働組合とその活動に限定しても、林訳はまだ不十分さを伴うものである。

例えば、林は「協同工社」(労働組合)について、自由や権利という概念を取り入れつつ理解しようとするが、基本的には「経済の理」から正当視する。ただ「協同会社」(協同組合)や会社(企業)との区別にはなお判然としていない面も残している。永田が慶応義塾では先輩の林による訳がすでにあるにもかかわらず、あえて新訳を出したのは、林訳が抄訳であったことに加えて、その内容理解や表現における不十分さ、あいまいさの存在も考えてのことであろう。

それにしても、フォーセット夫人の著書が三人の手で翻訳・刊行された一八七三〜一八七七年という時代を考えると、永田訳はもちろん、林訳も、労働組合に関する部分について言えば、日本の労使のおかれた状況、とりわけ組織化などはまだまだ遠い将来の夢でしかなかったほど遅れた労働者の地位や意識の状況を遥かに超える内容をもっており、その認識や紹介の先駆性は際立っていたと言わねばならない。

永田訳は、労働者の団結を当初「工業結社」の語訳で受け止めるが、営利を目的とする企業組織などとは区別し、争議も「傭工同党」と説明することで、労働組合とその活動を企業やその経営者と対立する組織であることを初めて正確に理解し、紹介した。のみならず、争議のような行為を労働者が妄りに行使することには注意を促しているものの、傭工同党や「結党」を労働者の「権利」「権理」の視点から是認するフォーセット夫人の説明をそのまま的確に訳述していることも注目される。

さらに、傭工同党とそれによる混乱を避ける方法として、「中裁委員（ボールド・オブ・アルビトレーション）」の制度と「共同社」（協同組合）を挙げているのも、興味深い。後者に関しては、ロッチデールの事例も取りあげているが、前者の「中裁委員」の紹介は日本における仲裁制度の紹介としては、最も古い例の一つに属するものであろう。

それに、これまでの私の調査では、労働争議（strike）に対して野球のように「ストライク」ではなく、「ストライキ」の用語を初めて使用した文献も、永田訳の『宝氏経済学』である。同書本文において労働争議（strikes）の用語を「傭工同党」と訳すとともに、「ストライキス」のルビをふっているのが、それである。一八八〇年代末以降、つまり明治一〇年代末から二〇年代に入ると、天野為之、宮川鉄次郎、佐久間貞一、笠原養治郎らの使用例に見られるように、労働争議の呼称は「ストライキ」としてほぼ定着するが、一八七七年頃の「ストライキ」の用例はまったくの例外といってよい。

ただ、永田の訳書は、労働組合そのものを主要な研究対象としているわけではないので、労働組合論に必要な説明が組織や機能を含むすべてにわたって十分になされているわけではない。

例えば、職業別の「同職組合」といった労働組合の組織形態の種類、あるいはストライキなどの機能についても十分に説明しつくしているのではない。組織については、フォーセットの著書の発行された時代がイギリスでも産業別組合や一般労働組合が登場する以前の時期なので、主として同職組合が彼女の念頭にあったことはいうまでもない。

また、機能については共済活動には深入りせずに、ストライキなどの争議、それに関連する仲裁制度などが説明されている。共済活動のような労働者同士の内部的機能に関する説明が弱く、労使関係的なものが中心になっているのは、時代的背景も無視できないが、労働組合については労働市場を媒介にする労使をめぐる経済活動の一環としての理解と説明なので、当然ともいえるだろう。

このように、永田によるフォーセットの労働組合に関する理解の紹介は、今日的な労働組合論からすれば、まだ不十分なものではある。しかし、当時の日本における理解水準で見たら傑出したものといってよい。それだけに、日本における労働研究の歴史にとっても、さらに労働組合とその運動の歴史にとっても、画期的といえる役割を果たすものであった。

ことに労働争議を権利の視点から肯定的に紹介していること、また前述のようにストライクとせずに「ストライキ」にした淵源をこの永田訳の著書に求めることができることでも、同書は日本の経済学の歴史においてと同時に、労働および労働組合の歴史においても忘れてはならない著作・業績と評価してよいであろう。

永田が使用した労働関係に関わる理解や用語、例えば「工業結社」「協同工社」、あるいは「傭工同党」、さらには労働組合の役割の評価は、必ずしも当時ではまだ一般的なものにはなっていないが、次第にその理解が受容されていく。

例えば、同じ自由主義経済論の立場に立ち、フォーセットらをも参考にしながら、労働争議を積極的には評価しなかったアルフレッド・メスンらの著書を訳述した牧山耕平は、用語や叙述の使用や説明では、永田にほぼ近く、正確なものになっている。牧山以後も、永田の使用した用語や説明は、時と共に経済学者の著作には一般的に見られるものになっていく。

この『宝氏経済学』は、版を重ねるが、一八八七(明治二〇)年には、同じ原著の新版を基にした『改訳増補宝氏経済学』(思誠館蔵版)が、やはり永田の訳で、和装本五冊から洋装本一冊に変えて刊行される。同時に、その際、全般にわたって訳語も訳文も大幅に改定されるが、労働組合とその活動についても全面的に改められる。労働組合は「工業結社」「協同工社」「傭工同党」の呼称から「職業結社」「職業同盟」に変わり、その機能としては従来通り共済活動とともに、「同盟する権利」の視点から団体交渉と同盟罷工も認め、詳細に説明を加えている。

なお、永田は『宝氏経済学』以外にも、「傭工同党」のみか、サン・シモンやシャルル・フーリエの理想社会構想にまで触れているP・レバッシール前掲『農工商経済論』(一八八一年)、あるいはこの時期を超える後の時代になるが、自身が先駆的に関わった領域である商業経済に関する著作でも、労働組合に比較的詳しく言及する訳書や著書を持っている。労働組合を「職業組合」と呼んで「同業職工」による職業別組合と明確に規定した上で、組合員同士による共済活動と共に、経営者に対する「ストライキ」や経営者による「ロックアウト」の機能にも言及する。

これらを見ても、労働組合に対する永田の取り組みがたまたまフォーセットの著作に触れたことによる一時的・一過的なものではなく、一貫したものであること、それだけに明治期における労働組合の理解と普及に対する彼の貢献は無視できないものであることがうかがえるであろう。

ちなみに、永田は『商業経済』(思誠館蔵版、一八九五年)に見られるように、国際交易が本格化する日清戦争時には、商業、通商・貿易、恐慌、信用、保険などの問題を経済学から掘り下げる研究にも着手していた。

(3) 牧山耕平訳『初学経済論』と労働・労働組合

牧山耕平の訳書も、労働関係に関しては明治初期にあっては際立って先行する内容を含んでいた。アルフレッド・メスンとジョン・レイラーの共著を原著とする『初学経済論』の訳書を例に、少し牧山の成果を紹介してみよう。

同書の初版は一八七七(明治一〇)年の刊行である。和装本三冊とそれほど大部のものではなかったので、比較的よく売れ、版を重ねた(一八七九年再版、一八八二年改正三版)。

同書は、「富ヲ造リ出ス為メノ三要件ノ事」に始まる全三九章と「経済学ノ義ヲ釈ク」に始まる全一三釈義からなる。そのうち、およそ半分ほどの章や釈義が何らかの形で労働関係の問題を扱っている。

労働組合関係は、主に「釈義第一〇　傭工ノ同党」、「釈義一一　雇主ノ連合」、「第一九章　傭工党ヲ結べバ、害アリテ利ナシ（傭工ノ同党害アル事）」、「第二〇章　雇主ト傭工ノ論争ハ中裁ヲ以テ定ムベキコト彼此ノ利益ナリ（雇主ト傭工ノ論争ヲ中裁スル事）」、「第二一章　結社ハ富ヲ造出スベキ最良ノ法ナリ（会社結立ノ事）」、「第二二章　成業同社資本ハ之ヲ用ヰテ会社ヲ結ブヲ最上トス（成業同社資本ヲ用ヰル良法ノ事）」の各章や釈義で取り上げられている。

もちろん、メスンらも、労働組合そのものを著作の主要な課題にしているわけではないので、労働組合について、その全体像を十分に説明しつくしているというのではない。それだけに、体系的な労働組合論の形はなしていないが、労働組合とはどんなものかを具体的に理解できる程度には訳述されている。その程度のものでも、労働組合の影も形もない明治初期の文献では、労働組合とその運動について詳しく、またほぼ正確に触れた著作の一つといってよいのである。

まず労働組合やその活動については、「傭工ノ同党トハ傭工党結シテ雇主ニ要迫シ雇主其請フ所ヲ許サザレバ復タ雇役ヲ求メザルノ謂ナリ」と説明する。この説明からもうかがえるように、牧山は「傭工同党」「傭工党結」の用語のどちらも労働組合にも、争議にも使用する。

同書の立場は、「傭工党ヲ結べバ、害アリテ利ナシ」、あるいは「同党起ルトキハ、之ヲ鎮圧スル事雇主ノ利ナリ」ともいっているように、労働運動や労働争議の効果には否定的な見方をしている。その点に関しては、F・ウェーランドの『英氏経済論』とほぼ同じ見方といってよいが、その理由としてメスンらがあげている点は、労使を比較する場合、経営者の方が経済的に強いこと、交通機関の発展により、経営者は広い地域から労働者を雇えるようになっていることなどである。

この理由からもうかがえるように、同書は、労働運動、あるいは労働争議をまったく否定しているわけではない。上記のような具体的な理由が存在することから消極的姿勢を示しているのであって、逆にある条件さえ整えば、労働組合の活動の意義を認める論理に立っている。

この点はウェーランドと異なる点であるが、実際に同書は次のような条件に配慮するときには、争議もまた成功するだろうとしている。その条件とは、実質賃金が本来あるべき賃金を下回っていること、争議の期間、労働者側に賃金収入がストップしても生活を支える資金の蓄えがあること、そしてまったく強制なく他の労働組合も同時に当該経営者に争議を組む条件が存していることの三点である。また、同書は労使が争いを避け、協調するには「中裁」つまり仲裁制度、そして「結社」つまり協同組合が有効であることを具体的に指摘している。この解決策は、後者の事例としてロッチデールを挙げているように、永田訳『宝氏経済学』とまったく同じ主張といってよい。

このように、メスンとレイラーが特に労働争議を条件付きで承認している点、あるいは争議を回避する方途として仲裁制度と協同組合を取り上げている点を、牧山が的確に訳し、紹介している。そのことは、日本ではまだ現実性はなかったにしろ、『宝氏経済学』およびその訳者の永田と同程度に、あるいはそれよりも一層視野を広げ、先を読んで、日本における将来の可能性まで想定できたことを意味している。

ちなみに、牧山は、日本における最初の経済学辞典といってよい『初学経済論字引』(文山房)を、一八七九年に上記『初学経済論』に合わせて編集・刊行している。「専ラ童蒙ノ為メニ選輯」したものであるが、労働組合とその活動については次のような用語選択と説明を行っている。その中には〈トレードユニオン〉という用語も採録されてはいるが、その理解は今日の労働組合にあたるもの、つまり「傭工党結」という労働者が担うものとはなされていないことがまず注意を引く。労働組合的な組織や活動を的確に認識できたはずの牧山でも、一八七〇年代末の段階では一つ一つの用語まで正確には理解しきれていなかったわけである。

もちろん、日本に初めて西洋経済学書を紹介した神田孝平が、労働組合を理解できなかった程度とは違って、牧山の理解の方がはるかに進んではいるが、〈トレードユニオン〉の用語に関しては、『字引』段階では〈トレード〉を労働者側に関することと読み取ることができず、正確に読み解き、それが労働者の組織や活動に関わることにまでは理解が行き届かなかったのである。

ただ全般的には、牧山は、永田に次いで労働組合とその活動について実態を段階的に理解して、それを日本の社会に紹介した先駆者といってよい。参考までに同『字引』から労働組合関係の二、三の用語を引くと、次のように説明がなされている。いずれも、まだ遅れた理解の段階にあったことを教えてくれよう。

「傭工ノ同党」「傭工党結」は「ヤトヒノシヨクニンドモノオホゼイトタウスルコト」

「要迫」は「オドシマセルコト」

「成業同社」は「英語ニテ『トレードユニオン』ト云フ製造ナリ商売ナリメイメイ金ヲ出シ又ハ労ヲ致シテ均クリエキヲスル社ナリ」(「トレードユニオン」の項目もこの「成業同社」と同じ説明になっている。)

なお、牧山は、ほぼ同じ時期に「専ラ童蒙ノ為メニ、初学経済論ノ要領ヲ抜粋シタ」『経済論読本』(一八七九年一二月版権免許、一八八二年改正)も編纂している。抜粋ということであれば、当然であるが、同書では、労働組合やその活動については『初学経済論』とまったく同じ説明をなしている。また、自著とはなっているが、実際には『初学経済論』と同一の原著に基づき、抄訳的にまとめた城谷謙『小学経済論』(求心館、一八八二年)にしても、ほぼ同様の用語を使い、その説明のあり方も、牧山の訳書に倣うものになっている。

そのような城谷の理解や訳語の使用の仕方一つ取ってみても、日本における労働組合論の形成に寄与した牧山の役割の大きさが推測できるであろう。

3　経済学の自立化と労働・労働組合研究

(1) 労働組合研究の拡大

経済学が翻訳段階から離陸し、自立に向かって少しずつ進み出す時期以降になると、日本経済の発展もあって、経済学研究は全般的に一層盛んになる。従前から進められてきた翻訳に基づく経済学書も、相変わらずあい次いで世に送り出される。同時に、容易には翻訳段階を抜け出せないが、日本人による自前の経済学をめざす著書も、とりわけ明治二〇年代に入ると、目立っていく。

それらの著作は、森下岩楠の『経済原論』（和装本二冊、中近堂、一八八三年。再版、洋装本一冊、一八八九年）以下ほとんどが、資本と土地と共に、資本主義生産には不可欠の労働（力）一般についてはもちろん、しばしば労働組合や労働運動についても言及するほどになる。

それらのうち、比較的詳しく労働組合や労働運動に触れているものには、労働組合運動が生成する日清戦争以前に限定しても、天野為之（『経済原論』冨山房書店、一八八六年）、片岡志郎（『経済初歩』学齢館、一八八八年）、蟻川堅治（『経済学汎論』同盟書房、一八八九年）、宮川鉄次郎（『経済汎論』新撰百科全書、一八八九年）、荒井甲子三郎（『提要理財学』郁文堂、一八八九年）、有賀長文（『国民経済学講義』明治法律学校・講法会出版、一八八九年）、大島貞益（『経済学講義』高等普通学会、一八八九年）、嵯峨根不二郎（『経済原理』博文館、一八九〇年）らの著作がある。

また翻訳には、渡辺修次郎（スタンリー・ゼヴヲンス『経済初学』松井氏蔵版、一八八四年）、長田太郎（モーリス・ブロック『初等経済問答』吉川半七、一八八七年）、中川小十郎（ボーカー『実用経済学』冨山房、一八九〇年）、浮田和民（ドワイトW・ラーネッド前掲『経済学之原理』経済雑誌社、一八九一年）、佐藤昌介（R・T・エリー『威氏経済学』丸善商社書籍店、一八九一年）、牧山耕平（エミール・ド・ラブレー『経済学粋』経済雑誌社、一八九四年）らの著作がある。

この頃から、経済学書には、初期に紹介された自由主義経済学の体系が通常もっていた狭い理論的な枠を超えて、社会思想や社会問題をも対象にするものが目立ってくる。また経済学以外の著作にも、労働組合に触れるものが見られるようになってくる。とりわけ注目されるのは、高野房太郎や佐久間貞一のように労働組合そのものに関心を抱き、それを主題にする主張・論文を公けにするものが出てくることである。

もちろん、その場合でも、高野や佐久間が初めて、あるいはまったく独自に労働組合論を展開しだしたというのではない。高野はアメリカにあって彼地の現実の労働運動の影響を強く受けていたし、佐久間は日本にあって、それに遡る時期に経済学者が経済学研究の一環として取り組んだ労働組合の理解・紹介を基礎あるいは背景にして、はじめて労働組合論を構築しえたのであった。

(2) 天野為之『経済原論』と労働・労働組合

(1) 天野為之の進んだ経済学

資本主義経済が拡大すると共に、経済学は、現実の経済活動に対応するためにも翻訳の学から自立に向けて歩みを始める。同時に、個別分野における応用学でも発展を見せるようになる。

そこに至ると、漸く日本の経済学も自らの土壌の上に開花し、実用・実際にも通じるあり方・方向に向い出す。もっとも、その後も、経済学も、その一環の労働研究も、翻訳の段階を本格的に抜け出すにはなお時間を要した。それでも自立に向けて動き出したことは間違いなかった。

そのような自前の経済原論書執筆の先陣役を勤めるはずであったのが、一八八三(明治一六)年に刊行された森下岩楠前掲『経済原論』である。しかし、タイトルのみ〈経済原論〉という、今日まで生き続ける用語を使った点では注目されるが、内容は翻訳そのままに近いものであった。全体が簡明にまとめられた翻訳概説書で、生財、配財、貿易、租税と当時の経済学体系に沿った構成を有し、比較的咀嚼された説明にはなっている。

同書は、資本あるいは経済活動に対応するものとして労働力・労働関係にもいくつかの章を配してはいるが、労働組合とその活動については、特に独立した章は設けていない。しいてあげれば、主として協同組合を扱う第二三章「共同会社」が該当する。そこでは協同組合を意味する「共同会社」との関連で、「労働者ノ党結トハ傭工党結シテ賃銭ノ増加ヲ傭主ニ強請シ傭主其請フ所ノ賃銭ヲ払フニ非レバ共ニ傭役ヲ拒絶スルノ謂ナリ」と説明された。そして「労働者ノ党結」は、日本には「未ダ多ク見聞セザル所ニシテ」、かりに見聞されるとしても「欧州各国ニ行ハルル者ト大ニ其趣ヲ異ニセリ」とも説明されている。

労働組合なりその運動なりに対する著者自らの見解は、この程度の説明で終わっており、これ以上詳細に、あるいは明快には提示されていない。

この森下に続いて注目されるのは、天野為之の前掲『経済原論』（一八八六年）である。同書は今でこそ古典の部類に属しているが、当時にあっては自由主義経済学の一つのピークをなす業績であり、名著とされた。

天野の同書は、軽便な森下の概説書に比べれば大著の部類に属している。天野は、東京専門学校

（後の早稲田大学）の創設に参加し、衆議院議員、東洋経済新報の経営にもあたる。早稲田大学学長や早稲田実業校長にも就任する。後に、彼は高田早苗、坪内逍遙、市島謙吉と共に「早稲田四尊」と言われるほど早稲田大学では高い評価を得る。慶応義塾塾長から東京興信所所長に至る多面的な活動をなした森下が必ずしも経済学を専ら研究する学者ではなかったのに対し、天野はまさに経済学者といってよかった。

それだけに、経済学の著作も多いが、彼にとっては最初の『経済原論』の著作は、世評も高く、版も一八八八年で一〇版、一八九五年で二〇版を重ねた。労働組合関連の扱いにしても、用語も、以前のものに比べて新しくなり、説明もより明快になっている。

同書の初版は一八八六（明治一九）年であるが、天野によると（同書「第四版経済原論自序」）同書の原稿はすでに一八八二（明治一五）年の末には出来上がっていて、あとは創立されたばかりの東京専門学校での講義などを通じて「本論の文体なり議論なり論法なりに多少の工夫を凝らし意匠を回らし」ていたのであった。

もとより、労働関係に関する天野の理解が一八八二年の原稿完成時と一八八六年の刊行時にどのような変化があったかは不明ではある。しかし、自序の説明のとおり一八八二年にすでに同書のような理解に到達していたとしたら、その先駆性はさらに評価されてよい。

同書の構成は、次のとおりである。

総論、第一部　生産論、第二部　分配論、第三部　公益論、付録　第一「経済学沿革史」、第二「報酬削減ノ法則トハ何ソヤ」、第三「財産の安固」、第四「紐育手形交換所ノ景況」、第五「経済用語英和対照表」(第一および第五は増補版で追加されたもの)

この構成の中で、労働関係は、第一部　第一篇　第一章「労力及ヒ天然物ノ性質ヲ論ス」、第二篇第一章「三必要件ノ其産出力ヲ増加スル原理」、第二章「協力ヲ論ス」、第三篇　第一章「労力ノ増加ヲ論ス」、第二部　第二篇「給料論」、第一章「時代若クハ国柄ニ因テ給料ニ高低アル所以」、第二章「職業ニ因テ給料ニ高低アル所以」、第三章「謂ハユル連合ナル者ハ如何ナル影響ヲ分配ニ及ホスヤヲ説ク」等で主に論じられている。

この中で、天野は、労働組合について、広い意味では「連合」とした上で、「職工結社」「共同職工結社」の用語を、また労働争議には「ストライキ」「共同罷業」「打撃」の用語をあてている(なお、「付録」の「経済用語英和対照表」では、ストライキに「同盟罷工」「打撃」、ロックアウトに「同盟解雇」の用語をあてている)。

天野は、その「共同職工結社」を、もっぱら争議を目的に結成されるものではなく、「労働者カ死亡相弔シ緩急相救ヒ智識相磨ク等最モ穏便ナル目的ニ起リタル者ナル」と共済活動や訓練・陶冶に基礎を置く視点から定義する。またその性格については「労働者カ資本家ト賃銀ノ高低ヲ争フ時ニ当リ極メテ功力アル器械」であると、市場を媒介にする組合の経済的な役割を指摘している。

このように、天野の役割でまず注目すべきことの一つは、彼が一八八六年当時、まだ日本にはまったく存在しなかった労働組合について、ことさら厳しい批判や疑問を呈することなく、経済的制度として受容し、かつ機能としてストライキも同様に経済的視点から冷静に位置づけていることである。この点は保護主義の立場に立つ大島貞益らが労働組合活動に否定的な評価を与えていたのとは対照的である。

もちろん、天野にも、イギリスなどの実情を例として、労使の対立やストライキの多い状況を憂いている一面も見られる。その際、それを克服するためには「コーポレーション」こそ「将来ニ望ミアル事業ナレ」としているのは注意に値する。

もう一つ、天野の役割で注目すべきことは、一方で一八八〇年代後半に刊行された、幾つかの翻訳を越えようとする自前の経済学書が労働組合や労働争議を経済理論に沿って説明するが、その方法認識の先行的位置に彼がいたこと、他方で高野房太郎と並んで、日本において労働組合論を最初に体系的に整備し、その必要を訴えた佐久間貞一のような経済理論の方法を超える労働組合論についても、先行的位置にいたことである。

例えば、前者における先行的位置に関しては、天野自身も「校閲」した片岡志郎前掲『経済初歩』、あるいは嵯峨根不二郎前掲『経済原理』など天野の後を追うように世に送り出される諸著作がよく物語ってくれるだろう。ちなみに、嵯峨根の著作は、一八八〇年代後半に盛行した経済学研究とその成果としての著作の中でも、経済理論で労働組合とその運動を説明する最も優れた到達点を示すほど高い位置を占める文献の一つである。

後者に関しては、天野が労働組合に対する経済主義的認識を一般論として提示するだけでなく、具体的にも労働成果の労使における適正配分と労働者の高賃金を支持している点に関わる。

実は、その適正配分論や高賃金論こそ、佐久間の労働者・労働組合支持の支えになる考えであった。もちろん、これをもってただちに佐久間の労働組合論の淵源を天野と確認すること、あるいは佐久間が天野を読んで労働組合の役割や目的を学んだと確定することはできない。天野に先行する翻訳経済学書の中にも類似の主張をなすものもあったからである。しかし、天野と佐久間に見られる認識の類似性は、その継続性なり影響関係にも有力な手掛かりを与えてくれるものといってよいであろう。

ともあれ、永田、牧山の時代は翻訳経済学の段階であったので、その一環・一部として狭く理解された労働研究や労働組合論も、観念の世界の認識ないしは翻訳の水準に止まっていた。それでも、その永田らの時代から天野らの時代に進んでくると、労働組合認識でもたんなる翻訳を超える水準に向けて前進していることが見られる。

そこでは、総合的な労働組合論にまでは成育・成熟していないまでも、労働組合やその機能である団体交渉やストライキをただ理念・観念上のこととして経済理論から形式的に説明するだけでなく、労働者によって実際に展開される活動として現実的に位置付け、説明するようになっていた。また労働運動の目標にしても、同じ経済主義に立ちつつも、具体的に適正配分論や高賃金論を要求として打ち出す主張も受け入れるほどになっていたのである。

ところで、永田に始まり、天野に至る労働組合に対する認識・位置づけの推移には、意外にも一貫したもの、共通のものが存していた。たしかに、経済学レベルで見れば、翻訳の時代を離陸して自前・自立の段階に向い始めるという変化は大きいが、労働組合論レベルで見れば、明治前半に関してはむしろ年次を超えて共通性・つながりの部分の方が強く印象づけられる。特に労働組合の成立もまだ確認されていない時代なのに、労働組合の実態を良く的確に理解できたものである。

例えば、労働組合に関しては、呼称は一定していなかったが、その存在を肯定する見方、その組織を職業別組合、また機能を共済活動、それにストライキを含む団体交渉とする認識がそれである。その理解から見るかぎり、永田らの時代と天野らの時代にはむしろ共通したものが看取できるのである。

もっとも、内部的機能としての「慈善的友愛的活動」(共済活動)と外部的・対外的機能としての団体交渉・「同盟罷工」をたんに並列的に説明するだけでなく、両者を理論的にも統合的に理解するのは、一八八〇年代末以降の嵯峨根不二郎などに限られていた。その点で、明治前半と一口に言っても、さらに詳細に見れば、単一性・つながりの中にも、一八八〇年代末以降になると、一八八〇年代前半以前に比べて理論的にはより整備されるに至っている変化も無視できない。

とかく見てくると、日本における労働組合思想の受容と実践に至る流れは、明治初年からゆっくり準備されていたといえる。従来まったく看過されてきた、この永田から天野に至る一八七七年前後から一八八七年前後の明治前半の時代に、労働組合思想なり労働組合論なりの基礎・土壌が整えられつつあったのである。

その上に、一八九〇年代初頭に至り、高野、佐久間が労働者の側に立って労働組合を実践に沿う理解・思想に高めるのである。高野や佐久間のような日本における実践まで視野に入れた進んだ組合論が突然出現したわけではなく、経済学者によって、それを受け入れる基礎・土壌は形成されていたのである。

また、社会政策論を受け入れる土壌も同じように形成されつつあったが、今日に続く社会政策論が学問として、また政策として登場するのは、この基礎的作業がもう少し整ってからであり、さらに歳月の経過が必要なのである。

その高野や佐久間には、一八九〇年代の初めにすでに国家による労働者保護という考えが明白に存していたが、ただ方法的にはまだ社会政策論にまで昇華されていたわけではない。日本の労働者の労働条件や地位の劣悪な状況、あるいは遅れた意識といった現実に対する認識が、たまたま社会政策論の軸になる国家の役割に対する期待として、佐久間らと後の社会政策論者との間に共通の視点・認識を形成させるに至る。もっとも、社会政策論の本格的な構築は、ドイツの歴史学派の影響を受けた金井延ら社会政策学者の活動、あわせて社会政策学会の創設と発展にまたなくてはならないのである。

4　労働経済論から社会政策論へ

（1）経済主義にたつ初期労働（組合）研究

(1)　経済学の一環として理論レベルの認識から出発

くり返すまでもなく、欧米の経済学の移入と受容から始まった日本の経済学研究は、ただちには自生的な独自の経済学の形成にすすむことは無理であった。しばらくは翻訳の学として、受け身・受け売りの段階を越えることはできなかった。それでも、量的には次から次へと夥しい数の経済学書が世に送り出され続けた。あたかも競争で、手に入るものなら、すべて翻訳するかのごとき様相を呈すほどであった。それだけに、初期の頃は自由主義経済学に立脚する著作が中心ではあったが、立場にこだわることなく、他にも保護主義はじめ、いろいろの性格をもつ著作が雑多に紹介された。

このように、経済学が翻訳の学として移入・受容という導入過程にしばらくとどまり、しかもその間、膨大な数の文献が紹介されたということは、翻訳される経済学が日本の状況に合うかどうかは二の次ということにならざるをえなかった。

とりわけ明治初期には、政治も安定せず、政治が経済を支配し切ることもできなかったので、経済学の方法・あり方や研究も、必ずしも政治や国家の方針に規制や拘束されることもなく、自由に展開されることになった。資本主義生産の現場からは、的確な経済学の知識や情報の必要が強く認識され、要請されたはずであったが、ひとまずは入手可能な経済学の文献が手当たり次第移入、紹介される形をとったのである。

そのことは、日本における経済学がしばらくは理念・理論中心の世界におかれ、現実の政治や政策、あるいは経済や生活の領域・現場から一歩距離をおくような地位に立っていたことを示していた。日本資本主義の発展段階や経済活動の実態に関係なく、まずアダム・スミス、ジョン・S・ミル、ヘンリー・フォーセット夫妻、フランシス・ウェーランド、ウィリアム・エリス、フレデリック・バスティアらの自由主義経済学から移入、紹介されたことにも、その点はうかがえるであろう。

実は、そのことが労働組合や労働運動思想の導入・紹介に際しても、むしろ肯定的・積極的な意味をもたせることにもなった。というのは、少なくとも経済学者のレベルにあっては、まだ日本の労働・労使関係の現場では経験されることがなかった労働組合（運動）に対して、比較的偏見のない姿勢で接近がなされ、理解されることになったし、また当局もそのような研究レベルの紹介や主張にことさら神経を過敏にして反応することもなかったからである。

もちろんウェーランドはじめ、労働組合の活動に消極的な姿勢を示す学者も少なくはなかったが、紹介された経済学者の多くは労働組合の活動に肯定的であった。それがそのまま翻訳・紹介されることになるのだが、そのような偏見のない取り組み、あるいはむしろ欧米の労働組合思想を自然に受容する姿勢は、興味深い。その点は、ミリセント・フォーセットの翻訳などを媒体にした永田、牧山、さらには天野といった自由主義経済論に立つ研究者の翻訳や著作、それにそこにおける理解や叙述の仕方によくうかがえるであろう。

(2) 労働経済的認識の定着

前章でも、また本章でもすでにくり返し見たように、日本における労働や労働組合の研究は、経済学研究の一環として出発した。そのことが、労働組合とその運動の受容のあり方としては、ある意味で幸運に作用した一面のあったこともすでに触れた。

要するに、日本の労働組合論は、労働組合やその運動がまだ日本の土壌に根付いていない時代に、実践に関わりなく経済理論・経済研究の一環として導入された。そのため、一方で労働認識・労働研究も、また労働組合に対する関わり方・距離も、彼岸的な姿勢・性格を超えるものとはならなかった。他方ではそのような対応がことさら大きな抵抗もなく、また感情的反発もなく、労働組合思想が受容されることにもつながった。むしろ、時代が経過し、実際に労働の現場で労働組合への取り組みの必要性が訴えられるようになってからの、いわば実践を前提としての労働組合の紹介や取り組みの方が、当然のことではあるが、はるかに抵抗・摩擦も多くなる。それと比較すれば、明治初期にまず経済学の一環として労働・労働組合を取り上げたことが労働組合の運命には「幸運に作用した」という意味が明らかになるであろう。

従って、明治初年の資本主義初期における労働組合の紹介は、それ自体として労働の現場に影響を与えたり、自立的な研究領域の形成にまで進んだりするものとはなりえなかった。あくまでも、労働・労働組合研究は経済学の一環や付随として接近され、認識されたにすぎず、経済理論の枠を超えて、その理論と対抗して労働の側にもう一つの理論や方法を付与するものとはならなかったのである。実際にも、永田、天野ら初期に労働組合とその運動を適切に理解し、紹介したものでも、当然のことながら労働組合や労働運動そのものの解明を主たる目的として研究や紹介に取り組んだのではなかった。それらを経済学の一環として理解し、紹介したにすぎなかったのである。

そのため、労働組合やその活動は、まだ影も形も見られない現実とは無関係に、理論的に、かつ経済主義的に理解され、位置付けられることになった。それは、フォーセットやそれを基にした永田たちのように自由主義経済論に立ち、労働組合の存在にことさら疑問をさしはさまなかったもののみでなく、労働組合の活動、とりわけ争議に消極的ないしは否定的な見方をするものにも、また保護主義的な経済論に立つものにも、通じるものであった。

例えば、保護主義に立つ西村茂樹が、労働問題の認識にあたっては、かりに賃金を例にとれば、それが政治や労使の抗争からではなく、労使の経済的行為の中で決まるという経済主義を貫く視点や方法に依拠していたのは、その例であった(『経済要旨』文部省、一八七四年。東洋社、一八七七年)。

そのような認識があればこそ、国民に明確に権利を認めず、労働者にも基本的人権さえ十分に認めていなかった時代の日本にあっても、労働組合やその運動が検討され、理念的に受容されることも可能であった。労働組合やその運動の可能性も、またそれに対する研究の可能性も、明治前半の日本にあってはきわめて厳しいはずであったが、まだ労働組合の結成と活動の現実性がまったくといってよいほど存在しない時であっただけに、かえって当局や資本の側も、経済学の導入と共に、その一環として、従って理論上のこととして紹介され、受容される労働組合論にはさして警戒や懸念を示すこともなかった。

その意味では、経済学と同様に、その一環である労働・労働組合研究も、その導入からしばらくの間は理念レベルや翻訳の学にとどまっていたと言えるのであった。

(2) 労働経済的認識から社会政策的認識へ

以上のような初期的な研究活動を土台に、まもなく高野房太郎(「日本ニ於ケル労働問題」『読売新聞』一八九一年八月七～一〇日)や佐久間貞一(「職工組合の必要」『東京経済雑誌』第二五巻六一七号、一八九二年四月二日。『国民新聞』一八九二年四月五～八日)が、労働組合そのものを主たる対象にし、しかもその必要性を認識する視点から考察、さらに主張に進み出る。ついで、しばらく年月を経過した後になるが、彼らは実践にも指導的に関わる役割を演ずることになる。

日本において自前の労働組合論を初めて体系的に示すのは、この高野と佐久間である。彼らは、たんなる翻訳の学や彼岸的な認識を超えて、日本においても労働組合・労働運動の実際の必要を認識した。そのため、日本の土壌に種を蒔き、育てることまで考えて、上記のように一八九〇年代の初頭に労働組合を考察し、労働組合論をまとめたのであった。

もちろん、彼らの場合にしても、実践を念頭において考察したとはいえ、労働組合が実際にはまだ存在しない土壌に、西欧の体験を参考にしながら構想し、実践にも役立てようとする労働組合論であった。

それだけに、未だに経済的・生産的視点からの労働組合論の枠内にとどまって、一国全体の発展とのバランスの上に立つ認識を出るものではなかった。完全に労働者階級の側に立った労働組合論、あるいは自前の労働組合論に成育しきるにはなお歳月の経過が必要であったのである。

このように高野や佐久間の主張は、なおも経済主義あるいは経済理論に立つ初期の特徴を基本的にはとどめていたとしても、明治も二〇年代に入っていたこともあり、明らかに初期の翻訳や純理論レベルで展開された永田、牧山らの認識レベルを超え、またその後の天野らの理念レベルの考察と認識の域も超えていた。

例えば、高野や佐久間の認識や方法は、日本の実情を反映して、一方で国家の介入、つまり社会政策の役割を明快に前提にして労働問題・労働組合を認識していた点では、日清戦争後の社会政策論の方法をも視界に入れていたといってよい。他方で労働者自身の下からの活動と組織化の必要を認識し、それに対するストライキの是非やインテリゲンチャの役割まで考察している点では、たんなる理論や理念上の接近を超えて、実践に対する強い意欲や期待をも内包するものであった。

このような認識や方法は、一八九〇年代初頭の段階にもすでに、高野と佐久間の労働組合論が理念と実践の統合をめざすところまで進んでいたことの証左でもあった。この点がきわめて重要なのであるが、それは、この統合をはかる視点こそ、日清戦争後に労働運動が初めて現実にも生成する時代になると、必要不可欠になることからである。その点で、高野と佐久間の労働組合論は、その時代に向けてまさに先導的な位置に立っていたと評価してよいものである。

現実的にも、日清戦争後の労働組合（運動）研究は、そのように一八九〇年代初めに展開された高野と佐久間の主張や方法が予想したように、実践との統合を無視しては取り組みえなくなる。その点では、一八九〇年代の後半に、労働組合論は、それ以前の明治前半期とは異なる新しい時代を迎えるとみてよいであろう。

この点で少し時代を遡って振り返ってみると、高野や佐久間が最初に労働組合論を明らかにした一八九〇年代初めの段階でも、労働運動の土台になる労働者の置かれた客観的な状況・条件は、資本主義初期とさして変わっていなかった。労働者の働く労働条件や地位は低く、彼らの意識もきわめて遅れていて、労働組合の結成はまだ遠い先のことにしか思えない時代であった。しかし、初期の頃に比べて大きく変わりつつある一面が形成されつつあったことも事実であった。

例えば、工業化の進展に合わせて、一つには労働者が大量化し、底辺の下層階級を形成しつつあったことがそれであり、もう一つには彼らの働く劣悪な労働諸条件が拡大し、かつ表面化しつつあったことがそれである。いうなれば、労働者階級の形成と原生的労働関係の進行であった。この状況は日清戦争後の産業革命期に向けて、実際に全面化していく。

そこに至って、高野や佐久間の労働組合論にしても、資本の論理を超えて労働者の立場に理解を示すとなると、経済理論の一環としてたんに机上で主張をなすものから、実践的な要請に応えるものにならざるをえなかった。日清戦争を契機とする資本主義経済の本格的な発展、そして労働問題の拡大と共に、急速に労働者を取り巻く状況・環境が変化し、労働者の意識化と組織化、つまり労働組合の結成が現実の課題になっていたからである。

それに対する認識・研究も、経済学が翻訳の学の段階にその一環として取り組まれた初期の水準とはもちろん、経済的にも政治的にも資本主義が軌道に乗る一八九〇年代初頭の高野や佐久間の認識ともやや異なるものとなった。

それは、一方で方法的・理論的に自立の可能性の一層高い研究・理論水準に向けて前進するものとなること、他方でたんなる理念や観念の世界での追究から実践を前提にした追究に進まざるをえなくなることに投影されるようになっていく。日清戦争直後に、一方で研究面では社会政策学会の誕生が見られ、他方で現実にも恒常性をもつ労働組合の生成・展開が見られるに至るのが、その後の推移であった。

実際に、日清戦争直後の一八九〇年代の後半に、労働組合という名称が初めて登場し、現実にも労働組合を名乗る労働組合期成会とその傘下に入る三つの労働組合が初めて恒常性をもつ形で成立する。それに合わせて、労働組合とそれを巡る労働諸問題に対する自立的な研究領域が成立することになるのであった。

おわりに――労働問題の拡大に合わせた社会政策学会の成立

かくして、日清戦争後、労働政策＝社会政策を媒介に労働組合・労働問題をみる方法が前面に出てくる。その時以降、国家の役割に関係なく、経済学の一環として経済理論あるいは市場理論に沿う初期の労働組合認識を越えるかのように、国家とその政策を媒介に労働や労働問題に接近し、認識するという方法が登場する。従来のように、まず資本と労働について、市場関係を通して直接認識する労働経済学・労働市場論的アプローチではなく、その前に、国家の労働政策、即ち社会政策を位置づけ、それを前提にするアプローチである。以後、その方法が労働問題研究者に広く受容されることになる。それこそ、その後長く続く社会政策論に連なる方法である。この日清戦争直後の時期が、その方法の本格的な出発を告げる時にほかならなかった。

もちろん、天野為之以下、片岡志郎（前掲『経済初歩』）、嵯峨根不二郎（前掲『経済原理』他）、田尻稲次郎（『経済大意』〔有斐閣書房、一八九八年〕他）らによって経済学研究の一環として展開された労働・労働組合研究に見られるように、その後も初期に展開された経済学の方法に依拠した労働経済学的に市場を媒介に資本の活動・論理に対応する労働力・労働組合を位置づける研究も継続される。

同時に、高野と佐久間が労働・労働者の現場・現実の必要性から労働組合の結成を訴えだす。そのように新しい舵とりをすることで始まった労働組合論が、国家およびその政策を前面に立てて認識するドイツ流の社会政策論と合流することになって、明治初年以来の労働経済学的な労働研究・労働組合論が急速に主流から退いていく。

それに対応する労働・労働組合研究は、いよいよ国家およびその労働政策を前提、あるいは媒介にする認識・方法が主流となる新しい段階に入っていく。その方法は、労働者に基本的人権や労働基本権が承認されていない社会、つまり資本に比べて労働者の地位が極端に低く、対等の労働市場関係が成立しえない社会には、ことさら受容されやすい。

日本の場合、そのような労働者への権利付与を前提とする環境・条件が整う第二次世界大戦後にも、例外的にその視点・方法は根強い支持を受け、引き継がれることになる。いうまでもなく、それが社会政策論であり、社会政策論的な労働・労働組合研究の方法にほかならなかった。

ところで、その方法に立脚する場合でも、新しい時代の到来にともなって、労働あるいは労働組合の研究者は、新しい課題に直面せざるをえなくなる。それは、実践を無視しては、労働組合やその運動を論じられなくなっていた状況の到来に起因するものであった。研究者やインテリゲンチァといえども、労働組合やその運動を研究あるいは理解する場合、否応なく現実の労働組合や運動に対して何らかの立場の認識や表明が不可避になっていくからである。そこに、社会主義者ではないが、高野や佐久間のようなプロ・レイバー的な労働組合論者を必要とし、社会政策学者の先頭に立たせるようになっていく。

社会政策論は、従前の経済学ないしは労働市場論に立つ労働研究とは異なり、労働者保護政策や権利保障が遅れ、労働者の地位の低い日本の土壌に合った方法論であった。それでいて、やがて台頭してくる社会主義に立つ労働組合へのアプローチとも異なるものであった。結局は社会主義と対抗する一面・視点をも持つようになるが、社会政策の導入を前提に、労働組合・労働運動をとらえることで、次第に政治の論理・資本の論理の枠の内で労働組合・労働運動を理解しようとすることになるが、それが初期社会政策学者の認識の主流になっていく。それだけに、労働運動・社会運動が本格化する第一次世界大戦後には、社会政策はさらに質的転換を迫られるが、ともかく日清戦争後に初期の社会政策論が成立し、労働組合研究の主流となっていく。

いずれにしろ、労働運動がまだ弱いながらも、実践の時代を迎える日清戦争後になって、労働組合へのアプローチ・研究は新しい段階を迎えるのであった。

〈参考文献〉

ミリセント・フォーセット・永田健助訳『宝氏経済学』永田氏蔵版、一八七七年
天野為之『経済原論』冨山房書店、一八八六年
片山潜・西川光次郎『日本の労働運動』労働新聞社、一九〇一年
堀経夫『明治経済学史』弘文堂書房、一九三五年
小松隆二「わが国における労働組合思想の生成―佐久間貞一と高野房太郎を中心に―」『経済学年報』慶應義塾大学経済学部、第一三号、一九七〇年

堀経夫『明治経済思想史』明治文献、一九七五年
塚谷晃弘『近代日本経済思想史研究』雄山閣出版、一九八〇年
小松隆二「日本における労働組合思想の導入過程――労働研究の成立と社会政策論――」『日本労働協会雑誌』一九九〇年四月号
小松隆二「労働組合論事始」『三田学会雑誌』第八三巻第三号、一九九〇年一〇月。本章はこの旧稿に手を加えたものである。
二村一夫『労働は神聖なり、結合は勢力なり――高野房太郎とその時代――』岩波書店、二〇〇八年

第II部

忘れられた『幸徳秋水全集』の発掘

第一章　幻の戦前版『幸徳秋水全集』再考

1　忘れられた戦前版『幸徳秋水全集』

（1）超稀覯本になった戦前版『幸徳秋水全集』

日本の社会思想家・運動家で、全集が戦前・戦後を通じて複数回刊行されている人物はそれほど多くはない。その中でも、全集の全体像・全貌が正確に知られていない人物は、さらに珍しい。その代表が幸徳秋水（傳次郎）である。

幸徳全集については、戦前の解放社版はそれ自体よく知られていない上、その全集を一種と呼ぶべきか、それとも二種、三種と呼ぶべきか、でも見解の分かれるところである。また、戦後の世界評論社による最初の全集企画も、準備・進行の途上で同社の経営破綻で中止となっている。

幸徳全集は、全集としては、そんな運命を担わされてきた特異で稀少な存在であった。

今日、幸徳秋水全集と言えば、誰しも戦前版の全集ではなく、一九六八（昭和四三）年から一九七三（昭和四八）年にかけて刊行された明治文献版を念頭に浮かべるにちがいない。太平洋戦争前に、全六巻からなる準備的な二種の『幸徳全集』を土台に、あるいは引き継ぐ形で同じく六巻で、かつ外見まで全集の装いを施した『幸徳傳次郎全集』（『秋水幸徳傳次郎遺文全集』）が刊行されていることを知る人は、意外に少ない。もちろん、それには理由がないわけではない。

その理由の一つは、戦前版の一種、ないしは二種、三種の全集がもともと限られた部数の作成・発売であったこと、そしてもう一つは、そのこともあって、今日では同全集が超稀覯本、さらには「幻の全集」に近い残存状況になっていることである。恐らく全六巻揃いでは、全国でも両手分の一〇セットに満たない残存状態ではないかと推測している。

前者の少部数の刊行という理由に関連して言えば、戦前版の全集は、最初の構想・挑戦からして、全集として新規に企画され、構成、内容、発行部数などを十分に準備、検討の上刊行されたものではなかった。雑誌四六判の『解放』の特集号や解放群書（叢書）の文集や著作集として一冊一冊別々に刊行されるところから出発した。その流れの中で、全集の構想が具体化され、まず六冊揃ったところで、後付けで全集の「宣言」（しかも「完結宣言」）がなされ、その具体化が進められたのである。

最終的に、最初の全集構想・「完結宣言」から半年後に、それまでの挑戦を引き継ぎ、残部を使って、今度は後づけではなく、表紙を全集らしく統一したもう一つの『幸徳全集』を発行する。裁断・製本もしなおし、バラバラな大きさを除けば、レベル・アップした全集である。それだけに発行・発売部数は限られざるを得なかった。

後者の稀覯書と言える少ない残存状況という、もう一つの理由に関連していえば、今日では同全集は超稀覯本、さらには「幻の全集」に近い残存状況になっている。そのことは、全冊揃いが全国の主要な大学図書館や文学館にも、あるいは主要な公立図書館にも、ほとんど収蔵されていないことからも推測できよう。また全国の古書店の目録や古書展でも、稀にバラには見かけることはあるが、全冊揃いを望むのは不可能に近い。揃いということになれば、超稀覯本の部類に属し、万一市場に出ても破格の値段が予想される。その面でも簡単に入手することは難しくなっているのである。

もともとは、『解放』や群書の幸徳特集号の売れ残りとなった残部を処分せずに無駄なく有効利用するために、それらを全集に形を変えて発売し直そうとしたものであった。発行済みの著書の残部のうち、汚れのないものを選んで、表紙を全集らしく取り換え、製本しなおしている以上、発売部数も極めて限られたものにならざるをえなかった。ともかくその結果、権力・当局からは最も嫌われた人物、幸徳秋水の最初の全集が世に送り出されることになったのである。

それから幾星霜、時には弾圧から所有・所蔵さえ厳しい時代状況も加わって、さらに淘汰され、いつの間にか超稀少な全集に地位が変わって行く。戦前版の『幸徳全集』には、そのような事情があったのである。

(2) 戦前版『幸徳秋水全集』の位置づけ

戦前の二種ないしは三種の『幸徳全集』、つまり一九二九年に始まる版と一九三〇年に始まる版は、次第に明らかにするように、別々の企画・全集と言うよりも、一連の取り組み、挑戦であった。独立した別々の企画・挑戦として切り離して二種ないしは三種の全集と見るよりも、一連の企画・挑戦と見るべきものである。

最初のものは、発行済みの四六『解放』と群書の二種の幸徳特集号（文集）の各六冊を後付けで全集と称した予備的挑戦・試行であった。それに対する当局の対応、また読者の反応を確めた上で、半年後に少しでも本物の全集に近づけるために表紙も一つに整え、新しい『全集』を送りだした。いずれも新たに刷り直したり、増刷したりしたわけではない。旧版の残部を活用したものである。

どちらも、如何にも山崎らしい奇抜な思いつき・発想であった。その手法は、社会運動家の弁護なら進んで買って出るほど特異な役割を演じた弁護士であり、かつ自らも社会運動家、その一環として出版人・著作家でもあった山崎今朝弥がよく使う手法であった。しかも、彼以外には実行できない手法であった。その手法を自らの「特許」と諧謔・皮肉を込めて言っているように、闘いを楽しむかのように実行した。

もちろん、当局や読者との関係もあり、まがい物という評価も受けかねない微妙な面もあり、単なる思いつきで取り組めるものではなかった。そのような面も分かりながら、まがい物で本物ではないという批判など気にすることなく、確信犯のように強い信念で『全集』を名乗ることができたのは、山崎以外には考えられなかった。

実際に、戦前版の『幸徳全集』は、その山崎が、良き協力者を得て手がけたものであり、山崎のような反権力の弁護士・思想家で、奇抜な発想ができ、かつ実行力のある人物無しにはあり得ない手法・成果であった。

その戦前版『幸徳全集』が世に送り出されるのは、世界恐慌が勃発した直後の一九三〇年前後のことである。幸徳刑死後二〇年が経過した頃で、今からはおよそ九〇年近くも前であった。すると、あと二、三年もすれば、最初の幸徳全集刊行九〇周年を迎えることになる。経済本位・軍事本位に国権重視をはかる明治の殻から抜けだし、民衆・労働者、そしてその個性・個を尊重する人間重視・民衆本位の視点に支えられた大正デモクラシーがほぼ終焉せんとしていた時である。いうなれば、経済・生活的にも、政治・社会的にも、時代は民衆・労働者には思わしくない方向に急速に後退していた時である。

幸徳は、最も反体制的・反権力的で危険な思想や位置に立っていると疑われたが故に、明治国家に圧砕されたのであったが、その明治の支配構造を克服しようとした大正デモクラシーの最盛期にではなく、むしろ終焉期に、彼の著作が初めて全集を名乗って世に送り出されたのである。

それは、山崎今朝弥だからこそ、また新居格《にいいたる》のようにアナキズムをよく理解でき、幸徳とその著作の復活や復権の意義・必要性を痛感していた人物が背後にいたからこそ、実現できたものであった。さらに、新規にではなく、いったん検閲を通り、認められた既発行本の残部を活用したからこそ、実現できたものであった。

いずれにしろ、当局の弾圧にも対抗できた山崎以外には戦前に『幸徳全集』を刊行することは不可能に近かった。しかも、その山崎でさえ、『幸徳全集』を一人で世に出すことは困難であった。新居のような協力者が不可欠であった。また恐らくこの時期を逃して先に延ばせば、戦前に『幸徳全集』が世に送り出されることはなかったであろう。いかに山崎でも、一九三〇年代の半ば以降になれば、もっと厳しい抑圧に遭ったに違いないからである。

本章は、そのような戦前版『幸徳秋水全集』について、その成立事情、背景、形式、意義等を再検証することを目的にしている。近年、幸徳を含む初期社会主義の研究はとみに正確さ、深さ、緻密さを増しつつある。しかし、なお不足・不十分な点を残さざるを得ない状況でもある。『幸徳全集』に関する調査・検証の不十分さも、その例である。

以下に、長い間忘れられていた戦前版『幸徳秋水全集』について、その周辺の事情を含め、可能な範囲で全体像を明らかにすることにしたい。なお本論が最初に発表されたのは、今から三〇年ほど前の一九八六年六月(『三田学会雑誌』)であった。その後、最近になって山泉進氏によってさらに詳細な研究論文(「解放社版『幸徳傳次郎全集』の書誌的研究」『大学史研究　明治大学人権派弁護士研究Ⅲ・山崎今朝弥研究2』第二三号、二〇一七年三月)が発表されている。戦前版全集の書誌的な面をめぐる詳細は、その山泉論文に譲ることにして、本章では、

最初の幸徳全集『幸徳伝次郎全集』

戦前版『幸徳全集』の全体像を初めて明らかにした私の旧稿を補充・修正することによって、戦前版全集の再吟味・再評価を試みることにしたい。

2　戦前と戦後の『幸徳秋水全集』

(1)　戦後版『幸徳秋水全集』

幸徳秋水の全集ないしは著作集ということで、一般的に誰もが利用しようと思うのは、第二次世界大戦後刊行された『幸徳秋水選集』と『幸徳秋水全集』であろう。

前者の『幸徳秋水選集』は、戦後まもない一九四八（昭和二三）年から五〇年にかけて、世界評論社から刊行された。全三巻からなり、編者は平野義太郎らであった。後者の『幸徳秋水全集』は、世界評論社の未刊に終わる挑戦から二〇年ほど経過した一九六八（昭和四三）年から一九七三年にかけて明治文献から刊行された。

まず前者の『幸徳秋水選集』に関連して少し説明すれば、戦後すぐに、抑圧された社会状況から自由な時代に変わったことによって、社会主義思想・運動の先駆者の著作があいついで世に送り出された。幸徳の著作も例に漏れなかった。一九四六年秋には、龍吟社が明治社会主義文献叢書を企画するが、幸徳の著作や関連文献も、『秋水三名著』（一九四七年）以下、『秋水文集』『幸徳一派大逆事件顛末』などがその中に含まれた。単発でも『共産党宣言』（K・マルクス、F・エンゲルス、幸徳秋水・堺利彦共訳、彰考書院、解放文庫（1）、一九四五年）、『基督抹殺論　聖書の科学的解剖』（五月書房、一九四九年）、『幸徳集水評論と随想』（自由評論社、一九五〇年）などが刊行された。

そういった流れの中で『幸徳秋水全集』を最初に企画したのは、世界評論社であった。世界評論社は、戦後すぐに『幸徳全集』の企画を打ち出し、動きだした。平野義太郎らの働きかけを受けとめたものであった。平野は、研究に自由を得た一九四五年八月以降、社会主義運動の推進のために日本の先駆者に目を向けるが、その視界の中にまず入ってきたのが幸徳であった。弾圧の厳しい時代に刑死している点で、アナキズムといった思想の相違・隔たりを超えて、日本社会主義の先駆者、また権力による犠牲者として、片山潜、堺利彦らよりもまず幸徳に関心を向けたのであった。

それだけ、当時の社会主義運動史の研究者にとっては、幸徳は党派や思想を超えて社会運動・社会主義運動全体で共有できる先駆者・犠牲者として位置づけられていた。実際に、この全集はマルクス主義系とアナキズム系の研究者、思想家、運動家の連携・協同のような形で取り組まれている。

平野らは、『幸徳秋水全集』の刊行にある程度メドをつけると、「幸徳秋水全集刊行仮世話人会」を発足させた。編集委員には、平野を筆頭に、細川嘉六、風早八十二、山川均、山本正美、荒畑寒村がまず収まった。その後、石川三四郎、高倉テル、向坂逸郎の諸氏が参加した。さらに続いて布施辰治、白柳秀湖、幸徳富治、糸屋寿雄の諸氏にも参加の呼びかけをしている。その過程で、若い塩田庄兵衛も協力者として参加するようになった。

このように、幸徳研究に当時関わりを持った人たちが総動員される形で、『幸徳秋水全集』の企画、準備が進められた。一九四六年に入ると、巻立てのメドも固まって第一回配本も同年五月と決まった。ところが、堅い単行本中心に、『世界評論』のような費用もかかる雑誌なども刊行していた世界評論社が、経営の悪化に見舞われ、ついに破綻に追い込まれた。そこで、やむなく全集をいったん諦めざるをえなくなった。

その後、世界評論社の再建と共に、一九四八年に至って規模を縮小し、三巻の選集でやり直すことになった。その成果が一九四八年から一九五〇年にかけて世に送りだされた『幸徳秋水選集』であった。各巻がそれほど厚くはなく、紙質も良くない本づくりとなった。このときの編集委員（監修者）としては、未刊に終わった全集と同じ平野義太郎、石川三四郎、細川嘉六、風早八十二、高倉テル、山川均、山本正美、荒畑寒村、向坂逸郎の九名が名を連ねた。

なお全集刊行を企画している段階では、新しい時代に入った自由な雰囲気の下で、平野らは全集の刊行のみでなく、収集した資料や全集の売り上げを基に「幸徳秋水文庫」、「幸徳秋水記念文化基金」などの設立も企画していた。しかし、世界評論社の経営の悪化・破綻によって、いずれも実現されなかった。

ただ、収集された資料は、二年後に三巻に圧縮されたものにはなるものの、選集に活かされたし、また後に塩田庄兵衛が『幸徳秋水の日記と書簡』（未来社、一九六五年）を編むことによって活かされた（戦後最初の幸徳秋水の全集と選集の企画と実行については、『大逆事件の真実をあきらかにする会ニュース［復刻版］第一号〜第四八号　解題・資料』［ぱる出版、二〇一〇年］所収の拙稿「大逆事件の真実をあきらかにする会創設の頃——思い出す人々と『秋水全集』など副産物のこと——」を参照のこと）。

ただし、編集の中心にいた平野らが山崎今朝弥や新居格のことを知らず、彼らが戦前『幸徳秋水全集』に挑戦、全集を刊行済みのことも承知していなかった。そのため、戦前の『幸徳全集』への山崎や新居の挑戦や成果の存在を適切に戦後の後進の者に引き継ぐことができなかった。

後者の『幸徳秋水全集』は、戦後二十年以上経過し、高揚した最初の安保闘争からほどなく準備に着手され、一九六八（昭和四三）年から一九七三年にかけて明治文献から刊行された。本巻九、別巻二、補巻一の全一二冊からなり、若干の漏れや誤りはあるが、当時としては決定版といってよいものであった。編者は大河内一男、森長英三郎、糸屋寿雄、宮川寅雄、塩田庄兵衛、大原慧、川村善二郎、小松隆二の八名であった。

最初の本格的な全集といってよい明治文献版は、大逆事件五〇周年を機に本格化した再審請求運動が進められるなかで、研究者や活動家の連携が形成されたこと、また同社による平民新聞類の復刻出版事業が成功したことによる賜であった。明治文献の藤原正人社長は、旧刊本の復刻のみでなく、新刊本の刊行にも乗り出す意欲をもっており、その最初の大きな事業として取り組んだのが『幸徳秋水全集』であった。

幸い、『幸徳全集』は、明治文献にとっては販売・経営的にも、また社会的にも良い結果・業績になった。しかし、それに続く企画が継続的に世に受け入れられるものとはならず、目立つ事業が『幸徳全集』止まりとなり、ついには出版業務・事業に幕を閉じざるを得なくなっていく。その後、一四年ほど経過した一九八二年に明治文献の後継出版社といってよい明治文献資料刊行会の手で、同全集は復刻再刊されている。

(2) 戦前版幸徳著作集、ついで準備的『幸徳全集』の誕生

(1) 『幸徳全集』の「完結」宣言——夢から現実へ　以上に見た戦後版の幸徳秋水の『選集』と『全集』は、研究者にはよく知られている。それに対して、戦前刊行された山崎今朝弥と解放社による幸徳の文集・著作集や『全集』は、研究者の間にもそれほど正確には知られていない。

戦前版『幸徳全集』の基になるのは、一九二六年に始まる解放社版の四六『解放』と解放群書（叢書）の幸徳の文集・著作集である。いずれも山崎今朝弥の手になるものであった。

前者の解放社の機関誌・四六『解放』の創刊は一九二六年八月である。その創刊号は「幸徳秋水文集号」の特集であった。以後一九二九年一一月号の「幸徳秋水思想論集」の特集まで、合計六冊の幸徳秋水特集が組まれた。

後者の解放群書は、それ以前の群書とは切り離して、新居格の創作集『月夜の喫煙』を第一号とする一九二六年が出発であった。幸徳の特集は四六『解放』にあわせるように、その群書シリーズの第七巻（一九二六年八月）の「秋水文集」を最初に、第三九巻（一九二九年一一月）の「幸徳秋水思想論集」まで六冊刊行される。

この四六『解放』と解放群書のそれぞれ六回にわたる幸徳特集号がやがて二種の戦前版『幸徳秋水

全集』の全六巻としてまとめられる。その全集への最初の挑戦・実現が一九二九年であり、完成版と言ってよい第二回目の本格的挑戦が一九三〇年であった。

その際の解放社による最初の全集完結宣言は、上記四六『解放』（一九二九年一一月）でなされるが、そこでは、表紙にも裏表紙にも、またその他にも明快に、しかもくり返し『全集』が完結したことが訴えられる。同じ年月日発行の群書（39）の『幸徳秋水思想論集』では、表紙・裏表紙には一切「全集」の記載はなく「第一篇」扉の裏に「幸徳全集　完結す」の広告、そして背に〈幸徳全集（6）〉の表記があるのみである。なお『幸徳秋水思想論集』の表・裏の表紙と背は黒色である。それを、アナキズムの黒、あるいは葬送・弔いの気持を込めた黒であったと推測はできるが、今日ではそれを確認することはできない。

ともあれ、ここに最初の『幸徳全集』が誕生し、それを準備・試行段階の全集として、さらにもう少し発展させたもう一つの全集が、半年後の一九三〇年に完成版として発行されるのである。

そのよく知られていない二種ないしは三種の『幸徳全集』に対する挑戦では、研究者が主に念頭に思い浮かべるのは、一九三〇年から三一年にかけて、表紙が黒色の印象の強いものに統一・整備された全集の方である。新居格らの協力を得て山崎今朝弥が刊行した六冊の文集・著作集を全六巻の全集に揃えなおし、衣替えした全集の方である。

それに先立って、山崎と解放社は早くから『幸徳全集』に言及してきた。山崎の構想のなかには、四六『解放』と群書の出発時には、すでに脳裡のどこかに『幸徳全集』の夢が芽生えだしていた。山

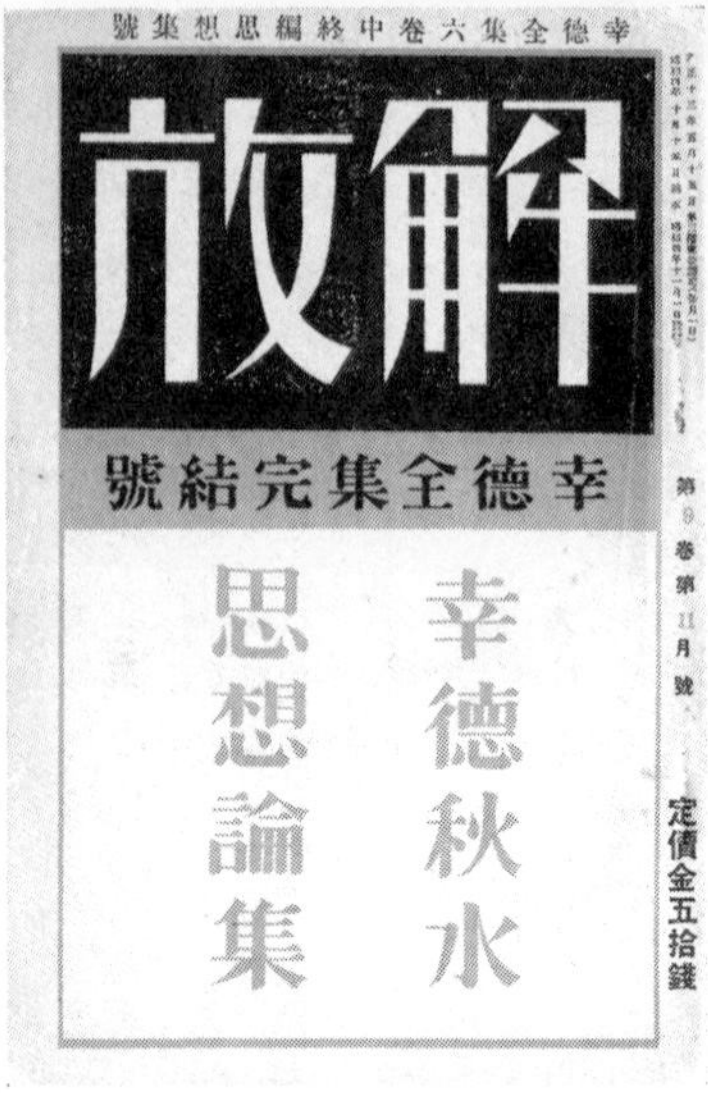

1929年版全集（四六『解放』版）完結号

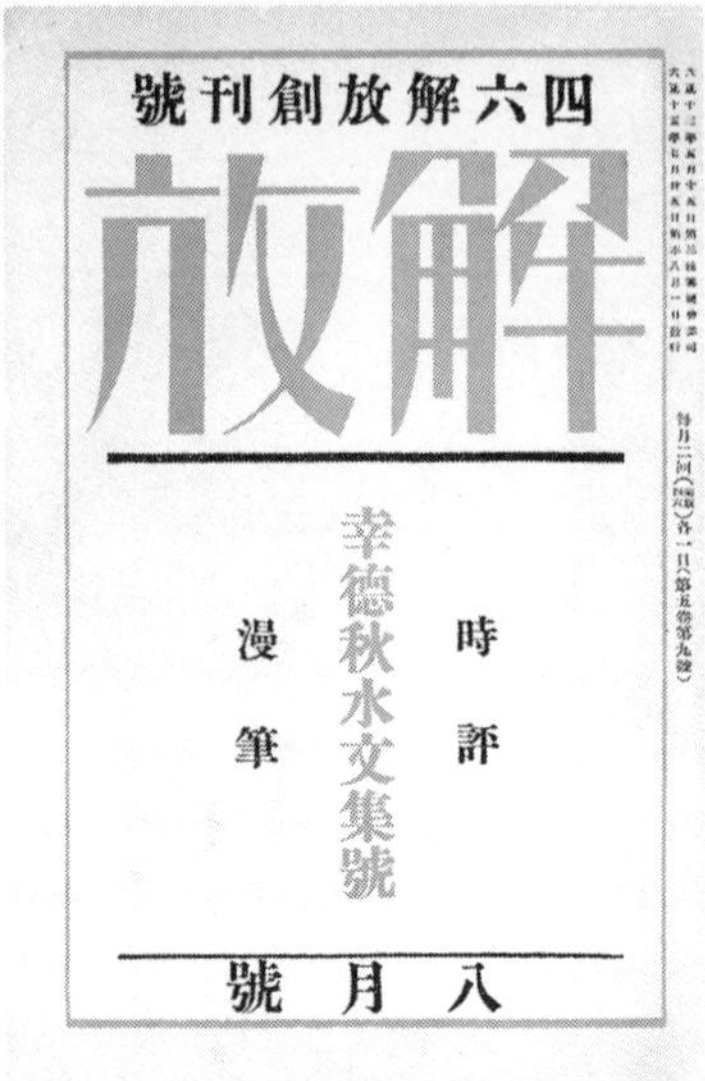

1929年版全集（四六『解放』版）第一巻

崎にとっては、それは大きな悲願の一つであった。ともかく『幸徳全集』を発行することが山崎の夢あるいは怨念であり、幸徳らの死刑にまったく納得していないという抗議の証しでもあったのである。

ただし、山崎は、それに向けて具体的に体系、規模、構成、内容などをきちんと検討したり、案をあらかじめ提示したりするようなことはしていない。十分に中身の伴わない形で、幸徳の文集・著作の特集号を出すときも、全集の一環・一巻という方向性・認識は示していない。

『幸徳全集』の体系・巻数、あるいは発行方法などが明快に示されるのは、一九二九年一一月号の『解放』で「幸徳秋水思想論集」を「幸徳全集完結号」として発行したときである（なお同時に発行された群集[39]の『幸徳

1929年版全集完結号（解放群書版）第六巻

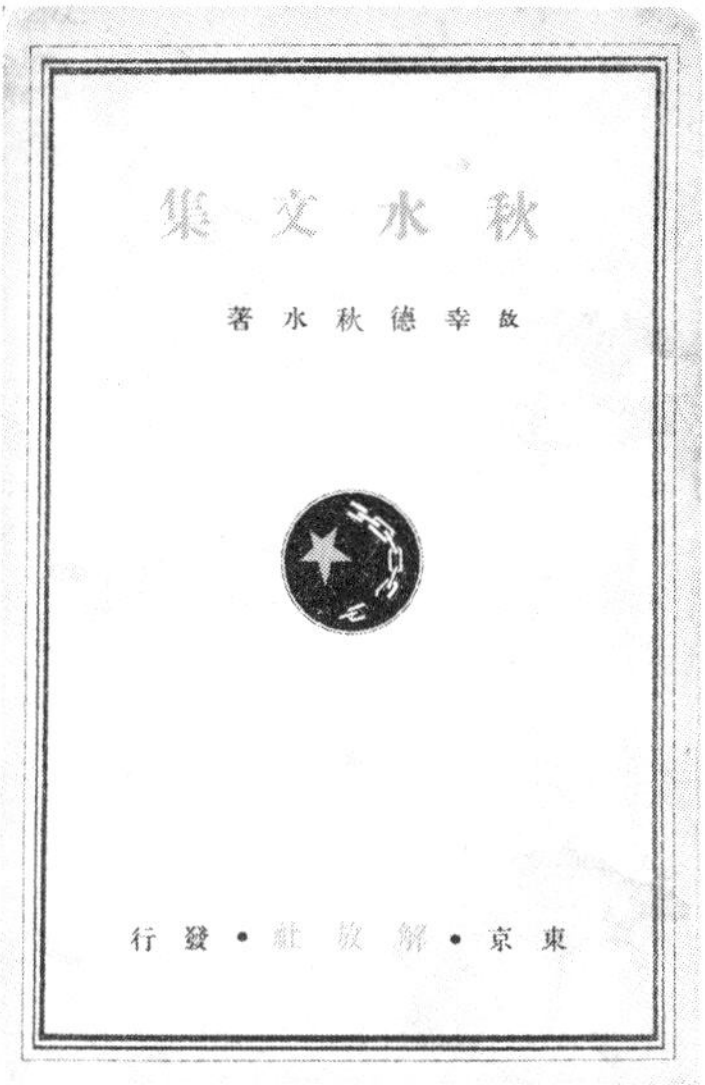

1929年版全集（解放群書版）第一巻

秋水思想論集』には、前述のように「全集完結」の宣言はなく、四六『解放』と同様に中扉「第一篇」の裏の広告に「幸徳全集完成す」と記しているのと、背に「解放群集（39）」と並んで「幸徳全集（6）」の文字が見られるだけである）。

その最初の全集刊行時に、それまでバラバラに独立して発行していた幸徳の文集・著作集の特集号六冊が合わされて全集となることも明らかにされた。ただし、「完結」したという全集は、この一九二九年段階では、すでにバラバラに刊行された文集・著作集を集めて、そのまま表紙も統一せずに全集と後付けしたただけのものであった。

山崎は「全集完結」を宣言し、『解放』同号の裏表紙の広告でも「幸徳の『名文集』『書簡集』……の所持者は速に本集を入手して幸徳秋水全集を完備せられよ」と訴えているが、すでに既刊の特集を購入済みの読者から見たら、手元にある号が全集の一巻に変わることに戸惑いさえ、覚えたものもいたのではないかと思える。しかし、山崎はその辺のことは意に介さず、読者に対して各自が個々に購入して「全集を完備せられよ」と訴えたのである。山崎以外にはできない芸当であった。

それだけに、その一九二九年版を最初の『幸徳全集』と呼ぶには、疑問があり、議論を要する。というのは、それを引き継いで一九三〇年から三一年にかけて世に送り出された黒表紙の全六巻の『全集』と比べても、一九二九年に完結したという段階の六冊は、後付けの全集化にうかがえるように、全集の統一性も、各巻の体裁も見劣りがする。

それだけに、『全集』と呼ぶには躊躇せざるをえない。むしろ、最初の『全集』に値する一九三〇年・三一年版を準備するプロセスに位置するものと言ってよいレベルのものであった。

そこで確認したいことは、その一九二九年版と翌一九三〇年版の二つの全集への山崎と解放社の挑戦は、一連のもので、独立した二つの試み・二つの全集とはしない方が一貫性があるということである。どう見ても、最初の二種は全集としては十分なものでも、完成体でもなく、後付けでアドバルーン的・準備的に打ち上げられたものであった。それで当局や読者の反応を確認したうえで、表紙や体裁を全集らしく整え直し、山崎念願の『全集』に値する水準にたどり着く一連の流れ・事業として理解すべきである。それぞれ独立した二種ないしは三種の全集ではなく、最終的に一九三〇年の黒表紙版にたどり着く一連の努力であったということである。

(2) 新居格の役割

もともと、山崎によって実行された『幸徳全集』と称された二つの成果の源流には、新居格が位置している。新居は、従前から幸徳の著作に興味を抱き、密かに収集に努めていた。特に単行本に収められていない著作の収集に努力を集注した。図書館にもよく通い、古い新聞や雑誌にもあたった。ある程度集まったところで、出版も検討し、挑戦もしてみた。出版と言っても、幸徳の全集ではなく最初から既刊の単行本は外し、単行本に収録されていない著作をもって、文集や著作集にまとめる計画である。

そこでは、新居個人の希望や視界には、まだ全集は入っておらず、遠い存在であった。幸徳の著作の量、当局の厳しい目から見ても、新居の当時の力量では全集はおこがましく、せいぜい著作集・文集しか念頭になかったのも当然であった。

いずれにしろ、その新居の地道な活動・努力が日本における幸徳全集の源流となった。新居は、まず収集した著作類で著作集や文集程度の出版に挑戦してみた。しかし、うまくいかず、収集した秋水の著作類の発行について、解放社を拠点に出版に意欲を示している山崎に相談を持ちかける。山崎はその話にすぐに興味を示した。いずれ刊行したいとしっかり受けとめてくれた。

そこに、以後五年にもわたる幸徳の文集・著作集、さらには全集に向かう共同作業が出発する。この二人こそ、幸徳の復権に最も熱心にこだわり続けた人であり、その執念が予想を超えて『全集』を生み出すまでになっていく。

その頃から、山崎は、社会運動の推進のために解放社を使って機関誌四六『解放』と叢書にあたる群書の発行を準備する。それと共に、新居の収集した幸徳の著作類がその『解放』にも群書にも相応しいと受けとめ、双方の企画に組み入れる。山崎の決断は早かった。

その間の事情を山崎は、次のように記している。

「色々の人々が様々の方法で其発行を企て、色々の故障様々の理由で何時も中止となるのが幸徳秋水文集である。

秋水随筆集は数年前？に随筆社？（当時）の新居格君に依て企てられ同じく中止となってゐたもので、本年二月解放社が本邦唯一の群書発行を企んだ時コレハどうかと持込んだものである」（「発刊之辞」『解放』四六版、創刊号、一九二六年）。

また岡陽之助も、四六『解放』創刊号「編輯後記」で「文集の方は全部新居中川両氏が集めて下さつたものである」と記している通りである。

しかるに、この『解放』の特集号および群書に収められた幸徳の文集ないしは著作集は、出発から三年も経過すると、いつの間にか六冊に積みあげられた。そこに至るプロセスでも、全集化の計画は打ち出され始めていたが、いよいよ山崎としても、六冊をバラバラの文集・著作集で終わらせるのではなく、それをまとまりのある六巻の「全集」に発展させようという発想が具体化する。

幸徳の著作六冊の刊行は、どの一冊も決して平穏・安泰のままに進められたのではなかった。苦労して検閲を通したうえで、一冊一冊を積み重ねて、最終号の六冊目に漕ぎ着けたのである。そこに至って、新居の集め、準備した幸徳の著作類はついに全部六冊の中に収められ、使い切ることになった。

山崎の目の前に、文集・著作集が一冊一冊と積み重ねられるにつれ、〈全集〉の文字・看板が大きくちらつき出す。そして、積み重ねられた六冊をもって『幸徳全集』を名乗るアイデアをまとめ、一気に具体化することになった。ここに一転して個別の文集・著作集から「全集」に向かう挑戦が始まった。まず個々に出版された六冊をもって、後付けでいきなり「全集完結」を宣言した。そのような本格的全集への予備的作業・ステップを経て、ほどなく、半年後になるが、全集らしく表紙も改められた本物らしい『全集』が誕生する。

幸徳の原稿を解放社に持ち込んだ時には、新居は、せいぜい文集か著作集、ないしは選集くらいしか考えていなかったはずである。新居単独なら、まず全集の名称を付すこともありえなかったであろう。彼は、内容を見て、せいぜい著作集か選集が妥当で、全集と言うと明らかに羊頭狗肉になることが分かっていたからである。

ところが、山崎は違っていた。四六『解放』と群書に幸徳の文集・著作集を個々に組み入れながら、『幸徳全集』のアイデアも早くから持っていた。たとえば、一九二八年二月の『解放』には、「二月幸徳秋水全集号」の文字がでてくる。同じ一九二八年二月の『小解放』二月号にも、「二月幸徳秋水全集号」の文字が出てくる。まだ『解放』でも群書でも、幸徳文集・著作集の六冊が完結する前のことである。山崎にあっては、幸徳の全集に値する幸徳の単行本や論文・評論・エッセーの全体像に関係なく、新居が集め、今自分の手元にある著作・資料だけでも全集の名で世に送り出したいという気持が先行していたことがうかがえる。

特にバラバラながら、六冊の刊行を終えて、その揃いを見るにつけ、山崎は全集という大きく飛躍したアイデアを手元に引き寄せて考えるようになる。しかも、すでにその一冊一冊が個々には発行が当局から許可されているので、それら六冊をあわせて全集を名乗っても当局から取り消しが来ることはないだろうと読んだ。その六冊を合わせても幸徳の全著作とは遠く、〈幸徳全集〉を名乗るには貧弱な内容・規模なのに、山崎にとっては、そんなことより『幸徳全集』を世に送り出すことこそ大切なのであった。

結果として、そのアイデアが生き、日本最初の『幸徳秋水全集』と称するものが誕生する。官憲当局も、そこまで山崎が事を進めるとは予想もしなかったに違いない。明らかに山崎の発想、アイデア、決断の勝ちであった。

(3)『幸徳全集』への第一歩とその方式　以上のように、山崎が、六巻という構成・内容にまで触れて『幸徳全集』が完結・完成したと過去形で初めて宣言したのは、くり返すように「幸徳秋水思想論集」を特集した一九二九年一一月発行の四六『解放』に至ってからである。

その「幸徳秋水思想論集」の特集号である『解放』の表紙には、上辺五分の二ほどの広さを黒地にし、その上に白く浮き彫りした「解放」のタイトルが配置されている。その下方に、赤地の上に黒く

「幸徳全集完結号」の文字が刻まれている。「解放」のタイトルの上と背表紙には「幸徳全集六巻中終編思想論集号」と入れた。明らかに全集の具体化に動き出し、その全体像を明快に示したのである。

ここに至って、四六『解放』および解放群書の六冊の秋水文集・著作集が六巻の『全集』と称して公表・発売されることになる。目立たないように、しかし四六『解放』には「幸徳全集完結号」の文字が、表紙その他に明快に入れられた。もっとも、その最初の段階では、個々に積み上げてきた幸徳の文集・著作集を後付けで全集と称しただけであった。表紙も元のままでバラバラ。全集の文字が入っているのは、六巻のうち、一九二九年一一月号の「全集完結号」一冊のみであった。

その一冊にしても、本・著書にあっては心臓部にあたる大切な扉には「幸徳傳次郎　幸徳秋水思想論集　解放社版」とあるのみで、〈幸徳全集〉の文字はどこにもない。元のままなのである。この点は群書『幸徳秋水思想論集』も同様である。

同書のもう一つの扉「第一篇」の裏には「『幸徳全集』完成す」という標題の下で六巻の内容が紹介されている。

さらに、裏表紙には、一面が「幸徳秋水思想集」の広告が掲載されている。その枠の中には「解放群書（39）　幸徳秋水全集（6）」の文字が刻まれ、さらに前述のように幸徳の著作集の「所持者は速に本集を入手して幸徳秋水全集を完備せられよ」と訴えられている。

また『解放』裏表紙の前、「解放群書」の「目録進呈」という広告には、「幸徳秋水名文集」から「幸徳秋水主張集」にいたる六巻を「幸徳秋水全集」の標題・枠の中にまとめている。

かくして、四六『解放』および解放群書において、一冊一冊発行してきた幸徳の文集・著作集が六冊に積み上がったところで、それらを六巻の『全集』に言い直される。山崎が一九二九年一一月に至り、四六『解放』に『幸徳全集』の完結と六冊揃いの全集の誕生を宣言した時からである。

くり返すように、山崎は『幸徳全集』の構想を比較的早くから持っていた。その構想・企画も発表してきた。しかし、それに沿ってきちんと計画・準備したわけでも、四六『解放』および解放群書の幸徳の文集・著作も全集を目ざして、あらかじめ全集の体裁を整えて発行してきたわけでもない。ただ「完結宣言」と共に、従来とはあり方が異なり、全集の方針・構成が具体的に明らかにされた。『解放』「幸徳秋水思想論集」号には全集の文字が表紙なり、裏表紙なりに謳ってはあるが、他には、四六『解放』一九二六年九月号および解放群書(8)をそのまま転用した『小解放』一九二八年二月号「幸徳秋水書簡集」の表紙に、「幸徳秋水全集号」とあいまいのまま「全集号」と謳ったことはあるが、それ以外どの巻・どの冊をとっても、全集の文字はなく、他の五冊との横のつながりや全体像も分からないままである。

たしかに、一九二九年一一月の「幸徳全集完結号」と共に、最初の『全集』が二種できあがるのは、単なる思い付きではない。しかし、事前にきちんと計画、準備され、外見、体系、内容も十分に吟味されて取り組まれたものではなかった。もっとも、そのような実験・挑戦があったからこそ、その半年後に発表される一九三〇年に始まる黒表紙に整えた六巻の全集は、全集らしい体裁を整えることができたともいえよう。

その時には、全集としての宣伝や予約募集などもくり返し行う。その流れから見ても、一九二九年に完結宣言を行った最初の全集は、予備的な挑戦であり、次の本格的全集に向かう準備過程に位置するものであった。その一連の努力の後に、日本における最初の『幸徳全集』が一九三〇年四月に黒表紙の六巻として世に送り出されるのである。

(4)　一九二九年版を踏み台に翌年『幸徳全集』を完成
　上記のように、一九二九年版『幸徳全集』は、「完結」と宣言はされたものの、完成体とは遠いもので、本物の全集への準備・一段階という水準のものであった。もちろん、そのような理解・解釈には、なお議論の余地がないわけではない。一九二九年に山崎が『全集』の「完結宣言」をしたことは、間違いない。また整ったものではないが、『全集』と称するものが六巻提示されたことも間違いない。

ただ、それらを全集と呼ぶには、どうしても疑問も残り続ける。全集としてではなく、一冊一冊独立して刊行された雑誌や著書の特集号を後付けで『全集』と言い直すことが全集の成り立ちの一つの手法として認められれば良いが、その手法は邪道であり、正当ではないと評価されるならば、宙に浮くことになる。

たしかに、幸徳には極端に厳しかった当局の姿勢・時代相を考慮すれば、山崎のように後付けであれ、『幸徳全集』を名乗る手法も、当局を出し抜くことにもなったので、認めたいところである。また『幸徳全集』と名乗られたものが厳然と二種ないしは三種存在する現実に、その一方を『幸徳全集』から除いて、全く無視することもできない。

ただ、山崎が四六『解放』一九二九年一一月号の「幸徳秋水思想論集」を「幸徳全集完結号」として、既刊の五冊と共に六冊をもって『幸徳全集』と名乗ったものは、全集の完成体と言えるものではなかったことも事実である。既刊の五冊には、どこにも全集の文字・記述はない。それだけに、それは、半年後に企画・整備されなおし、発売される『幸徳傳次郎全集』に至るプロセス・準備的『全集』の段階と位置付けてよいものであった。一冊一冊独立したものながら、ともかくまとめて全集のアドバルーンをあげて反応を見る。その上で本物の『幸徳傳次郎全集』に仕上げたとも言えるのである。

かくして、それらを総合的に考慮して、日本における最初の『幸徳秋水全集』は、一九三〇年に始まる表紙も統一して全集らしく整え、発行・発売前に企画も宣伝もなされた黒表紙の『幸徳傳次郎全集』であると、私は位置づけたい。その元となるのは、四六『解放』と群書の幸徳特集号であり、さらに表紙は区々のままで、後付けで『幸徳全集』とされた一九二九年十一月版の準備的な全集である。

その出発点に位置する六冊の個々の特集号も、表紙などが伴わない六巻の『全集』も、本物の『全集』に向かう一連の作業・プロセス中のもので、完成前の準備的段階の成果と言える。その準備的段階の全集を経て、外見からして全集と言える『幸徳傳次郎全集』が成立するのである。

3　全集の体裁を整えた最初の『幸徳傳次郎全集』（一九三〇年）

（1）最初の『幸徳傳次郎全集』の外観と概観

くり返すように、山崎今朝弥によって、最初に六巻の『幸徳全集』が「全集完結」の宣言と共に、具体的に示されたのは、一九二九年十一月であった。ただ、既刊の六冊を集めるだけで、表紙など全集の形式に統一されないままの後付けの宣言であった。だから、その最終巻の『解放』一九二九年十一月号、および先述の一九二八年二月号の「幸徳秋水書簡集」以外は、どの巻にも『全集』とか、その一巻とか、という文字も説明もない。いわば本格的な『全集』に至る準備的『全集』というべきものであった。

それだけに、その全集は一般にも研究者にも、ほとんど知られていない。今日、戦前版『幸徳全集』と言ったら、表紙も黒表紙に統一され、見るからに全集らしく受けとめられる一九三〇年四月から翌一九三一年五月に世に送り出された六巻本と言ってよい。

同全集は、各巻とも元の四六判を裁断しているので大きさは区々である。厚さも一六五〜二六三頁と一定していない。定価は、各巻とも五〇銭（全巻六冊一括で二円五〇銭の特価、後に一冊一円、全六冊で五円の特価に変わる）。

表紙は、右半分強が白地、左半分弱が黒地。白地の方には黒っぽく幸徳の顔と〈天下第一　不孝の児〉の黒い文字、黒地の方には白く〈幸徳傳次郎全集〉の文字が浮き彫りにされている。また「幸徳傳次郎全集」の白い文字を浮かせた黒い地にも、また白い地の上の黒い印象の顔写真の右側にも、朱線・朱色が効果的に使われている。ただ、全体の第一印象では、幸徳の顔写真が菱形の黒枠に囲まれていることもあって、表紙は黒色っぽいと受けとめられるほど、黒・葬送・弔いの感じが勝っている。おそらく、山崎としてはそのような気持ちを込めたものであろう。

ただし、背表紙は鮮やかな朱色である。また表紙の〈幸徳傳次郎全集〉という題字は朱線で囲まれ、さらに幸徳の顔右半分の背後に朱色が配されている。そのため、見る向きによっては、全集から黒一色の印象ではなく、黒と赤の二色の印象を受ける読者もありうる。

それに、表紙には〈幸徳傳次郎全集〉の他、各巻のタイトル（奇文編、想論文編、芸文編など）と、上述のように〈天下第一　不孝の児〉の文字が刻まれている。〈不孝の児〉とは当局の目をかいくぐるために逆説的に使用したものであろう。背表紙には単純に「幸徳傳次郎全集」ではなく、赤地に黒く〈秋水幸徳傳次郎遺文全集〉の文字、および各巻数とそのタイトル〈奇文編〉〈想論文編〉などが浮き彫りにされている。ここに、予備的・準備的対応を経て、最初の完成体の『全集』が成立する。

この全集こそ、バラバラには時たま古書展などでお目にかかれることはあるにしろ、全巻揃いではまず簡単にはおめにかかることのできない戦前版の幻の『幸徳秋水全集』である。しかも、それが秋水全集を名乗った最初ではない。それに先立って、前述のように、山崎は、四六『解放』と解放群書を使って全集と銘打つものを予備的に打ち出し、実行もし、その上で形も整えた、本物に近い全集に辿りついたのである。

戦前版『幸徳秋水全集』は、一九三〇（昭和五）年四月に刊行を始めるが、予約募集の広告も行われている。とはいえ、同年の刊行に合わせてオリジナルに企画・編集されたわけではない。既刊本を活かした全集である。ただし、共通の黒表紙に外見まで統一され、六巻の全集にまとめられるまでには、第一段階の試行的『全集』の刊行など複雑な変遷がたどられている。

たしかに、解放社を主宰する山崎今朝弥の心の中には、可能ならば幸徳の著作集か全集を刊行したいという気持・希望がかなり前からあった。彼は、当局や世間に挑戦するようにまず幸徳の文集・著作集を刊行しだした。解放社の雑誌（四六『解放』）や群書（叢書）に特集号として個々バラバラにではあるが、発行していたのがそれである。

実は、やがてそれらが全集の各巻に位置づけられ、さらに衣も変えていくのである。戦前の弾圧の厳しい時代に、幸徳の全集どころか、著作や選集さえ堂々と企画や発行する力量をもっていたものは、ほとんどいなかった。その中では、当局を恐れず、また当局も手を出しにくい唯一の人物が山崎であった。

しかし、山崎と言えども、検閲は免れえなかったし、また売れ行きを保障されていたわけでもなかった。実際には、『解放』などの幸徳特集号は、版を重ねるものもあったが、全て完売できたわけではない。すると、山崎は、経営者としては、在庫にならないように、残部を販売し、減らさなくてはならない。まず、それらの売れ残り分を集めて、解放社発行の他の機関誌に表紙だけ変えて幸徳特集として売りだす。次に表紙もバラバラな四六『解放』と群書を使って幸徳全集として売り出す。それでも残部があり、ついにそれらの残部を集めて、表紙まで全集らしく形式を整える。デザイン・色も黒色基調の表紙に統一する。裁断・製本もやり直して初めて外見的にも六巻全冊が統一された全集の装いをもつことになった。ただし、外見的な大きさは裁断・汚れ取りの関係で大小バラバラになった。

そうだとすると、既に刊行済みの在庫分を集めてつくるだけに、残部数は区々。四六『解放』であれ、群書であれ、売れ残りの表紙を変え、製本をしなおしているので、部数や大きさは不揃いになるだけでなく、当然、全体としてもそれほど多くの部数は用意できなかった。そのようなバラバラ・区々の姿こそ、全集を完成するまでの山崎らの苦労の大きさを物語るものにほかならなかった。

それでも、『解放』で「まだ二百位は予約注文に応じられるが六月迄には必らず満員で御断りの外あるまいと思ふ」と言っているのを信用すると、二〇〇部前後は用意できたと推定できる。

またそれくらいの数が揃わなかったら、予約募集をするまでもなかったであろう。そのようにしてできあがったのが、一九三〇年四月から翌三一年五月にかけて発行された黒表紙版『幸徳傳次郎全集』であった。一冊一冊独立して刊行されたものを表紙もそのままに、後付けで全集としたものとは違っていた。そのように、表紙も形式も整えなおして世に送り出された一九三〇年版こそ、日本における最初の『幸徳全集』と言えるものであった。

（2） 山崎今朝弥の足跡・役割と幸徳全集に至る経過

かくして、戦前の『幸徳全集』は、通常の全集刊行とは異質な発想・計画・方法をたどって世に送りだされることになった。そのように著作集・選集程度のものを全集と呼ぶあり方を悪びれもせずに実行できるのも、また最終的に当局に手を出させないで完結・実行できたのも、山崎今朝弥くらいのものであった。

もちろん、この規模の「全集」でさえも、新居格、岡陽之助はじめ、多くの人たちの協力・支援なしには実現は困難ではあった。それ以上に、何よりも山崎の特異な個性や旺盛な反逆心を抜きにしては『幸徳全集』の成立、そして完結を見ることはできなかったであろう。

山崎今朝弥（一八七七～一九五四）は、著名な弁護士であり、また自ら社会運動家でもあった。さらに出版人・編集者・著作家でもあった。伝記（森長英三郎『山崎今朝弥』紀伊国屋書店、一九七二年）もあり、人名辞典類ならば社会運動家辞典類のみか、一般の人名辞典にも収録されている。

山崎は、一八七七（明治十）年、長野県諏訪郡川岸（その後一九五五年に岡谷市の大字に）に生まれた。まだ明治新国家が安定を見る前の明治維新から一〇年ほど経った時の誕生であった。明治法律学校に学び、判検事試験に合格。いったんアメリカに渡り、そこで社会主義に引かれ、幸徳秋水ら社会主義者とも交流する。

これを機に、米国伯爵を名乗るなど、普通さや常識を否定あるいは超える生き方が目立ち、奇行、また社会を斜に見、反逆ないしは諧謔的な姿勢・対応で対処することが多くなっていく。帰国後開業した弁護士活動でも、また出版事業でも、その姿勢は変わらなかった。

弁護士活動では、足尾鉱毒事件、金子文子・朴烈事件、大杉栄の出版法違反事件、共産党事件、三鷹事件、松川事件などを担当。反体制・反権力に関わる事件・事例にでも出会おうものなら、左右・党派を問わず弁護したし、頼まれもしないのに、勝手に訴訟を起こすこともあったほどである。

山崎は、社会運動・社会主義運動にも大正・昭和と一貫して参加・協力した。例えば日本社会主義同盟、自由法曹団、日本フェビアン協会等にも参加している。

また出版事業では、『平民法律』『無産者法律』等法律関係の機関誌の他、主に解放社に拠り、『解放』などの機関誌やシリーズ化した解放群書（叢書）などで社会主義者の著作、社会運動・社会思想関係の著作も多く発行した。雑誌などは、売れ残りで在庫がでれば、内容はそのままに、表紙を変え、時にはタイトルも変えてくり返し世に送りだすこともした。ほとんど広告だけの内容の雑誌を出したりしたのも、検閲や発禁に対する一種の抗議・抵抗でもあった。あるいはまた、〈変態雑誌〉などと、人をくったような宣伝文句やタイトルを平気で表紙に刷り込んだりして、歪んだ社会における普通さや常識に対する皮肉や挑戦も数限りなく行っている。

主要な活動の一つであった出版活動に、〈解放もの〉と言われる一連の活動・事業がある。大正デモクラシー期に大きな役割を果たした大鐙閣・解放社版の第一次『解放』（赤松克麿、宮崎龍介、麻生久、佐野学、山名義鶴らが編集に参加）を引き継ぐ第二次『解放』（四六判）とその関連活動である。通常の機関誌『解放』として四六『解放』、他に適宜『小解放』『解放科学』『解放パンフ』『変態解放』

『労農運動』といった雑誌の刊行を自由自在に行っている。

加えて、単行本シリーズで、新居格の創作集『月夜の喫煙』を第一輯とする「解放群書」の刊行でも大きな役割を演じた。『幸徳秋水全集』は、この四六『解放』と解放群書と密接な関わりをもたせて、というよりこの二つを基に世に送りだされたものである。

雑誌も群書も、どちらも簡易なつくりを特徴にした。定価を抑えるためにも、表紙も紙質もデザインも上質・上等ではなく、並み、あるいは並み以下である。その方が、目だたず、弾圧を狙う当局の関心を弱める可能性もあった。

当時、幸徳の著作をバラバラにであれ、公刊することは、極めて難しい時代であった。明治の大逆事件からそれほど歳月が経過していないこと、また関東大震災後、朴烈・金子文子らの大逆事件、難波大助の虎ノ門事件、大杉栄らの虐殺に抗議する和田久太郎、村木源次郎らによる復讐事件、中浜哲、古田大次郎らのギロチン社事件、古河三樹松、池田寅三らのふざけた陸軍大将糞くらえ事件と、当局の弾圧を呼ぶ事件が相次いだこともあり、社会主義者ならずとも、幸徳の著作の出版に乗り出すことは、二の足を踏まざるをえない状況であった。

山崎以外にも、幸徳の著作の刊行を考えたものがいなかったわけではないが、先述した新聞記者上がりの自由人・アナキストの新居でも容易に先に進めない状況であった。それを引き継ぎ、引き受けたのが山崎であった。ただし、山崎とても一人の力のみでは、幸徳の著作の出版は無理であった。それを著作の収集・編集などで協力したのが、新居、中川敏夫、岡陽之助たちであった。

この点は、岡陽之助が『解放』（四六判）創刊号（一九二六年）の「編輯後記」に幸徳の「文集の方は全部新居中川両氏が集めて下さつたものである」と記していることでも明らかであろう。

そんな難しい状況であればこそ、反権力・反逆精神の旺盛な山崎は、幸徳の著作の刊行に執念を燃やした。もちろん、山崎とて、和田久太郎、古田大次郎らの弁護活動を引き受けた後でもあり、困難な時代状況をよく承知していた。それだけに、後先も考えずにただ闇雲に進むというようなことはしなかった。実行・実現するまでには、条件の整備やタイミングを、彼なりに図っていたのである。

当然、幸徳の著作でも、売れ行きや採算も考えなくてはならない。ただ、幸徳の著作に関しては、ある程度売れ、採算がとれる見込みをもっていた。むしろ、心配は当局の検閲や発禁であった。発行しても、発禁でもくらえば、それまでである。大損になる。まともに出版を行っても、その恐れがある。なんとしても、発禁を免れる方法や時期を考えなくてはならない。

そのような困難を克服する方法として、まず第一に、既刊の幸徳の単行本には、発禁ものが少ないので、それらをはずすこと、第二に、その後に比較的発禁を受けにくいものとして残ったものをまとめ、発表することとし、具体的には『解放』など既存の雑誌やシリーズものを使うことが考えられた。雑誌等なら単行本ほど目立たないし、月々出すルーティンの刊行物を装うことで、当局の注意力を弱める効果も上げることができる。そのために利用されるのが機関誌四六『解放』およびその姉妹誌、そして群書であった。

たまたま検閲等で最初の幸徳文集は、刊行が遅れた。そのため、四六『解放』の創刊と時期が重なってしまった。その四六『解放』については、山崎が「此秋此際解放社では年来の願望四六解放発刊の機が漸く熟した」（山崎今朝弥前掲「発刊之辞」『解放』四六判）と言っているように、随分期待もし、力も入れた。その力を入れた雑誌の第一号に幸徳特集を組んだところに、山崎および彼の支援者たちの幸徳への思い入れと決意の強さもうかがえる。この辺の配慮や決断は、次の山崎の記述からもある程度推測できるであろう（山崎今朝弥前掲「発刊之辞」）。

「四六解放は其れ一つで既に一著一円の価値ある一大論文一大創作一大随筆一大資料一大研究等を燦然と独り輝く太陽とする、……秋水随筆を登用して創刊号の太陽とし、自身責任を負ふて厳閲英断、以て茲に之れを世に問ふ事とした。」

そのような決断・苦心があっただけに、発行に漕ぎ着けたときの関係者の喜びも一入であった。この文集刊行に協力した岡陽之助は、まだ検閲を通る前であったが、特集第一号の刊行準備を終えたところで、「秋水の文は利刃を以つて称せられ、私共の渇仰舍かざるところ。……私共は久しく……苦心蒐集、此度び漸くにして此の一巻を作り得た。深更、校正刷を読みつつ万感交々至り校正の筆遅々として進まざるを覚えた」（「『秋水随筆集』の校正を了へて」『解放』一九二六年五月）と記している。この感懐も、そのような刊行までの苦労をよく物語っているだろう。

4　四六『解放』と群書の幸徳特集の流れと全集構想

一九二三年の関東大震災によって終刊に追い込まれた『解放』を引き継ぐように、山崎今朝弥が後に第二次と呼ばれる四六『解放』を刊行するのは、一九二六年八月のことである。通巻では第五巻九号を四六『解放』創刊号とした。

山崎が幸徳秋水の著作集なり、全集なりに取り組む決意を固めるのは、四六『解放』の創刊の努力をしている頃である。それが同時に解放群書の秋水特集の出発ともなった。この直前の解放群書再出発の第一号に新居格の『月夜の喫煙』をあてることにした時には、新居格から幸徳の著作類を収集していること、それを山崎に提供したいこともすでに知らされていた。

その新居の提供した幸徳の著作を集めた原稿類を活用する機会は、意外に早くやってくる。四六『解放』創刊号をいきなり幸徳特集とすることにしたからである。それに合わせて同じ時期に発行される解放群書（7）も「幸徳著作集」とした。それは一九二六年八月であった。その第一冊目は「幸徳秋水文集号」であった。

以後、次の九月号に「書簡集」を第二弾として送り出した。その後、しばらく間をおくものの、相次いで、しかも時にはくり返し幸徳秋水特集号を組む。いったん編集した後、検閲に引っかかり、変更を余儀なくされて、辛うじて刊行に漕ぎ着けたものもある。最終的に『解放』一九二九年一一月号の『幸徳秋水思想論集』を「全集完結号」として幸徳特集は終わる。その時には幸徳特集は六冊に達していた。また、売れ残りの分は奥付の発行年月日を変えて再刊もくり返していく。

その四六『解放』と解放群書の幸徳特集号は次のとおりである。

〔四六『解放』の幸徳特集号〕

①一九二六年八月　四六『解放』創刊号（通巻で第五巻第九号）、「幸徳秋水文集号」。山崎の「発刊之辞」に続いて「ハムレットが多すぎる　新居格」から「愚亞愚亞戯亞　奥亮一」が入り、それに「幸徳秋水文集」が続く。解放群書（7）に収録

②一九二六年九月　四六『解放』九月号、「幸徳秋水書簡集」。解放群書（8）に収録

書翰以外に、中西伊之助、賀川豊彦、堺真柄、河合康左右、中浜哲、堺利彦らの執筆する「秋水後座」が収録されている。

③一九二九年一月　四六『解放』「新年正月特輯号」「幸徳秋水評論文集」。中扉・目次は「幸徳秋水評論集」。他の「評論文集」と異なるのは、表紙と中扉の間に山崎今朝弥の「大中間結成合同の透望——日労党を中心にして——」の一論が入っていること。解放群書（32）に収録

④一九二九年五月　四六『解放』五月号、「幸徳秋水文芸集」。解放群書（36）に収録

⑤一九二九年六月　四六『解放』六月号、「幸徳秋水茶説集」。目次は「幸徳いろは庵茶説集」となっている。解放群書（37）に収録

⑥一九二九年十一月　四六『解放』十一月号、「幸徳秋水思想論集」「幸徳全集完結号」。表紙上部に「幸徳全集六巻中終編思想論集号」、背に「幸徳全集中終編思想論集号」とある。他に裏表紙等にも全集の広告がある。

（なお、前述のように、一九二八年二月号の『小解放』は、「二月幸徳秋水全集号」として、「幸徳秋水書簡集」を再特集している。表紙には、他に「全二冊中　外一冊は名文集号」とある。この『小解放』二月号は四六『解放』および解放群書（8）を転用したもの。）

〔解放群書の幸徳特集〕

①一九二六年八月　解放群書（7）『秋水文集』。「秋水文集前座」として「ハムレットが多過ぎる新居格」以下、「愚亞愚亞戯亞　奥亮二」まで九篇が収められている。その後に「秋水文集」が続く。

②一九二六年一二月　解放群書（8）『幸徳秋水書簡集』

③一九二九年一月　解放群書（32）『幸徳秋水評論集』

④一九二九年五月　解放群書（36）『幸徳秋水文芸集』

⑤一九二九年六月　解放群書（37）『幸徳秋水茶説集』。目次は『幸徳いろは庵茶説集』

⑥一九二九年十一月　解放群書（39）『幸徳秋水思想論集』。「附録　幸徳秋水著述年譜」。背に解放群書（39）および「幸徳全集（6）」とある。表紙は黒地に朱色の文字と枠。本文広告に「『幸

徳全集』完結す」、および全六巻とある程度で、四六『解放』のように派手に『幸徳全集』完結を打ち出してはいない。

上記の四六『解放』のほか、『小解放』『解放科学』『解放パンフ』などの姉妹誌を使っても、山崎は幸徳秋水特集を組んでいく。いずれも新たに組んだものではなく、『解放』か群書いずれかの残部を使用したものである。

以上のような相次ぐ特集の刊行を見るときに、留意すべきことは、『解放』の幸徳特集がたんに山崎の思いつきで、体系性もなく、バラバラに刊行されたのではなかったという点である。刊行年月の間隔や同じ特集の繰り返しをみると、一見計画性・体系性を考慮せずに刊行されたようにも見えるが、実はそうではなかったのである。

くり返し同じものが刊行されているのは、一方で売れ行きが決して悪くはなく、二刷・三刷となるものが多かったこと、他方でどうしても残部が出ることがあるので、結果としては財政的には売れ残った分の処理も考えざるをえなかったことによる。四六『解放』の他、臨時に類似の雑誌をつくり、幸徳特集を工夫したのも、そのような山崎流の止むをえざる事情からであった。それを殊更躊躇したり、格好をつけたりせずに実行したところに、他の誰も真似のできない山崎らしさが見られる。

例えば、まず発禁を免れるべく、構成・内容に苦慮した上、無難な「文集」から取り組むことにしたこと、それでも、どの巻も注意・処分と変更をくりかえして発行に漕ぎ着けているので、発行間隔やデザイン・装丁でも不統一が出ることになった。それでも、恐れず山崎は幸徳の著作を一連のシリーズとして、いずれは全集として取り組む考えを秘めつつ、刊行を続けた。

山崎が幸徳の著作をどう扱うかについては、バラバラに終わるのではなく、最終的には著作集や全集といったシリーズ的なものとして考えていたことは、早くからうかがえる。例えば、幸徳特集としては最初になる四六『解放』創刊号（一九二六年八月）と第二号（一九二六年九月）をみても、それらが当初から全集の一環として取り組まれていること、にもかかわらず、現実にはただちにその実現は無理なので、まずは『故幸徳秋水文集』二巻揃いとして取り組まれていることが確認される。

この最初の秋水特集は、当初『幸徳秋水随筆集』のタイトルで解放群書の単行本として刊行される予定であった。その刊行に先だって、解放社は予約募集を行うが、その予約は「秋水全集予約募集」という広告、すなわち紛れもなく「秋水全集」を前面に押し出す文面でなされる（以後も広告は『傳次郎全集』ではなく、『秋水全集』でなされる）。

この点からも山崎が当初から『文集』を全集構想の一環でとらえていたことがうかがえる。その後、しばらく間を置いていよいよ幸徳特集に本格的に取り組む動きが、上述の通り一九二八年二月号『解放』（『小解放』）にうかがえる。この表紙には「二月幸徳秋水全集号」と明快に記されている。表紙にまで『幸徳秋水全集号』と書きこむことで、全集をたんなる目標から現実化する方向を模索していることがうかがえる。

これらのことからも、山崎今朝弥が幸徳秋水の著作集なり、全集なりを実際に取り組むように動き出すのは、四六『解放』以降であるが、彼が新居格から幸徳の原稿提供の話があった時から全集のようなシリーズ的構想をもって幸徳特集（号）を受けとめていたこと、また一九二七年から二八年早々には、全集を現実の課題にして取り組んでいたことがうかがえよう。

5 『幸徳傳次郎全集』の実現に至るプロセス

(1)『幸徳秋水集』二巻の刊行

幸徳の著作を特集する四六『解放』の流れを見る時、注意すべきことは、創刊号（一九二六年八月）の特集「幸徳秋水文集」および翌九月号の特集「幸徳秋水書簡集」が『幸徳秋水文集』二巻揃いとしても世に送り出されることである。

もともと、この二つの特集は、前述の通り『随筆集』と『書簡集』として、全集構想の下で解放群書シリーズに入れる予定であった。実際に、当初はもっと早く一九二六年の春には、まず『随筆集』を群書の（3）として刊行する予定であった。しかるに、検閲などで時間を要し、一ヵ月、また一ヵ月と刊行が後れた。そうこうするうちに、八月の四六判『解放』の創刊にまで持ち越され、その創刊号および解放群書の（7）に『幸徳秋水文集』として同時に刊行されることになったものである。

このように、群書でも『幸徳秋水文集』が幸徳のまとまった著作集としては最初に世に送り出される。全集的構想が望見される下での取り組みであった。

その『文集』第一巻は、四六判一六五頁、定価一円。売れ行きはよかった。広告では『随筆集』や『短文集』ともされているが、実際には『秋水文集』として刊行されている。内容は四六『解放』創刊号と同じである。「秋水文集前座」として新居格、奥栄一らの論稿が収められている。「秋水文集」に幸徳以外のものによる諸論稿を入れるのは、先入観・慣行・枠にとらわれない、いかにも山崎らしいやり方である。ただし『解放』には載っている「発刊之辞」「編集後記」は削除されている。

なおこの二冊が収められる解放群書は、出版活動を重視し、単行本刊行にも意欲を示していた山崎の念願が実り、具体化されたものである。新居格の創作集『月夜の喫煙』(一九二六年)を第一号として、平均月二冊刊行される名著シリーズである。幸徳の著作も、群書創刊時の目玉の一つであったが、結局予定よりだいぶ遅れた刊行となる。

その後、群書(32)に『評論集』、(36)に『文芸集』、(37)に『茶文集』、(39)に『論文集』が入り、かつこれらが全集としてまとめられる。これらは、『月夜の喫煙』と並んで群書シリーズでは最もよく売れる一つになっていく。

(2) 雑誌(四六『解放』)と群書に基づく全集の全体像

戦前に『幸徳秋水全集』に向けて、山崎今朝弥が、一歩前進させ、その構想を全六巻として具体化させるのは、昭和に入ってから、それも一九二八年から二九年にかけてである。四六『解放』の創刊当初は全集を出したくても、全集はもちろん、一冊でもまともに刊行できるかどうか危ぶまれる状況であった。

それでも、全集を念頭に置きつつ、しかし、まだ全大系の見通しも立たないので、ともかく一冊ずつ出してみる。うまくいったら続けるという程度の認識であった。そこで、まず四六『解放』創刊号と第二号に続けて秋水特集を実行し、同時に解放群書にもその二冊を収めて『幸徳秋水文集』全二巻とした。

ところが、意外にも当局による圧迫とそれによる犠牲は軽微なもので済んだ。この『文集』に始まる秋水特集二冊は、検閲段階ではいったん禁止の扱いを受けかけるものの、改訂して刊行することで事なきを得た。

その結果、むしろ以後は、検閲の範囲内であれ、幸徳の著作刊行のお墨付きをお上から頂戴したことで、公然と秋水の著作集を世に広めることができるようになる。幸い読者にも歓迎され、受け入れられる。一年も経たないうちに二冊とも版を重ねるほどの売れ行きであった。

このような種まき作業の後、もう少し広げても大丈夫そうという自信を得て、一九二八年、とくに二九年以降、次々と『解放』および群書の特集号として幸徳の著作を刊行する。しかも、この段階になると、はっきりと全集を目ざすもくろみの下で一冊一冊刊行されることになる。

ただ、当初から、『解放』および群書の幸徳特集号の刊行を六冊までとする計画であったかどうか、その結果全集も六巻とする計画であったかどうかははっきりしない。活字で見る限り全六巻を明示する広告が『解放』等に載るのは、一九二九年以降だからである。

もっとも、〈全集〉の文字をもつ最初の近刊予告の広告は、実は一九二六年には出されている。しかし、全六巻からなる全体像を示す全集広告の最初は、前述の通り一九二九年に入ってからである。その最初の広告は、黒表紙に統一される全集のためのものではなく、雑誌および群書の六冊を装丁・表紙もそのままに全集として使ったものであった。その後も、全集の広告は時と共に内容を変えていくが、当初の近刊予告は、「『幸徳秋水全集』の完成」や「全集完結」というもので（一九二九年七月から繰り返し掲載される）、次のような内容であった。

「苟も幸徳秋水の文章にして生前既に一冊の著書となって出版されたるものを除くの外は一言半句も之れを洩すことなく左記全六巻に之れを全集す」

このうち、未刊行のものは「一言半句も之れを洩すことなく」は無理であったが、その六巻は次のように配列・広告されていた。

1. 幸徳短文集
2. 幸徳書簡集
3. 幸徳評論集
4. 幸徳文芸集
5. 幸徳茶文集
6. 幸徳激論集

同じ頃（一九二九年九月号からしばしば掲載される）、解放群書に収録された群書全集のための広告では、まったく同じ内容の六巻でも、各巻の名称は次のように宣伝されている。

1. 幸徳秋水名文集
2. 幸徳秋水書簡集
3. 幸徳秋水評論集
4. 幸徳秋水文芸集
5. 幸徳秋水茶説集
6. 幸徳秋水主張集

もっとも、雑誌および群書の全集が、広告の通りこの段階ですでに完結していたわけではない。広告では最初から「全集完結」とか、「全集の完成」と宣伝されるが、『解放』で秋水特集が完結するのは、「幸徳全集完結号」と謳われた一九二九年十一月号の時であった。すなわち、全六巻完結の広告が出始める一九二九年に、それを受けるように『文芸集』と『茶説集』が全集六巻のうちの一冊の設定の下で『解放』の特集として刊行される。そして、最後に先の「幸徳全集完結号」として「思想論集」が発行され、六巻揃いとなるのである。

従って、雑誌および群書全集のいずれでも、実際の完結に「完成」広告が先行したことになる。

もっとも、広告の場合は、予定や予想なのに、すでに実現したとも読める断定的な表現の使用がしばしば見られるので、この例が全く異例ということではない。

6　黒表紙全集の全体像

以上のようにして、外見からして全集らしい『幸徳傳次郎全集』が最初の『幸徳秋水全集』として誕生する。四六『解放』や群書を基礎にしながら、それだけに内容は同一になるが、それとは形だけは独立したかに見える体裁となっていた。

この全集に関する広告が出始めるのは、一九三〇年に入ってからである。この点からも、山崎がこの企画に明確に踏み出す決断をするのは、『解放』および群書での個々の特集、それら六冊をまとめて全集と呼んで秋水の著作刊行に「完成」と一区切りを着けた直後である。

その広告は「予約出版　幸徳秋水遺文全集全六巻」というものであった。それをみると、予約締め切りは一九三〇年四月二五日、「遅くも三〇日までに本社到着」。配本は「四月より毎月一巻宛巻順申込順に会員のみに配本」となっている。これまでとは違い予約出版に加えて、会員方式もとり入れている。もっとも、会員というのは予約に応じた者のことであろうが、実際にも会員にしか頒布しなかったのかどうかは、不明である。ともかく、広告では明快に「会員のみに配本」となっている。その広告で見る各巻のタイトル等は、次の通りであった。

（1）奇編（四月刊）二六六頁
（2）想編（五月刊）二五四頁
（3）芸編（六月刊）二〇〇頁
（4）論編（七月刊）二四四頁
（5）翰編（八月刊）二〇〇頁
（6）珍編（九月刊）一六五頁

かくして黒表紙全集の刊行となるが、この一九三〇年段階で、全集とは一九二九年十一月に「全集完結」を宣言・宣伝した各巻バラバラの後付けの全集ではなく、表紙を統一した、私の言う最初の『全集』であった。

第一回配本は予定通り四月であった。ただし、その後は予告通りにはいかない。「巻順」はすぐに維持されなくなる。「毎月一巻宛」も守られない。とくに第四回と五回配本の間には一〇ヵ月もの間隔があく。最終的に完結するのは、翌一九三一年五月に入ってからである。

実際に世に送り出された一九三〇年版の全集の刊行年月、タイトル、内容等は次の通りである。予約広告と比べて、タイトル名に相違のあるものもあるが、内容は広告通りである。基本的には、四六『解放』および解放群書を使っていることから、一九二九年版の準備的全集を基礎にしたものである。ただし「翰文集」は以前の第二巻から五巻に移っている。

第一巻　奇文編。中扉は群書などのまま「團々珍聞所載　幸徳いろは庵茶説集」となっている。二六三頁。一九三〇年四月一〇日発行。「幸徳全集の完成」などの広告が多い。本巻が第一回配本である。

第二巻　想論文編。中扉及び目次は、「故幸徳傳次郎　幸徳秋水思想論集」となっている。二四八頁（+三頁）。なお付録として「幸徳秋水著述年譜」が末尾の三頁に収録されている。また巻頭に一九二九年七月付の「凡例　編者識」が付されている。一九三〇年六月一〇日発行。

第三巻　藝文編。中扉は「故幸徳傳次郎　幸徳秋水文芸集」となっている。一八〇頁。一九三〇年五月一〇日発行。この第三巻のみタテ一八センチ強、ヨコ一二・四センチで、六巻の中では最も大きい。群書の元の大きさとほぼ同じである。

第四巻　論文編。中扉タイトルは無し。目次は「秋水評論集」となっている。二四四頁。一九三〇年六月一〇日発行。大きさはヨコ一一・二センチ、タテ一六・九センチと三番目に小さい。

第五巻　翰文集。中扉は「秋水書簡」となっている。群書は「書簡集」とされている。本巻表紙は翰文「編」ではなく、翰文「集」である。次の第六巻の「珍文集」と同様である。ただし背は全て「論」ではなく「編」で統一されている。一六六頁。ただし末尾に「故大石誠之助遺稿」として「社会主義の道義的根拠」が付されている。なお、四六『解放』書簡集には収録されているる中西伊之助、賀川豊彦、堺真柄、河合康左右、中浜哲、堺利彦らの執筆する「秋水後座」は削除されている。また『解放』にはある目次（要目）も削除されている。一九三一年月一〇日。

第六巻　珍文集。中扉は解放群書（7）をそのまま使っているので、「幸徳秋水文集」となっている。本巻は「編」ではなく珍文「集」である。一六五頁（＋目次六頁＋「秋水文集前座」三一頁）。この「秋水文集前座」には新居格「ハムレットが多過ぎる」以下九編で、三一頁を占めている。全集に当人に関係のない文章が載るのは、既刊本を利用した結果であり、それを「前座」などと位置づけて、体裁をつけるのも山崎らしい。一九三一年五月一〇日発行。なお本巻は背表紙には六巻ではなく、誤植であろうが、「第五巻翰文編」の文字が入っている。また全巻で最も小さいのが本巻で、タテ一六センチ弱、ヨコ十一センチ強しかない。

以上に見た各巻のタイトル名がどうあれ、六巻とも、全集を試みながら、全集らしい体裁を整えることのできなかった四六『解放』および解放群書の秋水特集、さらに「全集完結」を謳った一九二九年版全集をもとにしているので、内容はそれらと同一である。新しいものは入っていない。

それに、この全集も、それに先立つ『解放』および群書の幸徳の文集・著作集と同様に幸徳の遺した著作全体から言えば、全集というよりも著作集なり選集なりの方があたっている規模のものである。戦後の明治文献版と比較すると明らかなように、発禁を呼びそうなものは基本的に省かれている。依然として取り締まり当局の目が厳しく、幸徳の著作の一部を公刊するだけでも、抑圧や弾圧を覚悟しなくてはならない時代であれば、当然の対抗策であった。むしろ、著作集程度のものであれ、幸徳の著作のある程度はカバーできるので、この時代に刊行を実現しえたこと自体に大きな意味があった。

そのような限界を承知しつつ、あえて全集「完結」を宣言したものの、当初の一九二九年版は後付けの全集であったため、表紙などを全集らしく整えることができなかった。それに比べて次の一九三〇年版は表紙も全集らしく統一し、実際に全集と呼んで差し支えないところまで形を整えたところに、山崎らの矜持や抵抗心のようなものが感じられる。

なお、面白いことに、戦前における唯一の、あるいは代表と言ってよい、この黒表紙全集を刊行し出した後も、山崎たちは四六『解放』と群書の秋水特集・著作集の方も宣伝・販売を続ける。巻によっては全集に使えずに余るものが出るが、それらが在庫になって残っていたからであろう。また『解放』の他、『解放科学』『解放パンフ』『小解放』などのタイトルをもつ雑誌を適宜使った秋水特集の宣伝も続ける。

ともあれ、山崎と協力者たちは、一九二六年の最初の秋水特集から足かけ五年の歳月をかけて、それら個々の特集を活用して、『幸徳秋水全集』六巻を完成した。それに対する山崎たちの取り組みには、体系性の欠如や内容の不十分さどころか、むしろその制約や限界の中においてであれ、可能な方法を追求・工夫し、自分たちの目標を達成するという執念ともいうべきものが読みとれる。飄々として一見とぼけた姿勢や生き方を示す山崎の外見からは容易に想像できない強靭さ・執念がうかがえる。

むしろ、時代的背景を考えれば、幸徳全集にこだわり続けた彼およびその周辺の人たちの後に引かない姿勢からは、権力への抵抗心・反逆心、そして幸徳への敬愛・評価を感じとることができるであろう。

7　最初に全集らしく整った黒表紙全集の意義

くり返すように、四六『解放』および群書において、幸徳秋水「全集の完結」が宣言されるのは、一九二九年十一月である。それは、『解放』および群書を使った幸徳の特集が六冊揃った時でもあった。その時から『幸徳全集』も、全六巻と具体的な内容と標題をもって宣伝をされるようになる。

そのうちの解放群書シリーズをみると、四六『解放』の一連の特集と同様に、十分に企画・準備されて、かつ一貫して全集として企画されたとはいえない面もうかがえる。それでも、一九二九年に入ると、(7)(8)(32)(36)(37)(39)の幸徳著作集が六冊揃ったことで、四六『解放』と共にその六冊をまとめて『幸徳秋水全集』と後付けし、広告にも明確に示すまでにはなる。

しかるに、そこに到達してみると、山崎の反逆心はもう一歩先に進むべくうごめきだす。『解放』や群書のバラバラの著作集六冊を後付けで全集と呼ぶだけではなく、さらに進み出て全集として外見を統一するなど、形式を一層整えて、いかにも全集らしいものに近づけようとする。

すでに、当局の厳しい検閲の壁を突き抜けた既刊のものを使うので、表紙等で間違いを犯さないかぎり、発禁の可能性は低く、『解放』や群書の在庫の整理にもなる。とりわけ独立の完結した幸徳全集ともなれば、幸徳を処断した権力や支配階級に対する抵抗・怨念の意味も一層大きくなる。権力嫌いの山崎にとってはむしろ権力への絶好の反逆・抵抗の機会にもなるのであった。

そこに至るまでの経過には、山崎のような筋金入りでも、『幸徳秋水全集』ともなれば、自己の主張や方針を振りかざして一気呵成に邁進できなかった時代状況がよく反映されている。

それにしても、雑誌および群書を利用した当初の全集は、全集と言うには余りに変則であった。通常の全集のイメージからは明らかに異なるものであった。もともとは各々どの巻も、雑誌および群書の特集号として出発していることもあって、幸徳の著作のみで一冊全体が埋められているものばかりではなかった。そのことが、まず普通ではなかった。それに、以前から全集が構想されながらも、必ずしもきちんと全集らしい体系、外観、内容等を整えて進められたのでもなかった。

ともかく、全集を出すぞ出すぞと、アドバルーンをあげて、当局の反応や読者の関心を探ってみる。十分に準備ができていたわけではなく、まずは刊行自体が可能かどうか様子をうかがってみる。それが、当初の段階の姿勢であった。それだけに、時代の制約もあったが、掛け声ほどには、すぐに外見まで伴うほどの全集とはならなかった。

しかし、ともかく全集と称すものが送りだされ、受け入れられたのを確認して、その半年後に、さらに一歩進み出て、表紙を統一した全集を送り出した。それが、一九三〇年四月を第一回配本として送り出された形式・外見の統一された戦前版『幸徳秋水全集』、つまり『幸徳傳次郎全集』あるいは『秋水幸徳傳次郎遺文全集』であった。

いずれも既刊の四六『解放』および群書の特集を活用し、それを基に表紙を作り直し、製本をやり直したものであった。それにしても、初めて表紙にも、また背にも、〈幸徳傳次郎全集〉ないしは〈秋水幸徳傳次郎遺文全集〉の文字が表示されたこと、そして六巻全冊が共通の表紙を持つようになったことは、たんなる外見の変化にとどまるものではなかった。その変容こそ、それに先立つ山崎らが全集を訴えるも、全集まがいの水準にとどまるものとしか言えなかった水準を超える証しのようなものであった。

そこに至って初めて『幸徳全集』と呼ばれてよいほどに外見や形式が整ったことになる。その意味で、私はあえてこの黒表紙版を日本における最初の『幸徳秋水全集』と呼ぶのである。

いうなれば、後付けで『全集』と呼んだ従来のものは、四六『解放』や群書といった他の特集シリーズをそのまま利用する借りものや便宜的な感じをぬぐいさりえなかった。そのレベルのものに対し、黒表紙全集は、内容は変わらずとも、ともかく外形だけでもそれを超え、一応全集としての装いをもつに至った。たかが表紙程度と言われそうであるが、それだけでも、これまでになく存在感・訴える力も大きく、全集らしい形態を整えるものになった。

それに応じて当局への抵抗・反逆の意味も、また幸徳の同志や社会主義者に訴える力も比べものにならないほど大きなものになった。この点に、外見の変化以上の意味を黒表紙全集がもつに至ったことをうかがえる。

山崎としても、この黒表紙全集には、これまでの全集と呼べども、本物の全集の印象を与えなかったものとは違う感慨・意識をもったはずである。それだけに力も入れた。それが端的に現れたのがこの黒表紙の外観であった。広告では「美装」「特殊装丁」、やや大げさにすぎるが、「書斎の装飾用として」も利用できるとまで宣伝している。

ここで、表紙が黒色を強く印象づけるデザイン・配色であった点に改めて注意を向けてみたい。まず第一に、黒色を目立たせることで、権力の最も嫌うアナキズムの黒色の意味を潜ませて反逆の意思も内包させることになっている点である。

第二に、その黒表紙の中に幸徳の顔写真を、菱形の黒枠で囲み、浮き彫りにしたことで、幸徳たち大逆事件の犠牲者に対して弔いの気持を示す意味を持たせている点である。そして、それらの集合効果が、全集を手にするものにも特別の感慨にひたらせる力を持つことになっている。

さらに第三に、その表紙に「天下第一　不幸の児」と刷りいれることで、一面でカムフラージュし、他面で逆説的に知る人ぞ知る幸徳の母親への孝心の篤さを想起ないしは喚起させることにもなっている点である。

山崎は、自らの刊行物を通して、くり返しこの全集の宣伝を行う。特に『解放』にはほぼ毎号広告を掲載する。アナキズム系機関誌にも広告は載るが、思った程は掲載されていない。むしろ稀にしか載っていないと言った方がよい。広告における各巻のタイトルと実際に刊行される全集各巻に付されたタイトルは若干異なるが、内容的には同一である。もっとも、実際に刊行された全集においても、全集の各巻名が広告と一致しない場合があるほか、表紙の表と背のタイトル、それらと中扉のタイトルも一致しないものもある。この辺にも、いかにも山崎らしい姿勢・やり方がうかがえる。

おわりに――戦前版『幸徳秋水全集』の遺したもの

一九二〇年代から三〇年代にかけての時期、つまり普通選挙法の制定からその最初の実施、さらに満州事変に至る時期は、一方で大正デモクラシーの最も大きな目標の一つであった民衆本位の政治の出発点となる普通選挙制度を実現するが、他方でその内実を見れば、男性のみで女性は排除されていたし、そのうえ治安維持法と抱き合わせの制定であった。

その結果は、国家視点に支配された明治の殻を打ち破るかにみえた大正デモクラシー運動とその時代を終焉に導くことになる。普通選挙のアメに対してムチの弾圧が凌駕し、とりわけ左派系・アナキズム系に強く襲いかかる。実際に、この間アナキズム系は急速に後退の歩を速めることになる。アナキズム系の力のみではとても『幸徳秋水全集』などを独自に世に送り出せる状況ではなくなっていく。

そのような時に、不可能を可能にしたのは、山崎今朝弥、そして新居格、岡陽之助、中川敏夫ら協力者たちの時代に抵抗する情熱や尽力であった。それに外部の支援者・応援者の温かい声が大きな支えになった。その中には吉野作造、宮武外骨、堺利彦、木村毅、吉川世民らが含まれていた（『解放』一九二九年一一月『幸徳全集完結号』「凡例」および『幸徳傳次郎全集』第二巻「凡例」）。

先に見たように、戦前にも幸徳の著作の刊行を考えたものはいた。しかし、実現にまで漕ぎつけることはできなかった。そのような時代に、たとえ不十分な形や内容であれ、幸徳を蘇らせることができるとすれば、山崎以外に人はいなかったと言っても過言ではない。現に、比較的よく知られている改造文庫版の『幸徳秋水集』（一九二九年）にしても、山崎の協力と決断によって初めて刊行されえたのであった。

また、改造社版「現代日本文学全集」の『社会文学集』（一九三〇年）に「幸徳秋水集」を収録しえたのも、山崎の『幸徳全集』への挑戦といった先導的な地ならしの活動があって初めて可能となったものである。その意味では、山崎あって初めて幸徳の著作・全集は蘇生できたのであり、彼なしには戦前に『幸徳全集』や幸徳著作集はついに陽の目を見ることはなかったといってよい。『幸徳全集』や幸徳特集の刊行に関しては、まさに余人をもっては替え難い人物が山崎であった。

これまでの山崎研究でも、幸徳研究でも、これらの戦前版の『幸徳秋水全集』の存在は、まともには言及されないできた。少なくとも山崎の役割に、この『幸徳全集』の業績を加えることが必要である。これまでの山崎研究では、この点は十分に留意されることがなかった。また幸徳研究でも、戦前版全集については従来正確な形では言及されることがなかった。この全集を抜きにしては、戦後の『幸徳全集』の位置や役割も適切には理解することはできないはずである。

山崎はじめ、新居らその協力者たちが、一連の「解放もの」でしつこいほど繰り返し幸徳特集を組んだのは、山崎がアナキズムという思想にこだわったからというわけではない。あくまでも、権力に抹殺された反権力の思想家である幸徳にこだわったからにほかならない。当時は、幸徳の著作がなお日本の社会主義者にとっては共有の財産と受け止められていたこと、またその活動も日本社会主義史にとってはどの派にも共有される先駆的足跡であったという認識をうかがわせてくれよう。

戦前版『幸徳秋水全集』が『幸徳傳次郎全集』として完結した頃は、世界恐慌がいよいよ深みにはまっており、市民とその生活が危機に瀕していた。時代はどんどん逆行し、満州事変、さらに日中戦争が勃発する直前の重苦しい雰囲気が漂う時期であった。共産主義運動も、アナキズム運動も、弾圧の下で後退を余儀なくされ、工場・職場等での実践活動はもちろん、啓蒙的な言論・出版活動さえ、困難に直面していた。

山崎今朝弥にとっては、弁護士としての活動では、ますます多忙になる時代状況であった。彼は、男子だけの制限的普通選挙が実施された時代の下に、幸徳が否定した議会活動にも力を入れ出し、思想・行動面ではむしろ幸徳とは距離を置きつつあった。それなのに、二〇年も遡る明治の末に国家権力・官憲の犠牲となり、思想に殉じることになった幸徳を、昭和初期のこの混沌とした時代にも、山崎はなおも必要とし、その復権にこだわったのである。

このように、山崎は、明治の殻を破ろうとして、ついに果たせず、その中道においてまさに倒れかけていた大正デモクラシー運動の終焉期に、あえて明治人で思想家・アナキストの幸徳を蘇生させようとした。この時期には、普通選挙制度は男性にのみ形だけは与えられたが、その代償にアナキズムは片隅に押しやられ、社会主義陣営もくり返し弾圧にさらされて、瀕死の状態にあった。

この時代に、山崎は一方で議会主義に依拠して社会主義政党に関与・協力しながら、他方で逆行する時代への抗議の象徴として、支配階級が最も嫌うであろう幸徳にこだわり続け、彼の最初の全集を世に送りだすことをした。

山崎の協力者であった新居にしろ、ただ幸徳の著作を世に出したいというだけではなく、それを通して幸徳の復権を図るという山崎に共通する夢や課題を背負っていたからこそ、最後まで付き合ったと言える。その後軍国化・右傾化を強める時代状況にも、新居が完全にはその体制に取り込まれることなく、戦前を通して権力・軍事路線には半ば抵抗する姿勢を崩さなかったことも忘れてはならない。

二人の抵抗は、声を大にした派手なものではなかったが、山崎らしく、また新居らしく粘り強く腰を据えた姿勢・方法によるものであった。そこに、戦前、幸徳の復権に最もこだわったのが、この二人であったことがうかがえる。それが権力の最も嫌うあり方・行動の一つであったし、現在でも、戦前にあって山崎の見せた手法、それに協力した新居の柔軟性・粘り強さは、思想や信条の相違を超えて共感を呼ぶものとなっている。

〈参考文献〉

『幸徳傳次郎全集』全六巻、解放社、一九三〇～一九三一年
『幸徳秋水選集』全三巻、世界評論社、一九四八～一九五〇年
『幸徳秋水全集』全九巻、別巻二、補巻一、明治文献、一九六八～一九七三年
自由法曹団編『自由法曹団物語 ―解放運動とともに歩んだ45年―』労働旬報社、一九六六年
森長英三郎『山崎今朝弥』紀伊国屋書店、一九七二年

小松隆二「幻の戦前版『幸徳秋水全集』」『三田経済学会誌』第七九巻二号、一九八六年六月。本章はこの旧稿を基にまとめられた。

小松隆二「大逆事件の真実をあきらかにする会創設の頃　―思い出す人々と『秋水全集』など副産物のこと―」『大逆事件の真実をあきらかにする会ニュース〔復刻版〕　第一号〜第四八号　解題・資料』〔ぱる出版、二〇一〇年〕所収

山泉進「解放社版『幸徳傳次郎全集』の書誌的研究」『山崎今朝弥研究2　――大学史紀要　第二三号』明治大学史資料センター、二〇一七年三月

『杉並区長日記　地方自治の先駆者・新居格』虹霓社、解説・小松隆二「地方自治・地方行政の鑑・新居格の生涯と思想」、二〇一七年

第二章　痛恨の思いこもる今村力三郎の『芻言』

1　『芻言』の成立と意義

日本労働運動・社会運動史、あるいは社会思想史の研究は、戦後に至り、基本的に研究の自由を得て、大きく進展した。それでもなお、未発掘で、忘れられた人物や団体、活動や出来事、また文献や資料も少なくない。

明治末に大逆事件が惹起されてからまもなく一一〇年の歳月が経過する。その事件および幸徳秋水ら関係者には、多くの貴重な文献・資料類が遺され、蓄積されている。特に関係官庁資料、裁判記録、秘密出版パンフレット、関係者の多くの著作・パンフレット・書簡など、一般には広く知られることのない文献・資料が多いのも、その特徴の一つである。それらの発掘・発見は今もなお続いている。

その中で、著者・関係者の立場・専門性、文献の内容・歴史的意義などから見ても、一級品の文献・資料の一つに、今村力三郎弁護士の『芻言《すうげん》』がある。標題が、何となく気にかかり、和綴じ・和紙の地味なつくりと共に、心に残る著作である。

この『芻言』は名著である。ただし、流れるような名文、心を惹かれる美辞麗句が並んでいるわけではない。むしろ飾りっ気など無い文章が並ぶ。それでいて、読む人の心を揺り動かすのである。

名著とは心にしみ入り、深く残り続ける著作である。これほど弁護士としての良心・心の込められた著作は珍しい。またとりわけ戦後の大逆事件の再審請求を実現する契機や踏み台になる点では、『芻言』は、社会的・歴史的意義の面からも忘れられない。しかも、その再審請求を申請できた結束・連帯のエネルギーが大変な労力・尽力のいる『幸徳秋水全集』をも実現させることになる。その点では、私にとっても思い出深い著作であり、名著の印象が強い。

『芻言』三種

その『芻言』は、最初は今村の手による私家版で、しかも謄写刷り・和綴じで少部数の発行であった。そのため、その初版は稀覯書の部類に属するに至る。ただし、戦後すぐに今村著『法廷五十年』（専修大学、一九四八年）などに収録されることになったので、内容的には決して入手・利用が困難というものではなくなっている。

今村（一八六六〜一九五四）は、一八六六（慶應二）年、

信州・飯田の生れ。専修学校で法学を修め、代言人試験に合格、弁護士となる。緻密、誠実、真摯な弁護姿勢で、著名な事件の弁護が数多くある。例えば、明治・大正の大逆事件である幸徳秋水や森近運平らの事件、難波大助の虎ノ門事件はじめ、日比谷騒擾事件、足尾鉱毒事件、シーメンス事件、森戸事件、五・一五事件（大川周明）などの弁護がその例である。太平洋戦争直後の一九四六年、母校の専修大学総長に就任する。

この今村について、吉野作造は「私の最も尊敬する先輩」（吉野作造「書評」今村力三郎前掲『法廷五十年』一三九頁）と評価し、また穂積陳重は「法曹界に於て信望の最も高き」人（「芻言批評集」今村力三郎前掲『法廷五十年』一三七頁）と評価しているほどである。

その今村の『芻言』の最初の刊行は、明治の大逆事件（一九一〇年）から一四、五年経過した一九二五年である（一月脱稿、三月浄書・印刷）。関東大震災直後に、難波大助の虎の門事件や金子文子・朴烈の大逆事件が惹起されるが、その直後のことである。

今村は前者の難波の事件にも弁護人を務めることになるので、大逆事件としては、明治についで二度目の担当であった。その二度の関わり、そして両事件の社会的意味合いを考えると、「聊所思あり止み難き」気持に駆り立てられる。明治、そして大正期の大逆事件をめぐる感想と所見を公表せずにはいられない気持に立ち至るのである。

特に大逆事件については、「幸徳傳次郎、菅野スガ、宮下太吉、新村忠雄の四名は事実上に争ひなきも其他の二十名に至りては果して大逆罪の犯意在りしや否やは大なる疑問にして、大多数の被告は不敬罪に過ぎざるものと認むるを当れりとせん」（今村力三郎前掲『法廷五十年』一二五頁）という考えを終始変えることはなかった。しかも、大逆事件から二五年近く経過していたとはいえ、このように当局への批判も躊躇することなく行う。

ただし几帳面で精確さを期する今村の性格から、同書をまとめるまではその標題や内容について、信のおける特別の知友に相談し、意見伺いもしている。一度目にしたらその標題が忘れられない『芻言』は、そのような手堅い手順を踏んで生み出され、世に送り出されたものである。その今村の思い・記録がやがて大逆事件の再審請求をよび、さらに最初の幸徳の全集らしい全集である明治文献版の『幸徳秋水全集』に結実することになるのであった。

2 『芻言』執筆の心の内

この『芻言』の執筆、配布に際しては、今村は慎重に事を運んでいる。同書に「数部を浄写して要路に呈」したと記している通り、最初は少部数謄写印刷し、近しい者のみに配布する。

ところが、予想外に反応・反響が大きく、今村自身も若干追加印刷を行うほか、小泉策太郎（三申）などは、その内容に大きな衝撃を受け、今村に願い出て、別個に自ら少部数印刷し、知友に配布する。それとは別に、大連・「遼東新報の社長大来修治なるもの右の感想録を五六部謄写して知人に頒ちたしとの希望」（今村力三郎宛小泉三申書簡、一九二五年七月一二日『芻言』一三四頁）も寄せられ、今村本人に代わって小泉が認めている。さらに、小泉は「昨日関屋宮内次官来訪談大逆事件感想録に及び候処牧野子は敬読して次官にも是非一読せよとて手交されし程なり」（今村力三郎宛小泉三申同上書簡、一九二五年七月一二日『芻言』一三四頁）ということもしたためている。

そんなことで、『芻言』は数種類世に出ることになった。私も、外形が少しずつ異なる三種類の『芻言』を所蔵していた。そのうち、今村作成のものは、後に五・一五事件で弁護人となる大川周明に贈呈されたもので、墨書された贈呈先の大川周明という文字も重々しく、版が他のものよりやや小さめの分、品格もあった。それに比べて、他の二点は、作りも謄写の文字も、やや劣るように記憶している。記憶しているというのは、その三冊共、大川周明の郷里に建つ大学に大川関係文献の一つとして寄贈して今は手元にはないからである。

今村は、同書において特に明治の大逆事件については、当局の姿勢や大審院の審理のすすめ方に対する所見、特に閉塞的・抑圧的な社会状況・背景をつくりだした当局に対する厳しい批判も明快に行っている。同時に、その記述姿勢や表現には、止むに止まれぬ気持からの執筆でありながら、職業倫理に伴う責任や冷静さを失っていないこともうかがえる。

今村は、『芻言』について、前掲『法廷五十年』の「自序」において、その執筆の目的・要点を次のように的確に説明している。

「執筆の主たる目的は、一、大逆事件の犯人等は、皇室に怨恨があつて、斯る大事を企てたものに非ざること。第二、幸徳事件も、難波事件も、畢竟、警察と裁判との、不当なる職権行使が、原因たること。第三、厳刑酷罰は、犯罪防止の効果なきこと。此三点に重きを置き、為政者の反省を促さんとしたのであります。幸徳事件に於ては、多数の冤罪者が、極刑に処せられたと、今も、猶甚遺憾に堪へないのである。」

この文章には、誰もが何かを付け加えることはできないであろう。今村は、大逆事件から三五年以上経った終戦直後の一九四八年当時でも、大逆事件のことは忘れることができなかった。そこに、ただ一筋に法曹の世界に生き抜いてきた今村の法曹人としての良心・生き様がよくうかがえるであろう。

この点に関連して、『芻言』受贈の御礼にしたためた田中義一の次の文章は、今村の良心・熱情を真正面から受けとめたものと言ってよい。

「大逆事件は如貴書我が国史に一大汚点を印したるものにして千秋の痛恨事不遇之候然る所親しく之れが弁護に当られ候結果将来のため縷々熟誠を披露競られ候」(「芻言批評集」今村力三郎前掲『法廷五十年』一三五頁)。

大逆事件からおよそ二五年経過した一九二五年当時には、今村の『芻言』に触れて、田中のように今村に共感の意を表する時代のリーダーたちが少なくなかったのは、今村の地位・人柄にもよるのであろうが、予想を越えるものがある。

3 『芻言』刊行に至る花井卓蔵の協力・助言

実は、今村は、『芻言』をまとめるに際して、標題や内容・表現について、草稿の完成後、印刷に回す前に、明治の大逆事件の弁護に共にあたった花井卓蔵に示し、相談・意見伺いをしている。推測としては、花井以外の弁護士にも同様の相談・意見伺いをした可能性がないわけではない。ただし、花井以外にはそれを裏付ける資料は見つかっていない。大逆事件の弁護士の中では、今村と花井は特別の位置・関係にあり、相談したのは花井だけではなかったのではないか、という推測も成り立ちうる。

花井（一八六八〜一九三一）は、弁護士の他、衆議院議員・貴族院議員、さらに東京弁護士会会長も務めた人である。その花井は、今村の『芻言』の草稿に対する手入れ・意見提供の懇請に対し、丁寧に受け応えしている。文章の修正に加え、標題にも意見を寄せている。

例えば、花井は草稿の文章には朱を入れ、標題には「大逆」や「明治」「大正」の文字を使わない方がいいといった助言・意見も寄せている（今村力三郎宛花井卓蔵書簡、一九二五年二月一二日）。標題に関しては、花井は、納得できるものではないが、と言いつつも、「無題録」「蒭（芻）蕘之言」を例示した上で、次回までもう少し考えを深める旨伝えている（同上書簡）。妙に気になる『芻言』という標題がこの際の花井の助言・示唆から生まれたことがうかがえるであろう。この辺のやりとりを見るだけでも、花井も真剣勝負のように真摯に今村の懇請に応えていたことがうかがえよう。

花井の助言を受けとめて、今村は雑記、私見、覚書のような肩肘をはらない謙虚な気持を、品よく〈芻言〉と表現した。このような助言、推敲を経て仕上がった原稿を三月に謄写印刷にまわし、最初の出版に漕ぎつけたのである。

これらを確認できる花井の今村宛書簡など数通は、私の手元にあったので、遥か昔に森長英三郎弁護士（一九〇六～一九八三）に提供したこともあり、『芻言』の他にも、氏の手によって既に発表されている可能性もある。限られた時間・紙面のため、調べなおすことも、また内容には詳しく立ち入ることもしないが、以上のように記憶している流れのみ記させて頂いた。

大逆事件、特に明治の大逆事件では、社会主義者たちを追い詰めた日頃の当局の弾圧、取り調べや法廷での強引な審理の進め方に、被告と弁護士たちは強い不満を抱いた。検察や大審院の厚い壁の前に、結局弁護士たちは被告たちを十分に弁護できずに終わったという意識を抱かずにはいられなかった。

しかし、弁護士が納得できないあり方で処理をされた事件が闇に葬られたまま終わるとは限らない。むしろ後に火種を残し、いずれ大きな火に燃え広がる可能性を後世に残すことにもなりかねない。大逆事件がまさにその例になっていく。

4 再審請求に引き継がれる今村と『芻言』の思い

以上のような大逆事件に対する今村の痛恨の思いが、一つには『芻言』を生み出し、もう一つには鈴木義男弁護士ら後進の弁護士の感銘・共感を呼び、再審請求の流れを生み出していく。

実際に、当局の対応に納得できない不満の気持が戦中・戦後と、今村から鈴木弁護士へ、さらに鈴木弁護士から森長英三郎弁護士へと受け継がれていく。その後、今村の思いは、森長弁護士を介して若手弁護士、あるいは私のような研究に興味を持ち始めたばかりの若い者にも伝えられていく。私自身、森長弁護士から、鈴木弁護士からくり返し聞かされたという今村の大逆事件への想いを、何度か直接聞かされたのを思い出す。

鈴木義男（一八九四～一九六三）は、一八九四（明治二七）年、福島県白河の生れ。東北学院から第二高等学校、東京帝大法科大学へと進む。東大では吉野作造らに師事。牧師の父・義一の影響もあり、学生時代および大学卒業後、伝道活動に従事することもあった。東大助手を経て、文部省よりヨーロッパに派遣され、留学生活を送る。そこで国民本位の政治・法政、また国民の権利のあり方を学ぶ。帰国後、東北帝大教授に就任。時代の悪化と共に、自由主義的な法学の研究・教育が赤化教授として指弾・抑圧されることになる。

その後、弁護士となり、法政大学教授も兼ねる。弁護士としては、人民戦線事件などを担当したことで、美濃部亮吉、山田盛太郎、宇野弘蔵ら研究者、また河上肇、宮本百合子ら共産党関係者、さらに帝人事件などにも弁護にあたる。

戦後、社会党国会議員として、新憲法の制定、特にその民主化・恒久平和化にも尽力。また片山内閣では、司法大臣に就任。さらに母校の東北学院理事長にも就任する。その後、衆議院議員を兼ねながら、専修大学教授、一九五二年、今村力三郎の後任の学長、理事長に就任。最晩年に、民社党の衆議院議員、青山学院大学教授にも就任する（なお、鈴木義男については、章末参考文献の東北学院関係の中で、特に仁昌寺正一、渥美孝子、宮川基、清水まり子氏らの論文が参考になる）。

戦時下の共産党関係者や大学関係者の弁護では、鈴木は、大学教授たちを弾圧することで、右傾化・軍国化の流れを加速する人民戦線事件の弁護に立ち向かい、自らは穏健な立場なのに思想を越えて堂々とマルクス主義系学者たちの弁論を行った。後進の若い森長弁護士も、山崎今朝弥や布施辰治の姿勢と共に、鈴木の姿勢にも学び、権力の弾圧にめげず共産党関係者の弁護でも、堂々と論陣をはった。

その鈴木弁護士は、戦前・戦後と、尊敬する今村から、大逆事件の被告たちは実に可哀想だったのだと語る話をくり返し聞かされたという。その話を、今度は森長弁護士が、鈴木弁護士から戦中・戦後とくり返し聞かされることになる。

最終的には、事件から五十年経過した一九六〇年に至って、漸く機が熟し、再審請求の訴えの提出に結実する。その時には、鈴木義男弁護士が主任弁護人、森長弁護士がその代行で実質的な責任者であった。結局、今村の話を忠実に受け継いだ二人の弁護士が立ち上がることになったのである。

その両弁護士に、新たに斎藤一好、松井康浩、宮原守男ら若手弁護士も参加し、さらに運動家、研究者、市民も、その陣営に馳せ参じ、犠牲者を代表して提訴する坂本清馬氏と森近運平の妹・栄子氏を支援することになった。その時が、今も活動を続ける「大逆事件の真実をあきらかにする会」の出発の時でもあった。

この「あきらかにする会」の創設メンバーを見ても、また再審請求運動の流れのなかで成育する管野スガの記念碑建設の運動（一九七一年）の発起人を見ても、その参加の多さに当時の盛り上がりを思い出し、時代の流れを感じざるを得ない。「あきらかにする会」には出発時点で五〇人、「記念碑建設」には一〇六人もの名前が連ねられていた。その動き・盛り上がりの出発点に今村と『芻言』が位置していると言っても過言ではない。

そんな流れの源流に明治の大逆事件が位置するのであるが、その弁護にあたった弁護士たちは、被告たちに対する申し訳なかったという気持、そして犠牲者たちの無念の気持をいつか晴らそうという意思を心の片隅に残し続けた。そのような気持を抱き続けた代表が今村であった。裁判所の予断、非公開、一切の証人を認めないこと、形式主義、そして二人を除く全員の死刑判決に、戦後に至っても、彼に「弁護人としての任務を尽し得なかつたことは、今、尚、自ら顧みて、衷心忸怩たるを覚へる」（今村力三郎前掲『法廷五十年』二頁）と、辛い胸の内を告白させることになる。

さらに、そのような弁護士魂・良心が若い弁護士たちを鼓舞し、ついに再審請求運動に立ち上がらせることになる。そこに至るまでに、事件の犠牲者の多くが刑死してから五〇年の歳月が流れていた。そこに導く今村の執念が込められていた『芻言』は、再審請求運動のみではなく、それを踏み台に、さらにその先に『幸徳秋水全集』をも生みだすことになるのである。

〈参考文献〉

今村力三郎『芻言』私家版、一九二五年
今村力三郎『法廷五十年』専修大学、一九四八年
専大総長今村追憶会編『今村力三郎翁追想録』専修大学、一九五五年
鈴木伝記刊行会『鈴木義男』同刊行会、一九六四年
『大正デモクラシーと東北学院——杉山元治郎と鈴木義男——』学校法人東北学院、二〇〇六年
『杉山元治郎・鈴木義男の事績を通して見る東北学院の建学の精神』学校法人東北学院、二〇〇九年
『キリスト教教育と近代日本の知識人形成——東北学院を事例にして——』学校法人東北学院、二〇一一年
小松隆二「今村力三郎の名著『芻言』の成り立ち」『初期社会主義研究』第二三号、二〇一一年。本章はこの旧稿を基にまとめなおしたものである。

第III部

忘れられた自由連合・アナキズム系の多様な団体と機関紙誌・パンフレット

第一章　全国労働組合自由連合会（全国自連）小史
――機関紙『自由連合』『自由連合新聞』『全国自連ニュース』を中心に

1　全国自連解明の意義

全国自連、あるいはたんに自連と通称される「全国労働組合自由連合会」は、いうまでもなく日本におけるアナキズム系労働組合の最初の全国的連合組織（ナショナル・センター）であった。それは、一九二六（大正一五）年の創立から一九三六年に解散するまで、およそ一〇年に渡る歴史を有している。

この全国自連については、後藤彰信氏の『日本サンジカリズム運動史』（啓衆新社、一九八四年）が先駆的業績として唯一的確に取り上げている。しかしながら、全国自連は、日本労働運動史、あるいはその研究ではほとんど取り上げられることがない。概説的な日本労働運動史の著書類をみても、まったく触れられていないのが通例である。

それにはいくつかの理由が考えられる。その一つは、大正末以降日本労働運動の主流をなした総同盟およびその胎内から派生した評議会・全協のような労働組合の動向・流れには、アナキズム系組合が絡むことがなかった点である。というより、むしろアナキズム系は総同盟等とは対立する位置にあった。

もう一つは、全国自連の立脚したアナキズムが第二次世界大戦後沈滞し、戦後主流をなしてきた総評（日本労働組合総評議会）はじめ、どの労働組合（運動）系ともほとんど関係をもたず、すでに過去の思想・運動と考えられてきた点である。

たしかに、昭和初期においては、他の全国的連合体に比べて、全国自連は量的な規模ではそれほど大きなものとはいえなかった。また、戦後アナキズム系の組合が一般の注意を集めるほどには日本の労働運動にしかるべき役割を果たしたといえるものでもなかった。

それにしても、従来全国自連が必要以上に小さくしか扱われなかったことも否定しえない。そのために、創立時を除くと、その後の足跡に関することは、研究者にも一般にもほとんど明らかにされていない。しかるに、少なくとも関東大震災までは、アナキズム系は労働運動陣営を二分するほどの力を持っていた。全国自連はその延長上に位置する組合である。それを無視することは、研究者も、またどの系統の労働組合も、できないはずである。

元来、アナキズム運動の足跡は、労働運動のみか、全般にわたって正確にとらえられていない部分が多いのであるが、全国自連のような組合もそうであった。しかるに、大正期には、とりわけ早い時期ほど、思想や文学や美術、また社会運動におけるアナキズムの影響力はそれほど弱くはなかった。

特に若者・青年たちにアナキズムの影響を受けるものが意外に少なくなかった。

たまたま郷里の新潟の思想家を調べていて、早稲田大学校歌の作詞者で、「カチュウシャの唄」など多くの作詞を残し、さらに良寛研究でも知られる相馬御風、童話を文学の地位に引き上げ、アナキズム文学のリーダーでもあった小川未明なども、若い時代にアナキズムや大杉栄に強い関心を示していたことを知り（小松隆二『新潟が生んだ七人の思想家たち』論創社、二〇一六年）、いろいろと考えさせられることがあった。特にアナキズムの影響力が弱くなった現在の視点や位置に立って、戦前の文学、美術など芸術、あるいは社会思想・社会運動などにおいて、アナキズムとその流れを無視すると、大きな空白を伴う理解、あるいは極めて偏った理解・認識に陥ることも起こりうる。

それは、労働運動の歴史においても例外ではない。全国自連一つとっても、あるいは企業別組合の動向を見ても、そのことが言える。それは、たんにアナキズム運動史の解明という観点からだけではなく、日本労働運動史全体のそれからみても、けっして放置しておいてよいことではない。全国自連はこれまで無視されてきたほどには、実態も歴史的な意味もない労働組合ではなかったからである。

そこで、本章では全国自連に絞って、戦前のアナキズム労働運動の足跡を再点検してみることにしたい。ただし、ここでは全国自連の歴史・活動全体ではなく、全国自連の活動でも、年々の活動を集大成する大会とそれをめぐる動向に主に焦点をあてて検討する。その際、全国自連の機関紙であった『自由連合』（一九二六年六月創刊）と『自由連合新聞』（一九二八年八月の第二七号で改題、一九三五年二月に終刊）の二紙およびその関連紙に拠って検討することにしたい。

全国自連の機関紙には、上記の主要二紙の他に『自由連合号外』『自由連合新聞号外』『自聯新聞ニュース』、さらには『自由連合新聞』の廃刊後、機関紙の復刊を目ざして発行された『全国自聯ニュース』等がある。また全国自連傘下の東京一般労働組合のように、『自由連合新聞』の号外を機関紙代わりに使ったり、『自由連合』が『自由連合新聞』に改題すると、旧名の『自由連合』の名称を、自らの機関紙として使用する例も出てくる（一九三〇年五月創刊）。

また全国自連の大会の方は、毎年ではなく、正式にはおよそ一〇年間で四回（第二回大会は続行大会を含む）しか開かれていない。最初の第一回は一九二六年五月、最後となる第四回は一九三四年三月の開催である。再生を図る第五回大会は、計画はされたものの、結局開かれず、幻に終わっている。

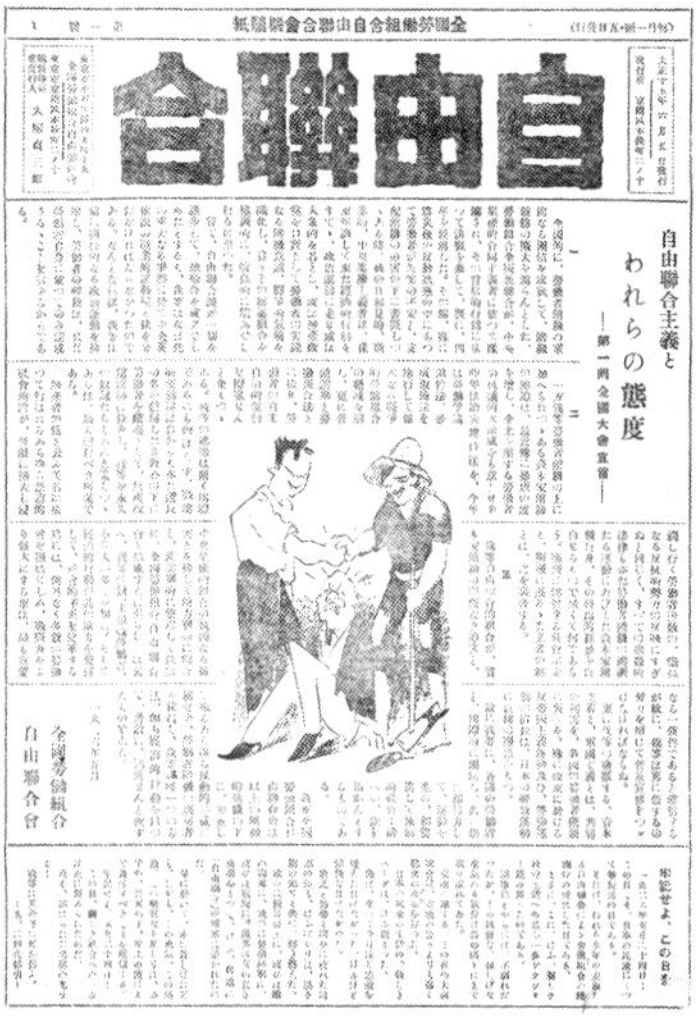

自由聯合

自由聯合主義とわれらの態度

—第一回全國大會宣言—

全國勞働組合自由聯合

全国自連『自由連合』創刊号

ところが、アナキズムの歴史関連文献を見ても、その四回にわたる大会さえ、実態はもちろん、開催年月さえ正確に把握されていないのが実情である。

そうであれば、その大会、あるいは大会をめぐる実態・動向を明らかにすることは、全国自連、あるいはアナキズム運動の活動や歴史をより的確に理解することにつながるであろう。同時に、その作業は、日本労働運動史全体の理解と研究にも資するところが少なくないであろう。

なお、全国自連を検討する場合、それから分裂した日本労働組合自由連合協議会（自協）にも触れなくてはならない。しかし、ここでは、全国自連の説明をする上で必要な範囲にとどめ、その詳細については別の機会に譲ることにしたい。

2　全国自連第一回（創立）大会

(1) 全国自連創立の背景――ナショナル・センター結成の趨勢

大正期の労働運動は、以後のほとんど全ての労働運動流派の源流となる友愛会の創設によって幕が開けられた。大正デモクラシーの高揚と共に、一九一九年にはあらゆる領域の社会運動が勃興や高揚を見せるが、労働運動はそれを踏み台に、一九二一（大正一〇）、二二年頃に一つの頂点に達する。

その高揚が一九二〇年以降の不況下に見られたこともあって、その頃から各組合は地域別、産業別、さらには全国・全産業にわたる連合を模索し、組織間の連携の強化を図る動きを表面化させていた。資本攻勢と労働不安に対して、労働者階級のより広範な連帯・団結によって立ち向かおうとしたものであった。

例えば、友愛会（一九一二年）を源流とする日本労働総同盟（一九二一年）の展開を軸に、関東における労働組合同盟会（一九二〇年五月）や関西における労働組合連合会（一九二〇年一一月）をはじめ、全日本鉱夫総連合（一九二〇年一〇月）、日本海員組合（一九二一年五月）、機械労働組合連合会（一九二二年六月）、失敗に終った日本労働組合総連合の企て（一九二二年一一月）、それに印刷工連合会（一九二三年六月）などがその例であった。

この頃を転機に、アナキズム系も各組合の自主性を尊重しながら、連合の方向を模索しはじめた。ことに関東大震災後は慢性的不況下に、労働組合の公認にもつながる国際労働会議（ＩＬＯ）の労働者代表選出について政府の譲歩がみられたり（一九二四年二月）、イギリスで最初の労働党政権としてマクドナルド内閣が成立したり（一九二四年五月）、さらに日本でも、関東大震災後、普通選挙制実施の見通しがたち、実際にも普通選挙法が公布されたり（一九二五年五月）する推移の中で、従来運動が戦闘化して払った代償・犠牲の大きさのわりに労働諸条件の改善や労働者の地位の向上には不十分な成果しかあげえなかった。それらを反省して、方向転換の嵐が労働界を席巻する。

自由連合系ないしは反総同盟系と言われた組合も、その影響を免れることができず、新たな動向を受け入れて、たんなる反総同盟の立場にたつ組合と、アナキズムを容認する自由連合系に整理・分解されてしまう。

それによって、自由連合系は方向転換を拒否してアナキズムの原則を認める組合のみに淘汰される。そのため、少数派に転じ、次第に孤立化を深めていく。その立て直しのために各地、各業種で連合ないしは合同を模索する動きが見られだす。中国労働組合連合会（一九二四年三月）、関西労働組合自由連合会（一九二四年一二月）、関東労働組合連合会（一九二四年九月）、東京印刷工組合（一九二四年一一月）の結成がそれであった。いずれも、本部がまず結成されて、中央から地方へ・上から下へという理念・方法によるのではなく、各個別組合が自主的に、かつ対等に連合（東京印刷工組合は合同）する方法を取るものであった。

さらに一九二五年に入ると、総同盟の左右の対立から評議会が独立するに及んで、一面で主として総同盟と評議会に代表される各派の抗争を生みだしながら、「他面之と全く矛盾する組合の集中、即ち総連合への道程としての結合運動が各方面に於て進展されつつあった。殊に『同一主張に立つ組合の地方的乃至産業的連合』に加ふるに『主張をことにせる組合の地方的連合』組織をも企図せらるるに至りて、全組合をして更に組合の結成必要の熱意を煽ふるの感があった。而して、更に政治上に於ける、全国単一政党組織の声も之に呼応して連合体組織を促進せしむるに影響するところ多大なるものがあった」（『最近労働組合運動史』一〇八頁、協調会大阪支所、一九二七年）と言われる状況・状勢をつくりだしていた。

それを受けて、アナキズム＝自由連合系でも関東自由労働者組合連合（一九二五年八月）、広島労働組合自由連合会（一九二五年一二月）が組織されるが、他派でも一九二六年に入ると、日本労働組合総連合、さらに遅れて日本労働組合同盟が結成されたりもする。このような各派のナショナル・センターが勢ぞろいする流れを見て、アナキズム系も、たんなる産業別や地方別によるだけではなく、さらに自派の労働組合全体による全国的連合体の結成にはっきり踏み出すことになった。

すでに大震災後、大雑把に反総同盟系ということで一括されていたグループの淘汰と、アナキズム系以外の組合の躍進によって、アナキズム系は地位の低下を余儀なくされていた。ことに各派が強力な全国組織を結成するのをみて、自陣営の結集、少なくとも全国的な連携機関をつくる必要を痛感したのであった。

その結果、まずアナキズム系の思想団体、文化団体、労働組合の連絡機関として一九二六年一月に「黒色青年連盟」、次いで全国自連も一九二六年五月に結成されることになった。

そのような全国的連合の方向へ踏み出す第一歩となったのは、一九二六年三月に開かれた全国印刷工連合会大会であった。そこで、同一主張組合の全国的総連合の提案が可決されるのであった。

一九二〇年代初期には、アナキズム系労働組合の主力は、機械工と印刷工であった。しかるに、関東大震災後は、機械工の組合は弱体化し、主力は印刷工になっていた。その印刷工の全国大会で同一主義の全国的連合が確認されたことは、アナキズム系もいよいよ連合に踏み出すとみてよいのであった。

実際に、印刷工連合会の大会が開かれた「同夜直ちに関東地方に於ける友誼団体と具体的協議をなし、先づ関東地方に於ける連合組織促進を決し、次で全国的連合の促進を計り同時に連合の範囲を拡大して同一主張に立つ農業労働者をも加入せしむることとした。各地友誼団体は全国的結成に対し其後続々賛意を表したる結果、五月東京に於て関東労働組合自由連合会の発会式をかねて全国労働組合自由連合の結成を遂げ」(前掲『最近労働組合運動史』一二六頁)ることになるのであった。

(2) 全国自連創立大会開かる

アナキズム系労働組合の最初の全国的結集体である全国労働組合自由連合会の結成大会は、一九二六年五月二四日、東京・浅草区北島町の統一閣において開催された。いったん決まった会場が当局の妨害で断わられたため、大会前日まで代議員にも内密にして確保されたのが統一閣の会場であった。当日は全国から四〇〇名の代議員が参集し、一一時に高木精一(中国)によって開会が宣せられた。議長に印刷工の水沼辰夫(途中で同じく印刷工の和田栄太郎に変わる)、書記には嶋津一郎(機械技工組合)ほか、二名が選出されて、議事がすすめられた。当日の議案と主要決議を示すと次のようなものであった。

〔議案〕

1. 政治運動反対の件

1. 未組織労働者組織運動の件

イ 自由連合主義を労働者の間に徹底せしめる

ロ 労働組合宣伝講演会を開催する

ハ 婦人労働運動をおこなう

1. 失業問題に関する件

イ 八時間労働制徹底

ロ　自由労働者の季節的失業対策
ハ　臨時雇用制度、請負制度の撤廃
1．産業別整理及び産業別連合に関する件
1．未加盟組合に加盟勧誘の件
1．全暴圧法令撤廃の件
1．極東自由連合主義労働組合会議設置促進の件
1．労働農民党（粉砕）に関する件

この創立大会における参加組合は次のように四連合会二三組合に、北海道地方二組合を加えた計二五組合であった。

◇関東労働組合自由連合会
　関東自由労働者組合連合、東京印刷工組合、東京新聞労働連盟、横浜印刷工組合、機械技工組合、東京製菓工組合、上毛印刷工組合三山会、静岡合成労働組合、静岡新聞労働連盟、埼玉小作人組合
◇関西労働組合自由連合会
　神戸自由労働者組合、京都印刷工組合、大阪機械技工組合、大阪印刷工組合
◇中国労働組合自由連合会
　岡山純労働者組合、岡山機械工組合、岡山紡績労働組合、岡山ゴム労働者組合

◇広島労働組合自由連合会
広島自由労働者組合、広島ゴム工組合、広島純労働者組合、呉自由労働者組合、広島印刷工組合

◇函館印刷工組合、札幌印刷工組合

その後、年内には日立従業員組合、京都一般労働者組合、泉州純労働者組合が加盟したのを手はじめに、さらに東京瓦斯工組合、横浜黒色一般労働者組合、東京一般労働組合、朝鮮自由労働組合、神戸純労働者組合、常盤一般労働組合、東京食糧労働組合、大阪合成労働組合、和泉漁業労働組合、新潟一般労働者組合、旭川純労働者組合などが加盟することになる。

全国自連は、いうまでもなくアナキズム・自由連合主義に立脚したが、その点を当日採択された「綱領」（延島英一起草）および「規約」の一部によって見ると次のごとくである。

〔綱領〕

1．我等は、階級闘争を以って、労働者小作人解放運動の基調とする。
1．我等は、一切の政治運動を排斥し、経済的行動を主張する。
1．我等は、産業別組織に依る自由連合主義を提唱し、中央集権主義を排撃する。
1．我等は、帝国主義的侵略に反対し、労働者階級の国際的団結を標榜する。

〔規約〕

1．我が連合会は全国労働組合自由連合会と称し、各地方の労働組合及小作人組合を以て組織する。

2．加盟団体は我が連合会組織綱領と抵触せざる限り、其の行動及組合管理に於て独立自治である。加盟団体にして我が連合会の組織綱領に反した行動をなしたる場合には先づ警告を発し、なほ聞かざるに於ては除名する。

運動方針は、従来の反普選・反政治主義、反中央集権主義、反ＩＬＯ、それに軍国主義の拒否（「宣言」）を掲げ、「労働者の解放はただ労働者自身によってのみ達成する」（宣言）という大杉栄以来の、また第一インターナショナル以来の原則をも強く打ち出した。

組織方針は、印刷工連合会が全国自連成立後も存続したように、同一産業の全国的連合と産業の枠をこえた地方別連合を軸に、全国自連に結集する方式をとった。この点は宣言で同様の趣旨が述べられていることや、綱領で産業別組織を提唱したこと、また大会議案でも「産業別整理及び産業別連合に関する件」が可決されたことでも明らかである。

その際、全国自連はあくまで連絡機関であり、参加組合の自治を尊重するたてまえをとったことはいうまでもない。これらの方針の下に「宣言」（「自由連合主義とわれらの態度——第一回全国大会宣言——」『自由連合』第一号、一九二六年六月）は次のように当時の状況を受けとめ、みずからの姿勢を明らかにしている。

「……殊に震災後の反動状態の中にあって労働者が失業の不安と、支配階級の迫害の下に苦闘しつつある時、彼の日和見的、職業的、中央集権主義者は、従来強調して来た経済的行動をすてて、政治運動に走り或は大衆的を名とし、或は無産政党を口実として労働者の尖鋭なる階級意識、闘争的気魄を瞞化し、益々その所属組合を協調的に、改良的に堕落せしむるに至った。……

我等労働者階級の上に加へられつつある資本家階級の圧迫は、最近殊に暴虐の度を増し、全土を圧する労働者の抗議的大示威をも意とせず、昨年は治安維持法を、今年は労働争議調停法、暴威取締法を施行して強大なる闘争的労働組合の絶滅を期し、更に普通選挙と労働組合法とに依り、労働者の自主自治的運動を攪乱せんと企てつつある。彼等の魂胆は斯く明瞭であるにも拘はらず、職業的運動屋は自からも亦た選良の名を潜称したき野心の下に労働者を踏台として、無産政党運動に狂奔し、我等を永久の奴隷たらしめんと策しつつあるは、最も憎むべき所業である。……

……我等は、各国の労働者と、国際的に団結し、共に倶に相協力して、運動を進め、相提携して協働的社会生活への途を拓かんとするものである。

我が全国労働組合自由連合会は以上の旗幟の下に、加重して来るあらゆる反動的暴威に屈せず、労働者階級の裏切者を抹殺し、我等は唯一つの方法、即ち経済的行動を以って、勇敢に、邁進せんと欲するものである。」

なお、創立大会出席代議員を中心に、全国自連初期の活動家を列挙すると次のごとくである。

水沼辰夫、和田栄太郎、大塚貞三郎、綿引邦農夫、梅本英三、高橋光吉、有安浩雄、水沼熊、嶋津一郎、歌川伸、山上房吉、山本勘介、山田静二、山田健介、須藤蔀（以上関東・中部）、日野正義、逸見吉三、芝原淳三、加藤末、松村広太郎、白井新平（以上関西）、高木精一、繁谷市太郎、斎藤辰夫、吉田正明（以上中国・広島）等。

創立大会直後の六月、機関紙として月刊『自由連合』（編集印刷兼発行人・大塚貞三郎。発行所住所は東京・京橋区木挽町二の十とされていた）を発行して、総同盟、評議会等に比して劣勢にある地位を挽回すべく本格的に活動に乗り出した。

例えば、大会で決議された国際的活動の展開については、早速極東自由連合主義労働組合会議促進のための連絡委員会（実行委員・山鹿泰治、大塚貞三郎、松田十九二、高橋光吉）が結成された。また産業別方針については、印刷工、自由労働者について、機械工・金属工の間でも機械技工組合、大阪機械技工組合、岡山機械工組合、岡山純労働者組合によって「全国金属工連合会協議会」が結成された。

もっとも、産業別化方針については、創立大会で産業別化が強調されたことに対し、すぐに旧来からの地域別組織も重視する動きがみられる。一九二七年四月一〇日の関東自連第二回大会で、「従来、活動の基調として最も重要であるべき筈の地域的連絡が閑却された様な状態であった」（「関東労働組合自由連合会第二回大会記」『自由連合』一二号、一九二七年五月）ことを反省して、「地域的連合協議機関の設置」が可決されたのがそれである。

それにしても、慢性的不況の中で弾圧が一層強まり、また方向転換の嵐がなお吹きまくっている時に、それらと対決するかのように、綱領や宣言にみられる戦闘的な階級闘争の姿勢を打ち出したことは驚くべきことであった。ことにその傘下に公称一万五〇〇〇余の組合員を擁しながら、そのような強い姿勢を取りえたことは、少数勢力ながらも、その存在を労働界に強く印象づけることになった。

しかし、その後の活動が姿勢の戦闘性に相応した実態のある活発なものとなっていくとは必ずしも言えるのではなかった。関東では早くも階級闘争や労働組合の位置づけをめぐって、アナルコ・サンジカリズム系と反サンジカリズム系の対立が始まるし、関西でもほぼ同様の対立が始まっていた。ことに後者の場合、次の全国自連第二回大会は、当初印刷工連合会の一九二六年度（第四回）大会が三月に大阪で開かれるのにあわせて、その前後に大阪で開くことになっていた。ところが、印刷工連合会の大会は前橋市の厩橋演芸館で開かれたし、全国自連の大会も、会場難とそれ以上に関西自連の内部対立により、いったんは秋まで延期せざるをえなくなる。その上、結局は関東に大会開催を返上せざるをえなくなっていく。

このことは、何よりも関西自連に弾圧と内部対立をはねのけてまで大会を開催するほどの力がなくなっていたということであり、当時の自連の内部対立と組織力の脆弱性など、新たな課題の発生を示すものにほかならなかった。

3　全国自連第二回大会

（1）全国自連第二回大会開かる

全国自連の第二回大会は、当初の予定をかなり遅れて一九二七年一一月一九、二〇の両日、東京浅草・本願寺内西側別院心光会館で開催された。この大会は思いがけない波乱を呼び、以後のアナキズム運動の結束や進路を大きく狂わせることになる。

その頃、全国自連は、アナキズム陣営の失地回復をめざして結成されてから一年半ほど経っていたにも関わらず、必ずしも組織も活動も、順調に進展をみせていたのではなかった。大会直前の『自由連合』第一七号（一九二七年一〇月）の巻頭論文「全国大会を前にして」でも、次のように率直にその停滞ぶりを自己批判しているほどである。

「自由連合結成以来年余の日月を所謂『自由連合主義』の標旗の下に闘って来た吾々は、この間の運動の軌跡を顧みて、必ずしも其総てに満足を感ずるものではない。

むしろ反省し将来の運動に於て之を改めなければならぬ多くの事柄を見出すものである。

其一つの例は、従来の吾々の運動が、常に熾烈な決死的闘争の連続であり、其間の払った犠牲も夥しいものであった。……実際の戦蹟を観ると実は其大部分が防衛的闘争であったのだといふ事が判る。……

又一般に全国労働組合自由連合会は年余の間に非常な、或は可成な質及量の拡大を見たと考へられてゐるやうだが之も実際は我々が考へるが如くではない。……

又質の問題にしてもさうである。従来、如何に多くのアナーキズムやサンジカリズムが労働大衆の頭上を素通りした事か。」

このように、いよいよ厳しくなる内外の政治・経済状勢のもとで、従来の運動、ことに思想的観念的性格の強かった運動を反省しつつ、運動の回復・拡大をはかるべく第二回大会が準備された。

大会第一日は立錐の余地もない出席者のもとで、予定より一時間遅れて午後七時に開会された。議長には水沼熊（東京一般労組）、副議長には杉村直太郎（和泉漁業労組）が選出されて議事に入ることになった。

ところが、本題の議案審議に入る前に、大阪合成労組の除名問題がこじれ、その問題で一日半の日程がつかいはたされてしまった。ついに時間不足で議事進行不能と判断した和田栄太郎による議事未了のまま翌年続行大会を行なうという動議が承認されて、大会はいったん閉会せざるをえなくなった。

大阪合成労組の問題とはおおよそ次のようなものであった。

「大阪合成はかねて関西自連に加盟（五月五日）していたが、大会前、運動方針の相違を理由に同連合会からの脱退を声明し、関西自連もまた合成労働をもって自連の規約綱領にていしょくしたものとして除名していたのである。しかるに合成労働は、関西自連からは脱退したが、全国自連からは脱退しない旨を発表し、大会には代議員（山中正および中村房一）をおくってきた」

（近藤憲二『私の見た日本アナキズム運動史』七五頁、東京・麦社、一九六九年）。

これに対し、大阪合成がボルシェヴィズムを容認する「不純分子」をふくみ、「裏切り的脱退」（「第二回全国大会の経過」『自由連合』第一九号、一九二七年一二月一〇日）をなしたとする関西自連は、大阪合成との同席を拒んだのであった。大会では両派代表および関係者の意見を聴取したのち、参加組合の意見をもとめたところ、関西自連の主張を認めるものが多く、結局大阪合成の除名が決議された。

なお、審議されるに至らなかったものの、参考までに第二回大会に用意された議案を列挙すると、次のごとくであった。このうち、除名された大阪合成提出の「自由連合系各団体協議機関設置の件」「自由連合派農村団体と提携の件」および「全国自由連合会に専任常置委員設置の件」は、続行大会では議案から削除されることになる。

〔対外関係議案〕

1. 共産派及右傾派労働運動排撃の件
1. 自由連合系各団体協議機関設置の件
1. 同一主張組合積極的加盟勧誘の件
1. 朝鮮自由連合派団体との提携の件
1. 黒色青年連盟に対する関係確立の件
1. 地域的連合協議機関設置の件
1. 自由連合派農村団体と提携の件
1. 植民地労働者に宣伝及組織運動促進の件

〔連合会内部組織関係議案〕

1. 全国自由連合会に専任常置委員設置の件　1. 地域的連合協議機関設置の件

〔国際的関係議案〕

1. 国際的連絡促進の件　1. ファッショ並に赤色反動排撃の件　1. アメリカ製品ボイコットの件

〔運動方針関係議案〕

1. 農村運動の件　1. 漁村労働者の結成の件　1. 在日朝鮮労働組合自由連合会組織の件

1. 未組織労働者組織勧誘の件　1. 共産派及右傾派労働運動排撃の件

1. 植民地労働者に宣伝及組織促進の件

〔社会政策及び社会的政治的問題関係議案〕

1. 自由労働者に関する件　1. 健康保険法反対の件　1. 国際労働会議否認の件

1. 弾圧防衛委員会設置の件　1. 非政党運動に関する件　1. 失業問題に関する件

1. 北海道に於ける冬季失業防止の件　1. 一日八時間及び一週四四時間労働獲得の件

1. 暴圧法案反対の件　1. 極東自由連合インターナショナル成立促進の件

1. 規約改正の件

(2) 内部対立の鮮明化

ところで、関西自連と大阪合成との対立は、当初は一地域限定で、それほど深刻なものとは認識されていなかった。ところが、その内部対立の問題は、次の続行大会で大きく火を噴き、爆発することになる。いうまでもなく、それはアナキズム陣営内におけるアナルコ・サンジカリズム系と反サンジカリズム系の対立にかかわるものであった。

両派の対立は、すでに大杉栄の存命中から、大杉らと岩佐作太郎らの間で芽ばえはじめていたことではあった。前者は、階級闘争および労働組合運動を重視し、アナルコ・サンジカリズムに立つのに対し、後者は、階級闘争が支配・対立関係に結びついて一方の側に権力の成立を認めることになり、また労働組合にしても組織容認と集権主義に陥ったり、権力的・反革命的集団に堕したりするという反サンジカリズムに立つものであった。従って、初めて全国的単一連合を結成した全国自連の中にも、実はそれを不安定にする対立の芽が最初から存していたということになる。

例えば、『自由連合』第一号の「自由連合主義と地方分権主義」という主張を取りあげて見ても、それは、不鮮明ながらサンジカリズムを批判し、かつ産業自治(ないしは階級闘争)と労働者の解放が相いれぬものという主張をなしていた。ということは、早くも創立時に全国自連の中に、その綱領に批判を投げるものが存していたことを示している。

この対立は、黒色青年連盟の力が全国自連に影響しだし、また岩佐作太郎や八太舟三らの純正アナキズムが労働者の心をとらえだすにつれ、拡大することになった。それに拍車をかけたのが、一九二七年五月中国の漢口で開催されたプロフィンテルン系の第一回汎太平洋労働組合会議に関東労働組合自由連合会の代表が参加し、大会決議の一部に参与したことへの黒連の介入・批判という行為であった。

その頃には、多数分立していたアナキズム系の新聞・雑誌類も、一方がサンジカリズムを支持、他方が八太や岩佐の純正アナキズムに向かう主張をそれぞれ容認したり、批判したりしはじめていた。全国自連第二回大会直前の『自由連合』紙上でも、岩佐の階級闘争理解をめぐって、組合員同士で論争もなされたほどであった(形町生「新刊批評・無政府主義は斯く答ふ」『自由連合』第一五号、一九二七年八月五日。水沼(辰夫と思われるが、水沼とのみ記名)「階級闘争について――形町君の階級闘争論に対する反駁――」『自由連合』第一六号、一九二七年九月五日)。

そのような対立が頂点に達し、ついには分裂にまで進んだのは、第二回大会につづく続行大会においてであった。

(3) 全国自連第二回続行大会開かる

第二回続行大会は、一九二八年三月一七、一八の両日、東京本郷の東大仏教会館で開催された。当日の議長には続行大会ということで、前回の水沼熊(関東自連)、副議長には生島繁(関西自連)を選出して議事をすすめた。

この続行大会には、前回審議できなかった議案が再提出されていたが、そのうちの一つである綱領改訂問題が紛糾することになる。すでに進行していたアナキズム内部の対立が、アナルコ・サンジカリズムに立つ国際労働者協会（ＩＷＭＡ）の方針に沿い、創立以来確認されてきたはずの綱領をめぐって爆発したのであった。

対立の火ぶたは、開会早々の新潟一般労組による須藤蔀の除名報告でまずきられた。やがて反サンジカリズム派として残留派の一人になる須藤の処置をめぐって、サンジカリズム派と純正アナキズム派の対立の一端が早くも表面化したものであった。しかし、須藤はすでに東京印刷工組合の代議員として出席していたので、新潟一般による除名は、須藤の大会出席資格には関係なく、除名は承認されることでけりがついた。

続いて綱領審議に入ると、対立は頂点に達する。すでに大会前の二月一九日、東京印刷工組合は、その第五回大会で、従来の綱領を「アミアン綱領を基礎とし其の模倣踏襲を出でず」（東印第五回大会における綿引邦農夫の趣旨説明。『自由連合』第二二号、一九二八年三月一〇日）として、もっぱら「自由連合主義」を標榜する新綱領に変えていた。それにのっとってまず東印は、創立以来の綱領にかえて「我等は自由連合主義を以て労働者農民解放運動の基調とする」という抽象的な一項にしぼる改訂案を提出した。

これに対し、東京自由労働者組合はほぼ既存綱領にそって、

1. 我等は階級闘争を以て労働者農民解放運動の基調とする。

1. 我等は政党政派によらず一切の権力に対し労働者農民自らの力を以て抗争する。
1. 我等は自由連合組織を強調し中央集権組織を排撃する。
1. 我等は帝国主義に反対し、労働者階級の国際的団結を促進する。

という四項の改訂案を提出した。前者は、階級闘争等の文字を一切削除して簡素化したのに対し、後者は、「一切の政治運動」を「一切の権力」に、「産業別組織」を「自由連合組織」に改めたり、また「国際的団結を標榜する」を「促進する」と積極化したりしたものであった。

これに対する東印案が、綿引邦農夫によって説明される。東印案では、旧来の綱領は「幾様にもその解釈の出来る」もので、「極めて消極的、守勢的であって此の重大なる時期に際して、よく自由連合主義の真髄を把握し、之を昂揚することが不可能である」（「全国労働組合自由連合会第二回大会」『自由連合』第二三号、一九二八年四月一〇日）と訴えられる。労働組合として従来はあたりまえであった労働組合運動を基調とするあり方や階級闘争を表面から取り去る改訂案で、要は労働組合重視のサンジカリズムを拒否するものであった。

もう一方の東京自由労働案は、斉藤孔、大沼渉、歌川伸、高田格による説明にまつまでもなく、労働組合とサンジカリズムを容認する創立以来の綱領を確認するものであった。

この問題は第一日目だけでは結着がつかず、二日目に持ち越されるが、二日目の審議の際には、すでに討論や話しあいを許さぬ空気が会場に充満していた。本来傍聴席にいるべき純正アナキスト系の黒色青年連盟の会員は、黒色自由労働者組合の代議員席に入り、東京自由労働系の発言に対しては苛烈な野次や罵声を加えて発言を封じてしまうほどであった。全国自連（残留派）みずから記しているところによっても、斉藤孔らの説明に対して「議場はかなえの沸くが如く怒号、叫喚起り『強権盲者！　即刻ボルへ行け！』等と憤激、痛罵の声は議場を占領して登壇者の説明も殆んど聴取不可能の如くに立至り」（同上「全国労働組合自由連合会第二回大会」『自由連合』第二三号、一九二八年四月一〇日）という状態であった。

力関係においては、両派はほぼ拮抗していたものの、そのような空気をみて、ついに東京自由労働者組合、東京食糧労働組合、および東京一般労働組合の江東・南葛両支部は、喊声をあげ黒旗を翻して退場した。それに対する怒号がまたすさまじく、「強権盲者！　ボル！　裏切者！　攪乱者！」（同上）の罵声がとび、即座に解散を命じた臨監の警官たちも手のほどこしようがなかったほど、むしろ警官も退場する始末であった。

そのような雰囲気の中で残留組合のみで大会は続行され、綱領には東京印刷工案を決定し、退場した組合ないしは支部にたいしては満場一致で除名処分を決定した。最後に多くの友誼団体の祝辞演説が行なわれるが、ことに八太舟三らの演説が歓呼の声に迎えられて大会を閉じることになった。

これが当時のアナキズム陣営の実態であった。冷静な討論も地道な理論闘争も十分に尽くしえぬところに、すでにアナキズム運動の危機がかなり深みにはまりこんでいたことがうかがえた。そうでなくとも、当局の弾圧が激しく、かつアナキズム系が少数派に転じていたときに、全国自連が分裂に見舞われることは、アナキズム運動にとっては致命的であり、その衰退の速度を以後さらに速めることに結びついていく。

（4）全国自連の分裂と自協の成立

その後、全国自連を離れた諸組合は、一九二九年四月、「日本労働組合自由連合協議会」（略称・日本自協ないしは自協）第一回準備会を開き、六月にはそれを正式に成立させた。その前後に、関東・関西の各自由連合協議会も結成され、また東京印刷工組合からの東京印刷工連合会の分裂（一九二九年四月）に見られるように、全国自連残留組合からの分離・独立も進められた。

ここに、アナキズム労働運動は連合組織のレベルでも各単位組合のレベルでも真二つに分裂するに至る。なお、日本自協はいったん「自由連合団体全国団体会議」（一九三〇年六月）と改称されたのち、ふたたび一九三一年一二月に日本自協に名称を戻している。

この分裂を機に、純正アナキズムに立つ全国自連系による労働組合批判、階級闘争批判は、高まるばかりで、アナルコ・サンジカリズムにたつ日本自協との関係は極度に悪化していく。機関紙『自由連合』も『自由連合新聞』と改題し、組合員だけではなく、岩佐作太郎や八太舟三のような純正アナキズムの理論家たちにも紙面を提供していく。その結果、労働組合というよりも思想団体的性格が強められていく。

また、その頃から、黒色青年連盟の小集団化した「黒連」の暴力行為も跋扈しはじめた。さしたる理由もなしに、あるいは転向を理由に、安易に暴力が振るわれた。

そのような推移につれて、全国自連だけではなく、自協系の活動も後退を余儀なくされ、活動らしい活動も十分にできず、せいぜい争議支援や各組合内部での協議会（委員会）を開く程度に落ち込んでいく。

そのような中で、サンジカリズムや大衆闘争を重視しだした自協系をも離れ、アナキズムそのものと訣別する労働組合・組合員も出てくる。その中には、アナキズム系が最も厳しく批判してきた共産党系に転進するものさえでてきた。例えば、山本忠平（勘助）、歌川伸、大沼渉、佐野英造等がその人たちであった。

このアナキズム＝自由連合主義の労働組合運動が後退する状況に関して注意してよいことは、自連系の労働組合無視の主張が生みだされる背景には、一方で弾圧と反動の進行という状況、他方で彼らの批判した総同盟など右派系組合は安定化するし、また共産党も二七年テーゼを発表したり、積極的な闘争を続ける姿勢を示したりした状況に見られる推移に対して、全国自連が焦燥感と対決姿勢を強めることになったという一面があった。それによって、全国自連は理論的にはもちろん、感情的にもマルクシズム的なものへ一層の嫌悪感を強めていくことにもなる。

この点は、逆に労働組合や活動家の中から、アナキズム陣営を離れたり、さらにはマルクス主義陣営に転向したりするものを輩出して、一層拍車をかけられた。ことに山本忠平らに指導された東京一般南葛支部、東京自由労働者組合、あるいは除名された大阪合成の一部が全協系にくらがえしたことも、それに与っていた。もっとも、アナキズム陣営を離れたものの中には、そのような内部抗争、とりわけ黒連（黒色青年連盟）による暴力行為や問答無用的なアナルコ・サンジカリズム批判、あるいは他系統に対する非難に嫌気がさしたものも少なくなかった。

それにもう一つ、黒連・自連系の労働組合無視や日常闘争・大衆闘争軽視の主張の中には、本質的に労働組合を否認する一面と同時に、実は純正アナキズム陣営の労働組合における影響力の後退を正当化するための論理に無意識的に使われていた一面のあったことも見逃すことはできない。労働組合運動の弱体化を盛り返すよりも、むしろそれを拒否する論理を打ち出すことによって、結果的に労働運動への努力を怠ることを自己弁護・正当化することになっていた一面である。

そのような帰結が、アナキズム陣営、とりわけ労働組合活動や大衆闘争を無視・軽視する純正アナキズムに立つ全国自連の労働組合運動における決定的な地盤の沈下であり、後退であった。また、それが一九二八年の第二回続行大会以後、一九三三年まで五年間も全国自連が大会を開かないで経過した流れでもあった。労働組合を批判する純正アナキストに全国自連が支えられる以上、組合大会を開く必要もなかったわけである。

4　全国自連第三回大会——合同・再建への道

（1）アナキズム陣営の自己批判

時代が悪化する中で、全国自連も日本自協も、いつまでも後退の波に身を任せていたのではなかった。満州事変後、急速に軍国化する諸様相がアナキスト、そしてアナキズム運動にとっても暗い影となって忍び寄ってくることがはっきり感じられた。昭和恐慌下に青春を過ごした青年たちには、希望のない暗い世相が殊更強くのしかかってくるのであった。

そうでなくとも、全国自連も日本自協も、労働運動・社会主義陣営の中で大衆運動・日常闘争を軽視するグループと指弾され、孤立化と少数精鋭化を深めていた。劣勢挽回のために何らかの新しい対応をとらない限り、圧殺される寸前の状況に置かれていた。

それに対応して、全国自連は、純正アナキズムに立ってサンジカリズム・労働組合運動の軽視と思想団体化に進んだことを、また日本自協の方も、労働組合重視の闘争、それも組織的な闘争であるよりも、総同盟や全協系の指導者に対する誹謗とか活動妨害といった、ある場合には独善的な姿勢をくり返したことを、それぞれ自己批判しはじめた。

すでに一九三一年の合理化反対の大争議の敗北により、かつてはアナキズム系労働組合の代表の一つであった芝浦製作所の芝浦労働組合はほぼ壊滅状態に陥っていくように、アナキズム系は、機械・

軍需工業中心に回復に向かっていた日本経済の基幹部門からその足場を急速に奪われつつあった。職場に根づいた実態のある組合といえば、印刷工関係くらいのもので、機械工・熟練工にしろ職場の中にいる活動家は数えるほどしかいなくなっていた。

組織・活動にしても、自協の方はまだしも、自連の方はほとんど実態のないものとなっていた。自協はそれでも、一九三一、三二、三三年とかなりの争議や組合活動を記録しており、研究会、委員会、大会等も自連に比して実際に機能していた。

それに対して、自連の方は、ことに一九三二年以降になると、印刷工以外は目立った組合活動はほとんど展開できなくなっていた。一部のもの（相沢尚夫ら）が工場にビラまきなどに入り、オルグ活動をしても、他のものはなんら応援の手を差し伸べようとはしないというのが実情であった。集会が開かれても、一部のものがいたずらに一般労働者・市民とは距離のある過激な言辞を弄し、地道な活動を考えるものはすぐに集会に顔を出さなくなるという状況であった。

その間の実情は、先述のように全国自連が第二回大会およびその続行大会以来、全国大会を一度も開催していないことに如実に示されている。

かつては、機関紙誌の発行などで一人一冊的な賑わいを呈した思想団体グループの活動も、低迷をきわめるか、組織実態をなくすほどになっていた。もっとも、それがまた労働組合運動の再編への足なみをそろえることを容易にすることにもなるのであった。そういった組織の中には、労働組合運動の促進に立ちはだかってきたものが少なからずいたからである。

ところが、行きつくところまで行きついてしまうと、自連も自協も旧来のあり方を誤謬として深く反省する姿勢を示しはじめる。大衆的な一般組合員や一般活動家をほとんど持たない組合や思想団体が二派に分かれて存在している状況をまず抜け出すべく、両派の共同闘争が一部にではあるが、芽ばえつつあった。そのような推移を見せるのが、一九三二年のメーデーの頃から三三年の全国自連第三回大会までの動きである。

自らのあり方を両派別々に反省する動きや一つの争議に両派とも応援する動きは、一九三二年以前にも少しずつ見られていた。しかし、両派が当時の状況を考慮し、あらかじめ同席を承知の上で共同闘争に入る最初は、一九三二年五月の第一三回メーデーのときであった。

一九三二年のメーデーは、一方で血盟団事件などに見られるファシズムの抬頭、他方で労働組合内部の対立、主として日本労働クラブ派と反労働クラブ派の対立が激化する中で開催された。メーデー前の実行委員会にのぞむにあたって、全国自連は自協に統一行動をとることを申し入れ、自協側もそれを受け入れている。そして、関東労働組合統一協議会派の猛反対にあうものの、両派で「労働者の解放は自由連合主義でなければならぬ」というスローガンを採択するように提案もした。

この前後から、両派内における戦術転換の検討が活発になっていた。全国自連側では、アナキズム全般を再検討する中で、特に大衆運動としての労働運動、さらに日常闘争・現場活動を軽視ないしは無視してきたことを強く反省する姿勢を示し始めた。

同様に、自協側でも、全国自連に対するに殊更労働組合運動を重視する姿勢をとり、また総同盟等に対するには幹部攻撃やかたくなな原則論的立場を守りつづけた姿勢が反省された。そして、メーデー実行委員会への参加にも見られるように、悪化・後退する時代状況の中で、両派とも共同闘争・統一行動の必要を痛感していく。

その過程ですすめられたのが一九三三年の日本自協関東地協第三回大会および全国自連第三回大会における共闘ないしは合同方針の確認であった。さらに、具体的に両派の「関東労働組合会議」や「反ナチス・ファッショ粉砕同盟」への参加、その中での「弾圧防衛無政府主義者委員会」「ファッショ粉砕自連団体協議会」「共同闘争委員会」の結成ないしは共闘であった。そして最後に結実したのが両派の合同であった。

とはいえ、自連は公式には共同闘争と言い、合同とは言わなかった。確かに、一方で自協側も、共同闘争に前向きで、「戦線の整備拡大」(「最近自協の動向」『自由連合新聞』第七八号、一九三三年三月一〇日)が進んでいると言いつつ、他方で合同にはなお慎重な姿勢も覗かせていた(「共同闘争を如何に見るか――主張――」『自由連合新聞』第七九号、一九三三年四月一〇日)。

当時の状況を、自協の山口(山田)健助は次のように回想している。

「このような共同闘争をつうじ、全国自連と日本自協の統一戦線はつよめられ、その空気は高まってきた。

退潮するアナ戦線の再建強化は、両組織ともに共通する悩みであり、命題でもあった。……日本自協は労働組合第一主義のカラから反戦、反ファッショ闘争をつうじ、ひろく人民運動としてこれからの方針をうち立てようとしており、全国自連は従来の階級闘争軽視から脱皮し、労働運動本然の姿を指向しており、当然合同すべき条件は胎動していた」（山口健助前掲『風雪を越えて――一九二八年以後の日本のアナルコ・サンジカリズム』四〇頁）。

（2）再合同気運もり上る――全国自連第三回大会

以上のような推移の中で、まず見られたのが一九三三（昭和八）年の日本自協関東地協第三回大会の開催とそこにおける全国自連代表（秋本義勝、梅本英三ら）の出席であった。

日本自協関東地協第三回大会は、三月五日、東京・京橋で開催された。そこで、自協は自由連合主義運動の後退を認め、自己批判をすると共に、全国自連および他派との合同や共同闘争の方向を明らかにした。同時に、全国自連の代表として出席した秋本らも共同闘争のメッセージを発表した。

それに応えたのが、全国自連第三回大会における従来の労働組合運動軽視の反省や日本自協代表の出席とメッセージの伝達であった。この大会では「自由連合戦線の全面的積極的闘争」（「全国自連第三回全国大会開催」『自由連合新聞』第七八号、一九三三年三月一〇日）が目標・課題となり、農民運動、文化運動との結合も課題とされた。

全国自連第三回大会は、第二回続行大会以来五年ぶりの一九三三年四月二日、東京・牛込矢来町の城西仏教会館で開催された。大会直前まで会場が決まらないほど、当局の監視も厳しくなっていた。大会は、前年の一九三二年にも開催努力がなされたが、その年には実施されずに持ち越されていたものであった。

この日、出席代議員はおよそ一五〇名。それを五〇名ほどの警官が厳戒する中で、秋本利一が開会の辞（中止）を述べた後、議長に大塚貞三郎、副議長に秋本が選出されて議事に入った。

まず「大会準備委員会の報告」があり、ついで友誼団体の祝辞・祝電の紹介、来賓の祝辞が行なわれた。岩佐作太郎、中尾正義の挨拶がいずれも弁士中止になった後、自協を代表する高橋光吉が挨拶に立った。

彼は「アナキズム労働運動の自己批判をなし過去の誤謬を指摘し、現下の社会状勢に当面して益々『自協』と『自連』二者の統一合同の必要を主張し」（『全国労働組合自由連合会第三回大会――特別資料――』、一九三三年、協調会労働課）たところで中止を命じられた。と同時に、そこで大会自体も解散を命じられ、一二時一〇分の開会以来わずか三〇分で議案審議という本題に入る前に解散を強いられてしまった。

しかし、自協の高橋による自己批判と統一合同の訴えは、自連の代議員にも少なからぬ共感・共鳴の声を呼んだ。明らかに再統一への機は熟しつつあった。また、綱領等は、当局の解散命令にそなえて大会二月前の二月五日から十数回におよぶ準備委員会で検討され、確認されていた。参考までに当日用意されていた議案を示すと次の通りである。

〔議案〕

1. 機関紙発行の件
1. 未組織労働者組織闘争の件
1. 失業者運動に関する件
1. 自衛団組織確立の件
1. 植民地民衆解放闘争の件
1. 帝国主義戦争反対闘争の件

また綱領および行動綱領は次のごとくであった。

〔綱領および行動綱領〕

1. 我等は自主的団結による日常一切の闘争を通じて労働者農民の解放に邁進す
1. 我等は自由連合社会の建設なくして労働者農民の全き解放を期し得ざる事を確信す

第三回大会のスローガンは、この二項にさらに次の二項を加えたものであった。

第三回大会のスローガンに加わる二項とは、①帝国主義戦争反対の為に闘へ ②労働者運動のファッショ化と闘へ、であった。

〔行動綱領〕

1. 一切の賃金値下絶対反対並に賃金値上の為めの闘争
2. 解雇絶対反対

3. 労働強化絶対反対並に労働条件の改善
4. 請負制度、歩合制度、封建的雇用制度の撤廃並に中間搾取絶対反対
5. 臨時雇用制度の撤廃
6. 民族、性、年令を問はず同一労働に対する同一賃金制の獲得
7. 健康保険料の国家・資本家全額負担
8. 従業疾病傷害に対する責任の資本家負担
9. 国家・資本家負担による失業者の生活保証の獲得
10. 兵役による解雇絶対反対並に家族の生活保証獲得
11. 解放運動を暴圧する諸法令の撤廃
12. ファッショ並に一切の反動団体の撲滅
13. 社会民主主義及ボルシェビイキの排撃
14. 国際労働会議、汎太平洋労働組合会議及第二・第三インターナショナルの排撃並に同一主義各国諸団体との連携確立
15. 解放運動犠牲者並にその家族の救援組織の確立
16. 帝国主義戦争絶滅の為めの闘争
17. 自衛組織の確立
18. 植民地半植民地被圧迫大衆解放の為めの闘争

19．同一主張農民運動との提携確立の為めの闘争

内部には、印刷工の一部を中心に、労働運動に対する消極的態度もなお根強かったので、あいまいさも残されてはいるが、この大会に示された自連の自己批判と今後の方針は、労働運動＝日常闘争への回帰を明らかにした「綱領」「行動綱領」、そして「運動方針」によく示されている。綱領に「日常一切の闘争を通じて」と言ったのも、行動綱領において広範な生活保障・保護、そして職場における日常闘争を重視したのも、また先の提出議案が具体的な方法にまで立ち入って検討されていたのも、それを示していた。これらの自己批判は、大会における「経過並に情勢報告」が端的に示しているが、その一部は次のように述べている。

「……思想の純化が……対資本主義社会の闘争の実体に沿ふて為されたならば、より効果的であり、且つ全国自連は今日に数倍する強大な運動勢力を持ち得たであらうと考へられる。遺憾乍ら吾々は、過去の吾々の動きを省みて、かかる闘争の実体と思想の純化とを結びつける事に就ては、忠実さを欠いていた事を認めなければならぬ。

斯様な状態に於て吾が全国自連は、組合の思想的水準と労働者大衆の動きとの間に、若干の跛行的傾向を生じ、労働組合としての機能の漸次的縮少と反対に思想団体化の傾向の比較的拡がり行くを見るに至り、引いて運動的な力の強化は吾々の期待に副ひ得なかったのであった。だが昭和七年度後半期より本年にかけて、従来の吾々の運動に対する厳正なる批判と茲に吾々の全国自

連を実質的に強大化する為の具体的方策の考究が主として関東自連を中心としてなされ……今や吾が全国自連は飛躍的発展の見とほしをつけ得るに至ったのである。」

ここに、「飛躍的発展」の見通しにはなお遠かったにしろ、それに向かって本格的に取り組み直す条件が整備されたのである。

(3) 軍国化・右傾化の進行と反ファッショへの共同の対決の必要

一九三〇年代の進行と共に、拡大する軍国化・右傾化の動向は、国際的広がりで展開されつつあった。実際に、それらの動向は、ドイツでヒトラーに指導されるナチスが政権を掌握したり、国会議事堂が不審火で焼失したり、またわが国でも小林多喜二らが虐殺されたり、政府が国際連盟を脱退したりするという世界的なファシズムの脅威の増大となって具現されていた。それに対する全国的な左翼陣営の統一の動きも、弱いながら表面化されはじめていた。自連でも「反戦・反ファッショ」が主要なスローガンになっていた。

それと共に、自連は、この頃、独裁に厳しい批判・非難の声を上げている。『自由連合新聞』第八〇号(一九三三年五月一〇日)、八一号(一九三三年六月一〇日)には「独裁論の迷妄」を連載し、フランスのセバスチャン・フオールに拠りつつ、共産党の独裁も批判した。同紙八二号(一九三三年七月一〇日)では、一面トップに「独裁化を粉砕し大衆の中から自由連合主義の全面的闘争を盛上」げる方針を打ち上げた。十分に注意を向けてよい視点である。

また興味深いことに、この頃から遠いヨーロッパのスペインにおける革命運動に対する関心も目立ち出す。『自由連合新聞』には、スペインの革命の動向が次第に報道されるようになるが、まだスペイン革命にアナキズム的理念や方法が頭をもたげだすことには注意が向けられてはいない。

自連外との関係でも、全国自連第三回大会直後の五月に、全労統一全国会議、総評、東交、市従ら中間派および左派の諸組合によって結成された「関東労働組合会議」にも、また六月にまず関東で労働組合と文化団体で結成された「反ナチス・ファッショ粉砕同盟」にも、ついで関西で七月に結成された「暴圧反対・ファッショ粉砕同盟」にも、自連・自協共に参加した。ことに「反ナチス・ファッショ粉砕同盟」には自連と自協は統一行動をとり、その中で両派は朝鮮東興労働や解放文化連盟と共に「ファッショ粉砕自由連合団体協議会」の組織化に踏み出した。

また、自連と自協という組合レベルでも「共同闘争委員会」を結成して、連携・連絡を密にしていた。これらの活動に積極的に参加したのは、関東では梅本英三、山田健助、伊藤悦太郎、山口安二、高橋光吉、相沢尚夫、田所茂雄、満田弘三、関西では逸見吉三、遠藤喜一らであった。

この「反ナチス・ファッショ粉砕同盟」の結成（六月一〇日）直後の六月一七日から二〇日まで、一九三二年一二月に第一回会議が開かれて以来、久方ぶりに大阪で第二回全国代表者会議の名のもとで、日本自協の一九三三年度大会が開催された。そこでも、自らの従来の方針や姿勢を反省し、同時に自連との合同方針をも正式に決定している。大会議案の一つに「全国自連との合同に関する件」があったが、これは次のような方法をもちいる内容で、そのまま可決された。

「(一) 両地方協議会はスト闘争、カンパ闘争を強力に協力するため恒常的協議会を持つこと。しかして両地方協議会の加盟の各組合は地域的に組織活動に協力すること。(二) 組合運動の理論誌の発行を両団体有志によって出版すること。(三) 以上の協同闘争、理論誌発行等実質的協力の中に『アナキストは労働運動を如何に闘ふか』を中心論題とした研究会を持ち、この解決の観点から『サンジカリズムの再吟味』をなす等によって合同を強固なものに盛り上げること。」

ほかにも、自連と同様、現実的な消費組合運動や職場における闘争、あるいは左翼系組合との提携の推進という方針に見られるように従来のたんなる観念性を離れ、現実の問題にも積極的に取り組む姿勢を示していた。このような自協の姿勢は、採択された「大会宣言」を見ると一層明瞭であり、アナキスト系二派の姿勢が接近し、合同が一歩一歩すすめられていたことをうかがわせる。その一部を引くと次のごとくである。

「……如何に自主的闘争が果敢に闘はれやうとも四分五裂の状態では、資本家階級の組織的攻勢に対して勝利を得ることは不可能である。……

斯くの如き階級戦線分裂の中に全自由連合戦線を二つの分派の儘に押し進めることは、当初に於て如何なる理由があるにせよ誤りである。最早今日に於ては理論的一致と実践を通じて全自由連合戦線の合同に依る整備と共に運動の全面的綜合的闘争の展開を精力的に遂行することこそ目下の急務でなければならない。」

このように、五年にわたって分裂してきたアナキズム系二派の再合同への気運が急速に盛り上ることになった。それに、この年、小分派に別れていた詩人・作家・評論家などの文化運動グループが先陣をきって合同し、「解放文化連盟」を結成した。これは〝組織〟をいっさい否定してきた純正アナキズム・グループの方針を打ち消すものであり、自連と自協の合同推進派を鼓舞するものであった（相沢尚夫「日本無政府共産党事件――わが回想――（下）」『構造』一九七〇年八月）。

さらに、同（一九三三）年の一二月初めには、「解放文化連盟」に刺激されながら、「日本無政府共産主義者連盟」が結成されるが、この団体はそれまで醸成されてきた合同気運をいっそう円滑にすすめる役割を果たすことになる。特に若い活動家が多かったことが、過去のしがらみ・対立にこだわらずに前に進み出れた要因でもあった。

もともと、この連盟は、それまでのアナキズム運動、ことに黒色青年連盟や純正アナキズムに対する批判から生みだされたものであった。連盟の当初のメンバーは二見利雄、相沢尚夫、植村諦、入江汎、寺尾実らであり、その周辺にいた人物あるいはのちに加盟する人物（梅本英三、田所茂雄、伊藤悦太郎、大西正雄ら）にしても、ほとんどが自連に近い立場にいながら、黒連には批判的で、自連と自協の合同にも熱心であった。

一九三四年の合同が自協の自連への復帰という形でなされたことや自連の方になお根強い合同批判派がいたことに見られるように、まず何よりも自連の姿勢を合同へ向けることが必要であった。その労をとったのがこの連盟およびその周辺にいた活動家たちであった。

このようにして、無政府共産主義者連盟のメンバーが自連側の根まわしをやっている頃、高橋、山田、田所ら関東地協関係者中心に組織された「戦線確立研究会」などで統一方向を模索していた自協側でも、一九三四年一月一四日に「日本自協解消代表者会議」を関東出版産業労組の事務所で開くにいたる。いよいよ合同へ大きく踏み出すことになった。その結果、実現されたのが一九三四年の両派の合同大会であった。

5　全国自連第四回大会――合同と終焉

（1）合同大会開かる

アナキズム系労働組合の合同大会が開かれる頃には、その前年に日本労働同盟などが「メーデー徹底粉砕」や「ＩＬＯ即時脱退」を決議した動きに見られるように、労働組合の右傾化は速度をさらに速めていた。全協もほぼ壊滅状態にあったし、合法左翼を含む進歩的陣営の後退は決定的であった。一九三四年に入ると、東北地方中心の凶作で農村危機が深刻化する一方、軍事工業中心に生産も輸出も上向いていた。それと共に、経済活動や労働運動に対する国家・軍部の介入も一層露骨化していた。

そのような状況下におかれた一九三四年三月一八日、東京・芝浦会館で全国自連と日本自協の合同大会（全国自連第四回大会）が開催された。

当日の出席代議員は七〇余名で、議長には大塚貞三郎（自連・東印）、副議長には逸見吉三（関西自協）を選出して議事に入った。大会スローガン、行動綱領等を示すと、次のごとくであった。

〔大会スローガン〕

1．嵐の時代、戦線の集結強化
1．首切賃下げ臨休絶対反対
1．資本家の手先ファッショを倒せ
1．自由連合戦線統一合同完成万才
1．全国自連拡大強化、大会を守れ大胆に細心に

〔行動綱領〕は「解雇、賃下げ、工場閉鎖・臨休反対の為の闘争」以下一一項目にも及ぶので省略するが、職場闘争など、現実的闘争中心に目標が設定されていた。〔宣言〕も次のようにそれまでの労働運動への取り組み方を反省し、運動再建への姿勢を明らかにするものであった。

「吾等はいま茲に再建の途上に当り、過去吾々の犯せる一切の誤謬を抛棄して新たなる転換期に起つ。今日の日本の労働組合運動は漸次下降状態にあり、労働者数五〇〇万の中、組織労働者僅々三六万を占むるに過ぎず、吾全国自連は僅かにその一部を組織するに過ぎない。大衆的労働組合として大衆の支持なき団体は何等その価値を見出せぬ。……親愛なる全国の労働者農民諸君吾全国自連はこの意味に於て強力なる戦闘的労働組合として果敢なる日常闘争を通じて彼等より

自由聯合新聞

號外

自由聯合主義の
勞働組合とは何か

東京印刷工組合版

東京一般版

自由聯合新聞

號外

戦跡を顧みて

良書紹介

パンフレット

全国自連加盟団体機関紙

分離し労働大衆を吾等の旗の下に組織するであらう。……」

この宣言の中の「大衆的労働組合」「日常闘争」の語や行動綱領の職場における闘争の重視に見られるように、新しい全国自連は、たんなる観念的な戦闘性や少数精鋭的な革命的団体からの脱却、そしてすでに前年の自協の大会でも指摘されていた大企業への進出——これらを通して再建への足がかりをつかもうとしていた。無産政党、ＩＬＯ、汎太平洋労組会議の排撃は相変わらず一貫していたが、共済組合、消費組合、工場委員会、あるいはアナキズム系以外の左翼組合に対しても、徹底的な排撃という姿勢のみではなく、それらを取り入れつつ、その内部から戦闘化・自主化をはかる姿勢を示したことも、そのような新しい傾向をうかがわせる。そうせざるをえないほどにアナキズム労働運動、そして労働運動全体が後退していた

東京一般労働組合機関紙

自由聯合

城南支部、関東自聯のデマを
東京一般労働組合は
断呼として闘ひ抜いた！

メーデーの示威運動に参加せよ!!!

精神主義者を排撃して
自由労働組織確立の為に闘へ!!

リーフレット第一號

關東地方 労働組合自由聯合

自由聯合の旗の下に團結せよ！

全国自連加盟団体機関紙

とも言えるが、ここに至って初めて柔軟な姿勢をのぞかせるほどになったのである。

当時の関係者の一人が「再建された東印は明確にアナルコ・サンジカリズムを標榜、旗色も黒一色を排し、スペインのCNTに倣い、赤と黒地を斜線に分けた組合旗をうち立てた。なお機関紙『印刷労働者』を発行した。」（山口健助前掲『風雪を越えて――一九二八年以後の日本のアナルコ・サンジカリズム――』四七~四八頁）と回想する通りである。

この合同が全国自連への日本自協の復帰という形をとったのは、全国自連が自協よりも量的ないしは質的に優勢であったということではなく、「親組合に戻る」（山口健助前掲『風雪を越えて』四二頁）という形で筋を通したものであった。両派の中心であった東京印刷工組合（自連）と関東出版産業労組（自協）の二つの印刷工組合の場合が親組合にあたる東印に関東出版が復帰する形をとったので、自連と自協もそれにならったのであった（同上）。

かくして達成された合同であったが、すでに時遅し、と言うしかなかった。確かに、合同後、『自由連合新聞』を継いだ『自聯新聞ニュース』（一九三五年九月一五日）には「苦難を蹴って組織活動の強化拡大する全国自連」などと大きく報道されたりする。しかし、現実は厳しく、十分な回復をとげる間もなく、予期せぬ出来事も惹起されてすぐに終焉を迎えることになるのである。

(2) 第一回全国委員会、そして終熄

一九三四年、合同達成当時、全国自連の組合員は約一〇〇〇名（公称一〇〇〇〇、ときには四〇〇〇名強）ほどであった。そのため、組合員増や組織整備を図り、合同大会において決定された「三万人獲得カンパ」運動や講演会等による教育・宣伝活動の強化を実行した結果、一九三四年を通じて組合員は増加した。

ちなみに、必ずしも正確なものとは言えないが、大原社会問題研究所『日本労働年鑑』に記録された各年次の全国自連および日本自協の組合員数は次のごとくである。

一九二六年　　八、三七二名
一九二七年・二八年　　不明

一九二九年　全国自連　一、〇〇〇名。　日本自協　一、〇〇〇名
一九三〇年　全国自連　三、九七五名。　自由連合団体全国会議（日本自協）　一、三五〇
一九三一年　全国自連　一六、三〇〇名。　自連全国会議　二、九六八名
一九三二年　全国自連　一一、〇〇〇名。　日本自協　二、八五〇名
一九三三年　全国自連　四、三五九名。　日本自協　一、一一〇名
一九三四年　全国自連　四、〇九二名。
一九三五年　二、三〇〇名。
一九三六年　二、三〇〇名。

このような数値の変遷・推移、特に伸びには、分裂・対立、そしてその状態に対する自己批判を行うなどそれなりの努力をなしたことが与っていた。例えば、日常闘争・経済活動を容認する労働組合活動重視のあり方を復活したり、職場闘争で具体的な労働諸条件の要求を掲げたり、それに合わせて従来否定してきた団体協約をも、協調という視点からではなく、権利という視点からであったにしろ、容認したりしたことなどである。一般労働者の参加を容易にする努力、両派の統一行動の開始、最終的には合同の実現などが漸く自由連合系の組合・組合員に喫緊の課題と認識されだしていたのである。

そのように再建態勢にある中で、同（一九三四）年一一月、実質的には大会に相当する第一回「全国委員会」が開催された。

この第一回全国委員会は、一一月三、四日の両日東京・神田のキング倶楽部で開催された。出席代議員は二十数名で、議長には梅本英三が選出され、次のスローガンのもとで議事がすすめられた。

〔スローガン〕

1．嵐の時代、新テーゼ樹立による全国自連の強力躍進

1．セクト主義の清算、大衆運動への結合強化

1．反ファッショ的労働者戦線の統一

1．全国委員会の画期的遂行万才

この全国委員会は、三月の合同大会後の状勢報告、合同大会の運動方針の検討・修正、それに第五回大会の準備をするために開催されたものであった。そこでは、自主的、あるいは戦闘的労働運動陣営がますます後退する状勢に直面して、従来に引き続いて他派との戦線統一に熱意を示す姿勢が示されたことや政治的主張も取り入れられたことが注目された。

しかし、全国委員会の中心議案であった「新テーゼ大綱」は、委員会開催直前に原案を当局に押収されて、相当部分が注意・削除処分をうけ、審議不能になった。そのために、この「新テーゼ大綱」に関わる問題は、第五回大会で新たに取り組み直すということで、実質的な審議を見送らざるをえなかった。

また、組織問題として、全国自連の組織強化の一環として連合制を守りながらも、弱小組合の整理・統合も論議された。本部書記局や委員にも多少の交代がみられた。書記には山田（山口）健介（東印）にかわって梅本英三（東印）が就任した。

このようにして合同を実現し、再建に向かった全国自連がさらに前進するには余りに時代が逆行しすぎていた。当時の活動家が「革命的伝統を固守しようとする全国自連は風前にゆらぐ燈のようなものであり、その前途は秋風落漠たるものがあった。……統一はできたものの、全国自連の組織は実質一、〇〇〇名以下となり、まさにひとにぎりの集団にすぎなかった」（山口健助前掲『風雪を越えて』四四頁）と回想しているように、大衆的な広がりをもつに至るには、ファッショの重圧がすでに深くたれこめすぎていた。アナキズム系に限らず、左派系組合の活動は、実質的にはほとんど不可能な瀬戸際にまで追いつめられていた。その点で、全国自連は左翼系・戦闘系では、合法的に、また表に出て活動できた例外的なセンターであり、前途は多難であった。

そこに、合同の初志にそって地道に労働組合活動に打ち込もうとするグループに対して、その限界をすぐに見極めて再び過激な方向に突き進もうとするグループが生みだされる契機も存していた。日本無政府共産主義者連盟を継いだ日本無政府共産党グループが当初の労働運動重視の姿勢を棄てて、過激な行動に出ようとするが、活動資金の調達ということで非合法活動に深入りしたのも、そのような状況に対する焦慮が与っていた。

（3）東京印刷工組合の解散と運動の終焉

翌一九三五年に入っても、反動化・軍国化の嵐は止むどころか、世界的にその度を強めていた。それに対して、人民戦線運動など左翼のまきかえしも試みられたが、全般的には左翼陣営は急速に後退をしいられていた。共産党もその頃にはほぼ壊滅状態にあったし、労働組合の右傾化・日本主義化もいっそう進行していた。

労働運動のシンボルのように、労働組合が大切に守ってきたメーデーにしても、再び分裂に遭遇、しかも辛じて開催はされたものの、この年が戦前最後のメーデーとなった。

そして、国内では天皇機関説の排撃や永田軍務局長の刺殺がみられ、国外ではイタリーのファッショ政権がエチオピアに侵攻していた頃、アナキズム陣営を一気に押しつぶすように「日本無政府共産党事件」が惹起された。運動再建をあせった無政府共産党グループが銀行襲撃等で資金獲得を企図して、失敗したことによるものであった。

この事件を機に、一九三五（昭和一〇）年一一月以降、アナキストの全国的検挙が始まった。続いてそれに追いうちをかけるように、その年の暮から翌年にかけて「農村青年社事件」も惹起されて、残余のアナキストの検挙もすすめられた。

このような弾圧の嵐の中で、まず全国自連の中核であった東京印刷工組合が解散した。ついで陣営内の合同に手本を示した解放文化連盟も解散した。さらに翌一九三六年初頭には全国自連も、書記の梅本ら主要活動家を無政府共産党事件関連で奪われて空胴化した状態になり、解散に追いこまれてしまった。

ここに、戦前・戦後を通して、ともかくもアナキズム系労働組合による唯一の全国的な連合体として存在を示した全国自連は、厳しい弾圧もあって一般組合員から隔離されて実質を失った形で終焉を迎えることになった。

その後、一九三六年八月、無政府共産党事件の嵐が止むのをまって、東京印刷工組合が再建された。しかし、二・二六事件や日中戦争によっていっそう反動化が進行する状況下の再建であり、しかも僅か数十名の同志的結合では、労働組合としての、あるいはアナキスト労働団体としての活動はほとんど不可能といってよかった。対外的には、一九三七年二月に全国評議会系の東京出版労組（高津正道、高野実ら）と「全市印刷工生活擁護同盟」を結成したのが注目された程度であった。

しかるに、二年間存続した後、ほぼすべての労働組合が消滅したり、産業報国組織に解消されんとしたりしていた一九三八年に、アナキズム系労組の最後の砦である東印も、解散を余儀なくされてしまう。

かくして、全国的な連合はもちろん、小規模の単位組織にいたるまで、アナキズム系労働組合はことごとく消滅するに至る。その消滅が一般組合員との結びつきをほぼ断たれたままなされたということが、アナキズム運動の以後の再建、立ち上がりを困難なものにする一因にもなっていく。

要するに、全国自連は、アナキズム系労働組合による最初のナショナル・センターであった。とりわけ衰退期における組織・活動であったこと、それに堪えうる強い意識をもつ組合員に支えられたことから、アナキズム系では実践運動の拠り所となるグループでもあった。その役割は、日本労働運動全般の広がりや歴史からみるならば、それほど比重の大きなものではなかったにしろ、そこにはアナキズム運動の衰退期における労働組合の活動や性格などが良かれ悪しかれ集約されていた。従って、アナキズム運動史にあっては、無視することのできない組織であり、足跡であった。そして、アナキズム労働運動が日本労働運動史研究において最も欠落した部分の一つであるとすれば、戦前におけるアナキズム系労働組合の唯一のナショナル・センターであった全国自連の足跡は改めて見直されてよい。

〔付記〕本章の基になった旧稿は、存命であった関係者の方々（和田栄吉〔栄太郎〕、相沢尚夫、山口〔山田〕健助、高橋光吉、横倉辰次の諸氏）から直接ないしは書簡による聴取の恩恵を受けている。記して心から感謝の気持をお伝えしたい。

〔参考文献〕

『自由連合』『自由連合新聞』『自聯新聞ニュース』『全国自連ニュース』
『最近労働組合運動史』協調会大阪支所、一九二七年
『全国労働組合自由連合会第三回大会――特別資料――』協調会労働課、一九三三年
山口健助『風雪を越えて――一九二八年以後の日本のアナルコ・サンジカリズム――』東京・印友会本部、

一九七〇年

小松隆二『企業別組合の生成』お茶の水書房、一九七一年

小松隆二「全国労働組合自由連合会小史――全国大会（第一～四回）を中心に――」『三田学会雑誌』第六四巻一〇号、一九七一年一〇月。本章は、この旧稿を基に書き直されたものである。

江西一三『わが自協史』黒旗の下に発行所、一九七四年

後藤彰信『日本サンジカリズム運動史』啓衆新社、一九八四年

第二章　高尾平兵衛らの戦線同盟と機関紙『革命評論』『民衆新聞』

――アナ・ボル対立の狭間で訴えた協同戦線論

1　戦線同盟の解明の必要性

明治・大正期の労働運動・社会運動団体で、多少名前を知られながら、その組織や活動、あるいは機関紙誌の実態が十分に解明されていないものがなお少なくない。その中には、運動史の流れの中で特異な位置、それも看過できない重要な位置にありながら、それほど顧みられていない例、深められていない例も見られる。

ただし、それを克服し、解明することはそれほど容易なことではない。当時は名の通った運動団体や人物でも、歳月の経過は、正確な調査、さらに明快な評価や位置付けを困難にしている通りである。さらに、無名に近い団体や活動になると、その輪郭や全体像をある程度明らかにするだけでも大変な作業となっている。それを克服するには、当該団体の関係者からの聴取や機関紙誌などの基本資料・文献の入手あるいは閲読を行うことがまず欠かせない。しかし、遠い過去のことでは、そのいずれの作業もきわめて難しいものになっている。

それでも、機関紙誌など文献・資料類は手を尽くせば探し出せないことはない。発禁などで残存の可能性が極めて低い場合でも、希望・可能性がゼロとはいえない。かつて、存在・残存の可能性がゼロに近いと思われていた機関紙誌や資料が発見された例も少なくはない。

もっとも、社会運動団体の機関紙誌は、政治的・戦術的に誇大・過大な記述・表現がつきもので、厳密さ・正確さという点では信頼や依存のしすぎは要注意ではある。しかし、見つかれば、基本となる資料であることは間違いない。

もう五〇年ほども前になるが、私が戦前の企業別組合の生成を研究したときには、関係者もかなり存命であった。それに劣らず労働組合機関紙誌が最も意味のある有益な資料としてかなり利用できた。先駆した企業別組合にはアナキズム系の組合が多かったので、企業別組合の生成と展開は、同時にアナキズム労働運動・自由連合主義労働運動の展開の趣きがあった。幸いそのほとんどの労働組合は、機関紙誌を発行していた。芝浦労働組合の『芝浦労働』、造機船工労組合の『鉄鞭』、その他企業別組合も参加・関係した『機械連合』『工人界』などであるが、これらに触れることができなかったら、研究をまとめることは不可能であった。

戦前、労働組合にとっては、機関紙誌の発行は、組合員を確保する有力な方法であり、その後も労働者意識・組合員意識、そして団結を維持する有力な手段であった。労働組合以上に、社会運動団体は、ほとんどが機関紙誌を発行していた。機関紙誌を発行することが団体の存在を知ってもらい、継続性・永続性を可能にする有力な手段であった。また、収入・寄付を得ることも、機関紙誌を発行していないようでは難しかった。それだけに、かなり無理をしてでも機関紙誌を発行する必要があったのである。

ただ、特に戦前にあっては、労働組合も、社会運動団体も、機関紙誌を長く継続することは極めて難しかった。その上、発行部数が少なく、紙質も良くないことが多かった。新聞の場合、折り目などに切れ・傷み・赤みが入りやすいので、きちんと読めるほどまともな状態では残っていない例も少なくない。さらに発禁にあっている可能性も高い。そのため、それらを利用できるかどうかは、その機関紙誌が読める状態で保存されていることが必要条件である。

それでも、一度活字になったものであれば、どのような事情・条件が介在したにしろ、必ずどこかに残っている可能性があるとみてよい。少なくとも諦めず、可能性を信じつつ探索を続けることである。

大正期のアナキズム系やそれに近い社会運動団体の中では、戦線同盟が気になる一つであった。特に一九二二年九月に開催された大阪・天王寺における労働組合総連合大会の決裂とアナ・ボル対立の激化後も、同盟は立場を超えた運動・戦線の統一・連合を訴え続けた。また戦闘的な運動論や思想に立ちながら、組織としては必ずしもアナ・ボル一方に組みしなかった。むしろ両者の協同・連合を訴え続けた。それだけに名称と存在はよく知られていた。

とはいえ、その同盟に関わった有力なリーダーや著名な活動・事件以外になると、組織とメンバーの全容、理念、思想、活動、さらには機関紙誌や発行したパンフレットなどの詳細は、意外にきちんと解明されないできた。ことに高尾平兵衛が射殺される結果になった赤化防止団長米村嘉一郎（弁護士）に対する糾弾活動が著名なため、その戦闘的活動から団体の活動や性格などが一面的に推測されてしまい、より深く正確な理念や活動などの実態・全容の解明を怠ってきた嫌いがある。それだけに、創設から九〇年以上も経過した今日でも、戦線同盟の解明はなお必要性が高い。

2　戦線同盟への関心と利用可能な文献・資料

戦前の多くの社会運動団体や活動家の中では、戦線同盟と高尾に対する関心は、研究者の間では比較的高いものがあった。いうまでもなく、それは彼らの理念と活動の特異さ、そしてその象徴ともいえる赤化防止団抗議事件・高尾射殺事件（一九二三年六月）と、それに続く日本最初の社会葬となった高尾の葬儀のような外見上派手な取り組みが目だったことが大きかった。それだけに、詳細・正確に同盟の全体像を深めるところまでは至っていなかった。

実際に、当時もその後も、高尾および戦線同盟への関心は小さいものではなかった。当時の運動機関紙誌が高尾の追悼・追想記事を多く載せたし、戦後に至っても、高尾には関心を示す人が少なくなかった。萩原晋太郎『高尾平兵衛　永久革命への騎士』（リベルテールの会、一九七二年）のような著作、それに高尾に関しては可能な資料を広く活用して丹念に解明した松尾尊允「忘れられた革命家高尾平兵衛」（『思想』五七七号、一九七二年七月。その後『大正時代の先行者たち〔岩波書店、一九九三年〕』に所収）などの業績がそのことを裏付けてくれるであろう。

いずれも一九七二年当時には、入手・閲読可能であった文献・資料、関係者からの聴取等は適切に行い、成果をあげた。特に松尾の業績は『労働者』『進め』『革命評論』『民衆新聞』「調書」なども活用し、高水準に達している。中でも、『革命評論』（一九二三年五月、革命評論社、発行・編集・印刷人・高尾平兵衛）も利用されているのは、極めて先駆的である。

ただ、いずれも戦線同盟の機関紙『民衆新聞』（一九二三年六月、民衆新聞社、発行・編輯・印刷人・中村還一）、あるいは『民衆運動』（「高尾平兵衛・久板卯之助追憶全集」、第二巻二号、一九二五年二月、ただし出版社は戦線同盟ではなく、ピー・アール社）については、高尾研究が主題であるため、戦線同盟に関する部分には深く立ち入っていない。

この戦線同盟をさらに解明するにも、今日では存命の関係者はほとんどいなくなっている。どうしても機関紙誌など資料・文献類に依存する以外に方法がなくなっている。かつて私は平岩巌、中村還一、吉田一ら戦線同盟の発起人や周辺にいた人たちに会い、話を聞いたことがある。もう五〇年ほど前に、中村にはただ会うだけではなく、中村の活動や考え全体を聴取することもした。札幌郊外の自宅にも足を運んだりもした。中村からの手紙・葉書も幾つかは残っている。しかし、戦線同盟について絞って深く調査するほどには構想・準備ができていなかったので、戦線同盟に焦点を当てた聴取までは行えなかった。

戦線同盟機関紙・関連紙

しかるに、特に中村は戦線同盟の機関紙『民衆新聞』の編集・印刷・発行人でもあった。活字以外の有力な方法として、その中村から直接聴取する折角の機会を逃してしまったのである。今となっては機関紙誌などの資料・文献に頼る以外に方法はなくなっている。

また三〇年ほど前に、戦線同盟の発起人の一人・中名生幸力のことを調べたときには、まだ関係者の何人かは存命であった。しかし、やはり戦線同盟について絞って調べる関心・準備が整っていなかった。今となっては機関紙誌などの資料類以外には調べる方法がなくなっている。

当然のごとく、戦線同盟も、機関紙はじめ、刊行物を発行している。いずれも稀少で、限定的にしか知られていない。なにしろ、機関紙『民衆新聞』に先行した『革命評論』のように標題だけで当局から排撃・弾圧を受けかねない「革命」といった用語を使うなど極めて過激・戦闘的であった。

もっとも、『革命評論』はストレートに戦線同盟の機関紙といえるものではない。戦線同盟の前身となる、やはり高尾を中心にしたグループ革命評論社の機関紙である。もともと高尾らは一九二三年の新年早々に機関紙として『労働者運動』を発行する予定であった。しかし力及ばず、計画は流れた。その後に世に送り出されたのが革命評論社からの『革命評論』であった。『労働者運動』のために振り込まれた購読料は『革命評論』に振り替えられることになった（「本誌の読者に告ぐ」『革命評論』第一号、一九二三年五月）。

その『革命評論』は、東京府八王子市元横山町三〇番地に置かれた革命評論社の発行である。編輯・発行・印刷人は高尾平兵衛で、彼の住所は東京市本郷区駒込片町十一番地であった。わざわざ「発刊の辞」「宣言」などは掲載していない。高尾の「大庭柯公君投獄事件の真相」「労農ロシア見聞記」が目立つ。それほどに、戦線同盟は、前史でも僅かの存命の間も、高尾で持ち、高尾で支えられていた。高尾が個性の強いメンバーのつなぎ役であり、まとめ役であったのである。

同紙は、革命を冠にもつ紙名からして、存続が懸念されたが、一号のみで破綻となり、間を置かず『民衆新聞』に引き継がれる。『革命評論』の購読料も今度は『民衆新聞』に引き継がれることになった。『革命評論』読者にも『民衆新聞』を通してそのように説明している（「『革命評論』に就いて謹告」『民衆新聞』第一号）。革命を標題の冠に使う『革命評論』では、当局が見逃すはずはなく、改題を命じられるなど徹底的にマークされた。この機関紙のみか、それ以外の出版物も、世に送り出せば発禁を免れえないといった具合で、高尾ら意気軒昂の青年たちの機関紙・出版活動は、手も足も出せない状態であった。

それに、次の『民衆新聞』とは、僅か一ヵ月の差であるが、この段階では、革命評論社グループの思想・主張は多様であった。一方で「パンの略取」を言い、他方で「権力の奪取」を掲げたように、共同戦線論でも理念や方法が一致していたわけではなかった。

それでも、ともかく革命評論社と『革命評論』を引き継いだのが『民衆新聞』であった。その『民衆新聞』こそ、戦線同盟の成立、宣言、略規等を発表したように、戦線同盟の実質的な機関紙であった。実際、戦線同盟はこの『民衆新聞』と共にあった。

それらの機関紙が、戦線同盟の本格的な研究に立ち向かう人たちには欠かせない資料であるが、その中では、とりわけ『民衆新聞』が大切で、基本となるものである。

3　戦線同盟の創立と発起人・編集委員・主張

戦線同盟の創設は、関東大震災の三ヵ月前の一九二三（大正一二）年六月である。創設と同時に「宣言」「略規」、そして発起人を決め、機関紙格の『民衆新聞』創刊号に発表した。

すでに一ヵ月前の五月に、この同盟に結集するグループは、高尾平兵衛を中心に革命評論社を名乗って『革命評論』を発刊していた。ところが、『革命評論』はすぐに発禁にあう。しかも、革命のタイトルが忌避され、改題を命じられた。そこで、革命評論社を止め、同紙を廃刊。今度は民衆新聞社を起こし、機関紙として『民衆新聞』を発刊する。そこに戦線同盟の成立が発表される。〈革命〉から〈民衆〉への大転換であるが、名称を穏やかに譲っても、新しい団体の発足と機関紙の発行にこだわったのである。

その段階では、『民衆新聞』の発行所は戦線同盟ではなく、民衆新聞社とされている。所在地は「東京府荏原郡世田谷町字池尻二〇〇番地」、編集・発行・印刷人は中村還一であった。ただし、戦線同盟事務所も民衆新聞社と同じ「世田谷町字池尻二〇〇番地」に置かれた。仮事務所とされているが、民衆新聞社と戦線同盟が一体のものであることが理解されよう。

これら戦線同盟、およびその前身の団体の機関紙は、現在は名称のみか、内容も少しは取り上げられるほどになったが、既存の研究は『革命評論』どまりの利用で、『民衆新聞』はどの研究にも内容まで深く立ち入った取り上げ方をされていない。

『民衆新聞』の大きさは、一般新聞大で、厚さは四頁である。発行所は、上記のように戦線同盟社ではなく、民衆新聞社とされた。定価は一部五銭。

第一面巻頭の「大衆の針路」には、当局による検挙、投獄、迫害の効果を否定し、「思想は天外から飛来するものではなく、社会生活の事実がそれを生むのである。百千の社会運動者の首を刎ねても、大局の移動は断じて之を停めることは出来ない。……大衆の進路は、天体の運行の如く悠々としてその赴くべき所にまい進する。」という訴えがなされている。

『民衆新聞』と戦線同盟の関係が明白なのは、「戦線同盟の成立　趣意及び経過」「宣言」「略規」「創立発起人など」が同紙に掲載されたことにもうかがえる。それに、事務所の同一性の他、「略規」で「会報は『民衆新聞』の紙面の一部を之れに充てます。但し『民衆新聞』は加盟同人が全紙面の編輯に任じます。」とあり、『民衆新聞』が戦線同盟と一体のもの、つまり同紙が戦線同盟の機関紙に充てられることが確認されている。

なお編集委員は、中名生幸力、長山直厚、長谷川辰次、栗原四郎一、清水三郎、吉田順司、八木一郎、高橋白日、高尾平兵衛、中村還一の一〇名であった。

成立事情については、創刊号に掲載された「戦線同盟の成立　趣意及び経過」という記事が参考になる。それによると、一九二二年九月の総連合大会決裂とそれに続く混乱・対立に直面して、社会運動の将来に危機感を覚えた同志たちが結集したということである。

たまたま汽車製造会社に争議が発生していたが、その争議にアナ・ボル両陣営が乱れて応援し、労働者陣営に対立を生みだすことになった。戦線同盟の創立直後に至ると、同汽車製造会社の労使関係がさらに悪化、全面的な争議に拡大した。同時に、そこがアナ・ボルの激しい抗争の場にもなった。一つの会社・一つの争議なのに同一会社の社員・組合員を対立させることになった状況は良くないと、戦線同盟のメンバーは、アナ・ボル協同戦線の主張に自信を持つことになった。

その創刊号の第三面に掲載された、先の「戦線同盟の成立」の記事を直接引用すると、戦線同盟の主張は次の通りである。

「我々は、つい先頃――大正九年から十年へかけて、社会主義同盟の成立を見た記憶を喚起する必要がある。その当時、社会運動の戦線に参加する者のすべてが、同志と呼び合った事実を顧みる必要がある。そして、現在、我々の戦線が如何に潰烈の危機に当面してゐるか、それを直視する必要がある。若し単に理論の問題としてならばアナキズムもコムミユニズムもサンジカリズムも、資本主義に対しての戦列を共にすることが出来ないといふ筈がない。……

我々は此の事態に対して、共同戦線の大義名分を唱へんとするものである。共同戦線の事実が如何なる形態によつて行はれるかは我我の問ふ所でない。唯、共同戦線の意識が高調され、日本の社会運動をして戦線潰烈の危機から救ひ得さへすれば我々の目的は足るのである。」

また「宣言」には、戦線同盟は「合同主義も自由連合主義も、アナキズムもボルシエヴイズムも共に階級戦の戦線内部の理論的相違ではないか、と。我等は重ねて叫ぶ。そのいづれがいづれを反動分子と呼びかけることも不当である、と。現実の形勢は如何様にもあれ、我等はなほ、此の思想的抗争を転じて我等自身のうちに統合するの可能を信ぜんとするものである。」と訴えている。

それでいて、戦線同盟および同盟員一人一人の組織原理は自由連合主義に近いものであった。「略規」には「活動的分子の任意参加に俟つて自由組織とします」と定められていたし、高尾のようにアナ・ボル両陣営と運動や交流の経験を持つものもいるが、主な同盟員にはアナキズム系とのつながりの方が強いものが多かった。

戦線同盟といえば、反射的に高尾が射殺された赤化防止団への抗議活動を連想するほどである。そのため、どうしても同盟のメンバーは、その抗議活動に参加した高尾、平岩巌、長山直厚、吉田一をはじめとする戦闘的な活動家数名と考えられがちであった。

ところが、当時の戦闘的社会運動団体としては意外に参加者は多かったのである。ロシア革命のあとだけに、社会主義者が背後にいることで、労働運動陣営が対立・分裂することに納得のいかない運動家が結構存在したことを意味している。

『民衆新聞』創刊号に掲載されている発起人は、四〇名である。従来の高尾に関する著作では、必ずしもそうはなっていないので、その全員を「略規」と並んで掲載された「創立発起人」名簿の記載順のままに紹介すると、次の通りである。

鶴岡　貞之　　喜《（ママ）》山　直厚　　俵　次雄　　清水　三郎　　大久保　勇
吉原　太郎　　中名生幸力　　高尾平兵衛　　栗林四郎一　　八木　一郎
広瀬庫太郎　　長山　長輝　　渡邊　幸平　　吉田　早苗　　山田　寛
高橋　白日　　山本　勇　　京谷　周一　　石村　兵衛　　長谷川辰治
坂野　良三　　中村　還一　　浅原　健三　　河内　唯彦　　光吉　悦心
大串　孝　　阪口　義治　　田井　象　　吉田　順司　　佐藤十五郎
鈴木　厚　　秀島　広一　　平岩　巌　　文　時煥　　石黒鋭一郎

尹滋　英　渡邊　理治　金　日渉　野中　誠之　中西　重雄

この四〇名の中で、すべてが発起人として了承済みであったのか、と言うと疑問が残る。アナ・ボルのどちらからも、無断で名前を使用されたという抗議が出たことは、松尾尊允前掲「忘れられた革命家　高尾平兵衛」にも紹介されている。ただ抗議をしたといっても、抗議の主旨が不明であったり、本音と建前もあり、同盟との関係の有無、濃密度は計りきれない。なお検証が必要である。また名前のみでなく、実際に活動にも参加したのは、誰と誰であったのかは、一部を除けば特定できない。

これらの内、先に紹介した『民衆新聞』編輯委員の一〇名、それに創刊号に執筆している鶴岡貞之、平岩巌、広瀬庫太郎らは名前のみでなく、積極的に参加したものとみてよいであろう。

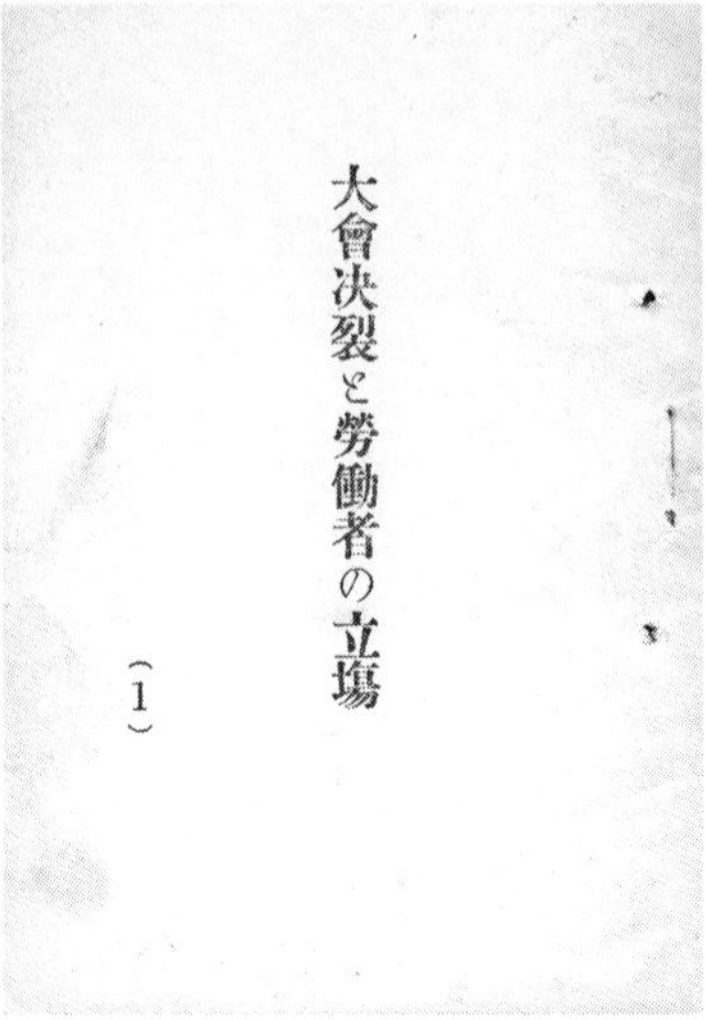

戦線同盟関連パンフレット（1922年）

戦線同盟の出発に際しては、「戦線同盟に対する我等の抱負」と題して、鶴岡貞之、中名生幸力、平岩巌、広瀬庫太郎等が『民衆新聞』第一号第三頁に感想を述べている。いずれもアナ・ボル対立など内部抗争に走らず、階級戦に向けて協同・連合すべきこと、また従来支持してきたアナキズムなどへの不満足感・不充足感

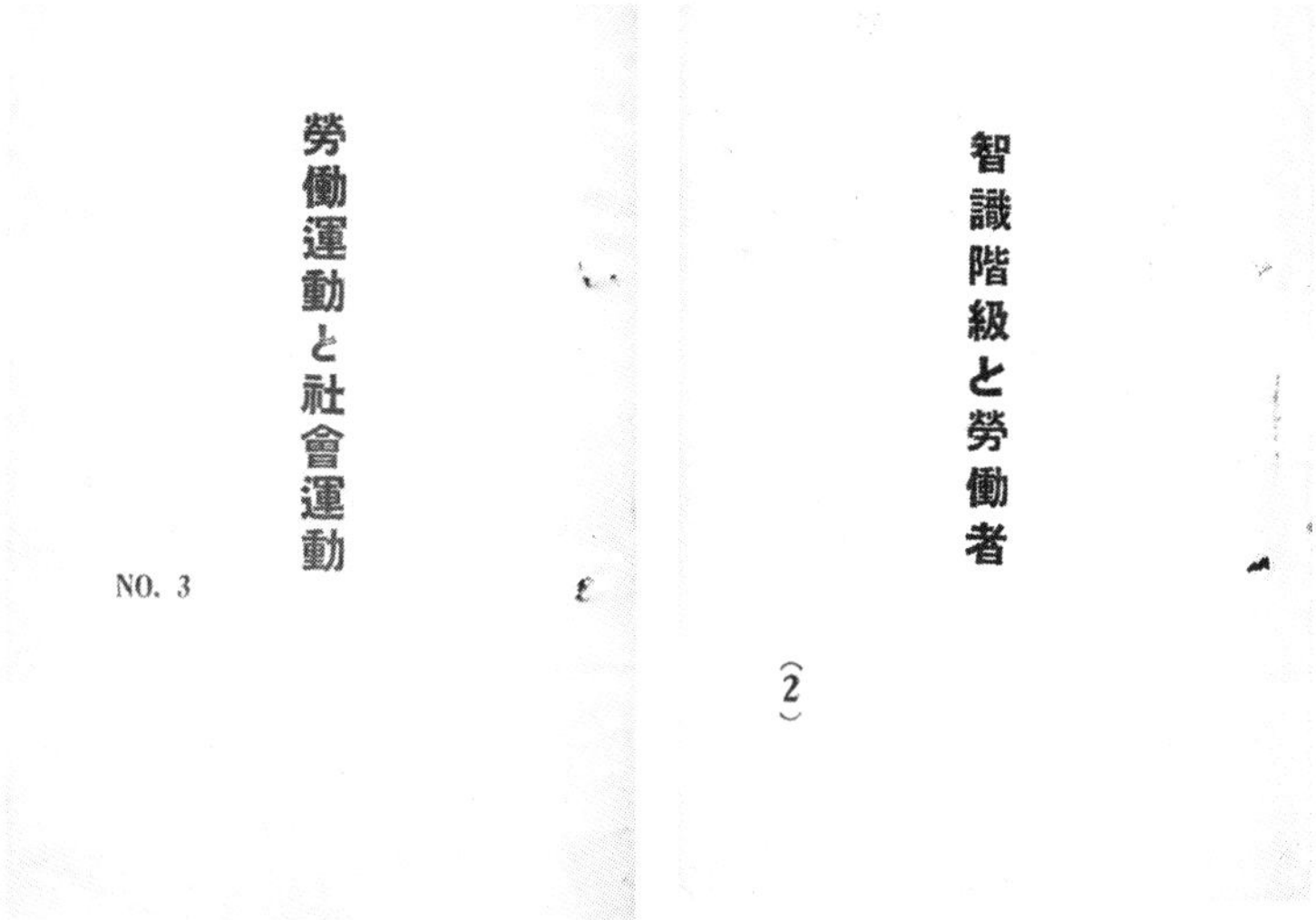

戦線同盟関連パンフレット（1923年）

から新しい可能性を求めて共同戦線論に立つに至っていることなどを述べている。例えば鶴岡貞之は、次のように述べている。

「俺はアナキズムといふ思想の為め、ボルシェヴイズムといふ思想の為めに運動するんぢあない。労働者として、無産者として、資本主義の桎梏から解放されたい為めに運動するのだ。その為に最善を期して進まうとするのだ。従つてアナとボルの喧嘩は俺の直接関することではない。しかしその結果が組合の切崩し、戦線の潰烈を来すのぢあ堪らない。そこで俺は組合の一員として、思想の為にではなく、事実の為に、戦線の撹乱者をやつつけなければならなくなる。……」

なお、他に戦線同盟の別働隊として一九二三年に吉田順司、鈴木厚、中村還一らによって大盟社が組織された。刊行物の出版を主な活動としたもので、『大会決裂と労働者の立場』（一九二二年十二月。発行所として大盟社の名はまだ使用されておらず、編集・発行・印刷人の吉田順司の名で発行）、『智識階級と労働者』（一九二三年一月。同様に発行所としては大盟社の名はまだ使用されず、吉田順司の名で発行）、『労働運動と社会運動』（大盟社、一九二三年四月、同じく吉田順司の名で発行）などの小型パンフレットをシリーズとして刊行している。大盟社の規模としては、よくパンフレットを相次いで発行できたものである。その程度の事業とはいえ、吉田順司らの活動として記憶されてよい団体である。

4　戦線同盟の目的と役割――ロシア革命との距離

高尾平兵衛らが共同戦線を大きく掲げる直前ではあるが、『革命評論』段階では、高尾らのグループにはアナ・ボル両派の人物や主張が適当に入り混じっていた。高尾自身、アナキズム系から共産党まで出入りし、かつ革命後のロシアも訪問しているが、この頃には共産党は離れたものの、ロシア革命支持は変わらなかった。

それを受けるように、『革命評論』にも、ロシア革命に関しては多くもの・多くの記事が賛同派で、権力の奪取を口にし、労農ロシアの紹介を好意的に行っている。編輯所もレーニンの肖像の頒布まで行っている。ロシア革命支持の延長で、堺利彦や山川均の記事を転載で載せてもいる。また労働組合総連合でのアナ・ボル両派を批判するものもあるが、元はアナキズム陣営に居たものが多いのに、ロシア革命支持を軸に、流れとしては、ボル系に傾斜しつつあった。

戦線同盟の姿勢や目的は、すでにかなりのところ明らかにされている。その名称からもある程度うかがえるが、『民衆新聞』創刊号に掲載された同盟の「宣言」が戦線同盟・共同戦線論について次のように明快に訴えている。


「資本主義社会組織の更改は、素より一労働組合或ひは一党派の事業であるべき筈がない。労働者及び無産者大衆は、その本然に於て、階級戦の共同戦列を形成すべきものである。……

……我等は資本主義社会組織の更改を目ざして進むものである。合同主義も自由連合主義も、アナキズムもボルシエウイズムも階級戦の戦列を離れては何等の意識を為さない。此処に戦線連帯の観念が存在すべき理由を見る。戦線同盟は此の連帯の観念のもとに起つものである。……

乍併我等は徒らに共同戦線の大義名分論に終始するものではない。……」


大震災直前の一九二三年六月頃というと、アナ・ボル対立が沸騰していた時期である。一九二二年九月の労働組合総連合大会の決裂以後は、共同戦線論はほとんど無力になっていた。そんなときに、戦線同盟は、あえて共同戦線論を唱えて立ちあがったのである。そのような稀な視点に立つ点でむしろ看過できない存在になった。それだけに研究対象としてももっと光をあてられてよい団体・活動であった。

戦線同盟の主要なメンバーたちは、当時はアナ・ボルのうち、とくにボル系からは、過激な運動論に立つ点でやや敬遠されがちな位置にいた。もっとも、もともとはアナキズム系に近いものが発起人に多く名を連ねていた。先に紹介した戦線同盟の結成と重なるように勃発した汽車製造会社の争議では、戦線同盟としても総同盟の姿勢や行動に不信感を抱くことになって、自然にアナキズム系に比重が傾いた。

それでいて、彼らは、権力奪取や独裁論をはじめ、組織論・権力論・運動論、とりわけロシア革命の評価などでは根本的に異なる両派に、なお共同・連合の期待を抱き、実践でもその正当性と必要を働きかけた。権力の奪取・集中とそれに対する個の尊重・自由連合論、議会政策論と直接行動論など、原理的にも、方法的にも全く異なる両派の再結集・協力は、激突による対立・破談の後だけに常識的には困難であった。

その上、労働組合に比べれば、組織的には非力であり、また労働組合にもそれほど強固な足場・つながりをもっていない戦線同盟単独の訴えでは力が弱かった。アナ・ボル両派にどの程度訴えが届き、理解されたかは、疑問である。しかもアナ・ボルに対して中間に位置したからといって柔軟であったというよりも、もともとは、アナ系に近いものが多かったのに、ロシア革命とその啓蒙の浸透と共に、進行する革命を依りどころに、ボル系に近い位置に立つものが増えていた。戦線同盟内部には、そんな混沌とした一面も見られていた。

それらを超えて、アナ・ボルの間に存在する理論や組織論における根源的相違・対立を突き詰めて議論を深めていたのかというと、そうとは言えなかった。むしろ理論的に深めたり、徹底したりする点で不足・不十分さがあった。と言うより、実態やそれらに対する議論を深めれば、アナ・ボルの対立は一層厳しくなる可能性が強かったので、深い議論は回避された一面もあった。

例えば、アナキズムから見れば、一時的と言えども人間・個の自由・自立・平等を譲ること、また権力の支配を認めることは、思想・原則の最も大切なところを譲ることであり、あり得ないことであった。その一点のみでも、連合や共同は難しかった。

やがて戦線同盟の主要メンバーに関しては、転向など姿勢や針路の変更が目立っていくのも、この出発点での不徹底さと無関係ではないであろう。

とはいえ、労働組合総連合大会決裂後の時点でも、アナ・ボルの協同・連合の共同戦線の立場に立ち、訴え続けたことは、たとえ理論的徹底を欠いたにしろ、社会運動・労働運動陣営そのものが弱小の時代にあっては、耳を傾けるに値する一面も持っていた。

にもかかわらず、その主張は多数の支持を得ることができなかったことも現実である。その辺の事情・状況を改めて再検討・再検証すべきである。この点は、赤化防止団への抗議行動を始めとする過激な姿勢・行動をとる実践活動にのみとらわれないで、もっと広く再検証・再検討してよいし、彼らが共同・連合をあえて主張した状況、理論的是非、共同戦線論の一貫性などを客観的に解明する必要がある。その視点からアプローチすれば、戦線同盟の位置付けや評価が少しであれ、変わる可能性もありうるであろう。

5　高尾平兵衛の死と関東大震災による戦線同盟の終焉

（1）赤化防止団会長米村弁護士への抗議活動と高尾の射殺

戦線同盟が発足した直後、その中心人物の一人であった高尾平兵衛が射殺される事件が発生する。一九二三年六月二六日早朝のことであった。

戦線同盟の主要メンバーであった高尾、平岩巌、長山直厚、吉田一らは反社会主義運動に熱心な赤化防止団会長で弁護士の米村嘉一郎に対して抗議運動を実行することにした。そのため、米村宅を訪問、日頃の活動を糾弾・面罵し、詰問状を渡す。四人が引き上げる時に、米村は背後からピストルを乱射。その一発が高尾の後頭部に当たる。高尾は死亡。この事件の関連では、上記の他中村還一、石黒鋭一郎、中名生幸力、渡邊幸平等も逮捕された。

高尾が殺害されるようなことがなければ、米村への抗議活動もそれほど大きな事件として脚光を浴びることもなかったであろうが、拳銃の発射による死者がでたことで、マスコミも大きく報道した。高尾がアナ・ボル両陣営にまたがる活動をしていたこと、また反社会主義運動を代表する弁護士による射殺であったこともあり、高尾の葬儀は青山斉場で日本における最初の「社会葬」として執り行われた。社会葬の方式をとったのは、特に米村が自分に向かってくる相手にではなく、引き上げる相手を背後から射殺したこと、そして反社会主義的風潮や高尾射殺を擁護する動きへの抗議の意味も込められていた。その社会葬は、七月八日午後一時からの予定で、実際には一時半過ぎから始まった。葬儀委員長は島中雄三、式辞は弁護士の布施辰治が最初の口火を切った。このように、社会主義者・アナキストのみか、その支援者・理解者も参加する程の集まりであった。

実際に、会場には高尾の広角な思想・立場を反映して、アナ・ボル問わず多くの活動家、労働者、文化人が参列・参集した。同時に赤旗・黒旗が林立、ほとんどの労働組合、社会運動団体も参加した。女性活動家の参加も目立った。参加者は総勢二、〇〇〇人ほどと推定された。

同日、大阪でも同様に高尾を弔う社会葬が挙行された。南区逢坂下之町の一心寺が会場であった。ほどなく関東大震災が襲来、あらゆる社会運動団体・労働組合と共に、戦線同盟も大きな痛手を受けることになるが、その直前の高尾の死であり、社会葬であった。

(2) 関東大震災と戦線同盟の終焉

戦線同盟の生命は短かった。上記のように代表格の高尾平兵衛の死(一九二三年六月)とその社会葬、それからほどなく襲来する関東大震災と、短期間に連続して大きな攻撃と打撃を受ける。高尾の死による衝撃から立ち直る間もなく、大震災によって決定的な打撃を被ってしまうのである。

もっとも、それは戦線同盟のみに関わることではなかった。アナキズム運動、さらに社会運動全体に関わることであった。特にアナキズム系は、大黒柱の大杉栄が大震災の混乱のなかで軍部に虐殺されるので、その受けた打撃は殊更大きなものとなった。

組織も、活動を支える機関紙『民衆新聞』も、高尾に負うところが大きかっただけに、同紙も『革命評論』と同様に一号限りで終わった。その第一号も実は発禁に遭っていた。それで手の出しようがなくなっており、機関紙の発行でも、組織の再建でも厳しい状況に置かれることになった。

特に『民衆新聞』第一号が発禁になったとほぼ同じ頃、高尾が射殺される事態になったので、なおのこと打撃・衝撃は大きくなった。その上、それらを上回る大規模な出来事として関東大震災が襲来する。あらゆる運動団体が一時的には活動・運動を継続することが困難な事態に追い込まれるように、戦線同盟も発足時の勢いを維持できなくなってしまう。それどころか、休業、さらに閉店状態に陥ってしまう。

もともと戦線同盟の共同戦線論は、理論的にも現実的にも、厳しい環境や状況に囲繞されていた。それほど甘くは無かったのである。先に引用した『民衆新聞』第一号の「戦線同盟の成立」では、共同戦線の大義名分の合意が大切で、「共同戦線の事実が如何なる形態によつて行はれるかは我我の問ふところでない。」というが、それこそ、アナ・ボル両派の譲れない点であったのである。

その共同戦線が「如何なる形態によるか」では、アナキズム系は目的と手段の一致を強く訴えていた。革命だから、その過渡期だからと、人間無視や自由の抑圧を含め、何をやってもよいとは考えなかった。過渡期・一時期と言えども、権力の奪取による独裁、反対派や市民の弾圧等はあってはならないことと、厳しく批判、反対した。その点で、大震災が襲来する頃には、もはや回復不能なほど、アナ・ボルは決定的に対立していたのである。

その意味で、アナ・ボル両派から共同戦線論が受入れられる可能性は低かった。戦線同盟の存続と活動の余地は極めて狭く低くなっていたのである。遅かれ早かれ、組織の終焉は避け得なかったと言えよう。

それでも、大震災後も、戦線同盟は辛うじて組織だけは維持する。平岩らが中心になり、活動再開のチャンスをうかがう。しかし、四〇名の発起人は多方面に分散・分解することになり、創立当初の目的や理念、また情熱はそのままでは維持・遂行できる状態ではなくなっていた。組織的にも、大震災によって大打撃を被り、高尾亡き後、彼に代わる際だつほどの指導的人物がいなく、同盟員の離散・欠落も埋められることはなかった。

関東大震災後、アナキズム系労働組合の退潮もあり、共同戦線論は実質的に意味のないものになっていく。機関紙『民衆運動』など若干の印刷物を発刊し、復活をはかるが、次第に抜け殻に近い状態になっていく。

かくして、戦線同盟は短命に終わる。そのため、共同戦線論等の目標や主張を十分に展開する間もなかった。せいぜい上記のような機関紙の刊行、大盟社を通してのパンフレットの出版などの活動程度で終わった。アナ・ボルの対立を超えて労働者や諸団体を共同・連合路線に結集するまでには至らなかったのである。

それでも、大震災後の一九二四年六月、まだ市民も運動家も復興に十分には立ち上がれないでいた頃、戦線同盟は、『高尾平兵衛と其の遺稿』（戦線同盟、編集・発行・印刷人・平岩巌、一九二四年）を刊

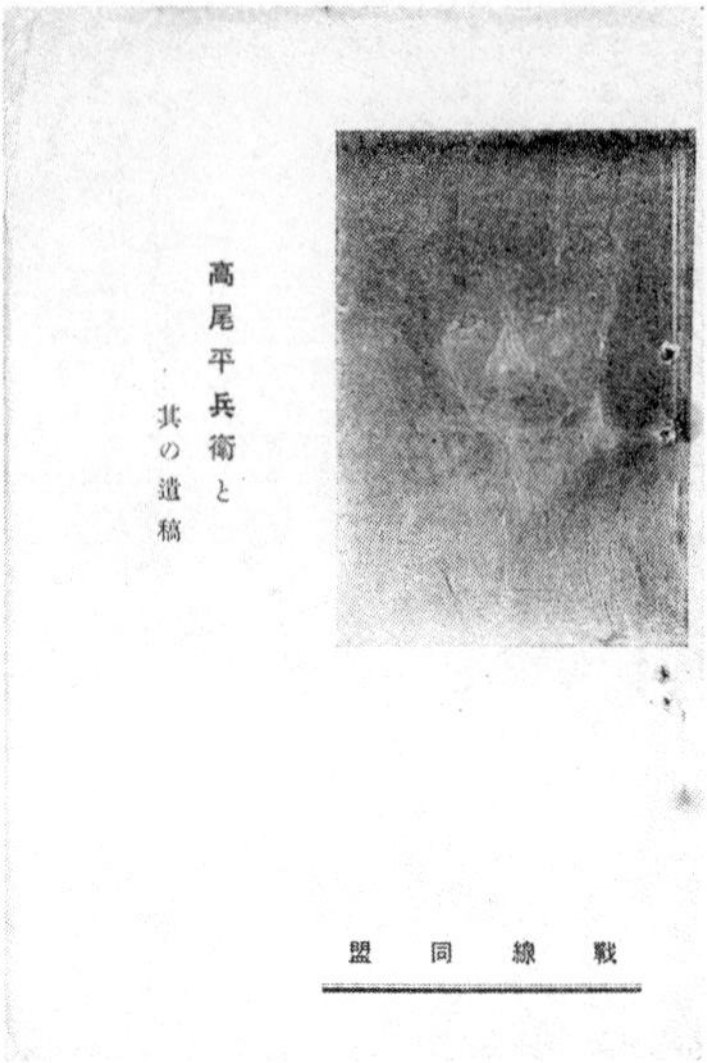

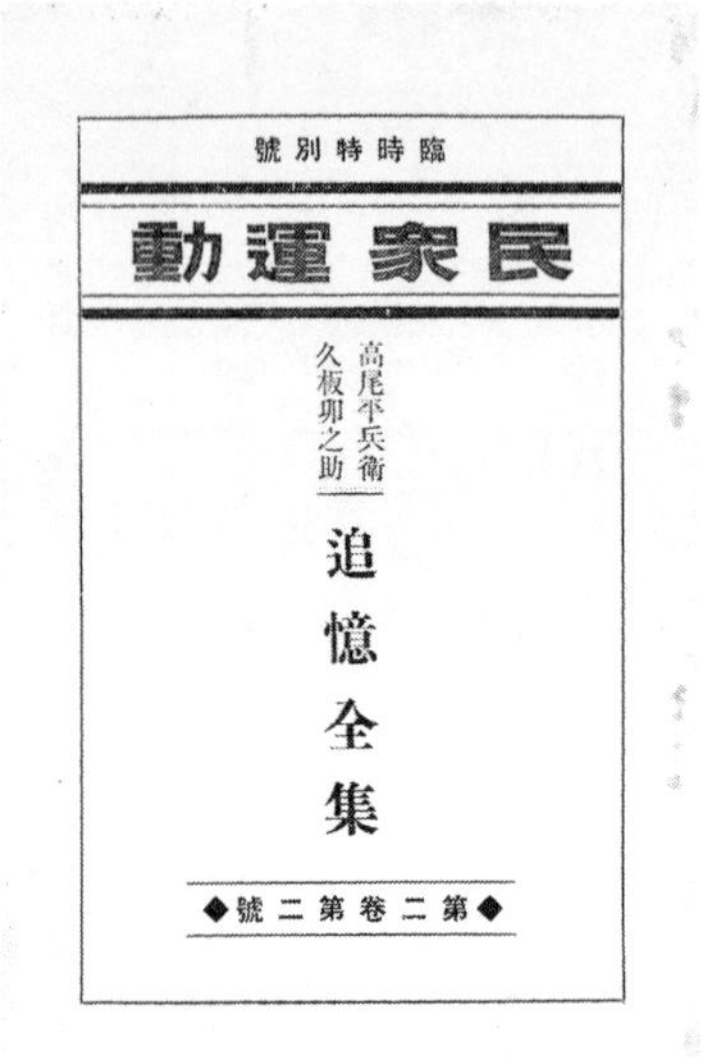

高尾平兵衛の遺稿・追憶全集

行した。戦線同盟が発行所となった唯一の刊行物である。

これは、先の萩原、松尾の両著書にも利用されているように、比較的よく知られた文献である。中扉には「我等を普段に鼓舞し給へる故高尾平兵衛君の霊に捧ぐ　戦線同盟一同」と献辞がしたためられている。遺稿の他、高尾の生涯の素描、それに長山直厚、吉田一、長谷川辰治、平岩巌による追想記が収録されている。

なお、高尾関連文献は他にもいくつかある。吉田一が編輯・発行・印刷人の『民衆運動』が大震災の翌一九二四年創刊されるが、その第二巻二号（一九二五年二月）を「高尾平兵衛・久板卯之助追憶全集」にあてている。また『叛逆者の牢獄手記』（行動者出版部、一九二八年）が巻頭に高尾の「獄中手記」を載せている。和田軌一郎『ロシア放浪記』(南宋書院、一九二八年)も「高尾平兵衛の追憶記」を書き留めている。その他、宮越信一郎編集・発行人の『労働者』第二巻六号(一九二三年七月)が、短文ながら、写真入りで「高尾君の死を惜む」を載せている。いずれも、戦線同盟に直接深く立ち入ったものではないが、高尾に関する文献としては看過されてはならないものである。

戦線同盟は、日本における社会運動の歩みの中では、特異な活動を展開した。アナ・ボル対立が激化する中にも、共同・連合を訴え、独特の共同戦線論の主張、またそれを目ざす戦闘的な訴えや戦術も当時でも目立つほどであった。

ただし、戦線同盟には労働組合など大衆組織に足場がなく、影響力や広がりに限界があった。それを反映するように自身の生命そのものも短かかった。それらの点から、社会的には機関紙『民衆新聞』の刊行と高尾の社会葬以外には、それほど大きな役割を演じ、顕著な結果・成果を残すのは無理であった。

にもかかわらず、アナ・ボル共同・連合の可能性がほぼ崩れ去り、もっぱら対立が激化する時代にあえて対立する二派の共同・連合を明確に打ち出した目標、理念、あるいは小さなことを含め、具体的に取り組んだ活動に関してはさらに解明されてよい。また当時の戦闘的団体にしては珍しく多かった発起人にみられる組織や会員のことなど、戦線同盟は、やはり少なからず気になる団体であり、さらに実態を精確に、より深く解明されてよい団体である。

〈参考文献〉
『革命評論』革命評論社、第一号、一九二三年五月
『民衆新聞』民衆新聞社、第一号、一九二三年六月
加藤一夫「高尾平兵衛君を悼む」『自由人』二の六、一九二三年七月
『高尾平兵衛と其の遺稿』戦線同盟、編集・発行・印刷人・平岩巌、一九二四年。本パンフレットは「我等を不断に鼓舞し給へる故高尾平兵衛君の霊に捧ぐ　戦線同盟一同」と高尾に献呈されている。
同書広告に『同志高尾平兵衛』を近日、未来と青年社から刊行、神近市子、中村還一、長山直厚、平岩巌らの追悼記と「遺稿全部」収録とある。この企画が次の『民衆運動』に引き継がれるものと考えられる。
『民衆運動』ピー・アール社、第二巻二号、一九二五年二月、「高尾平兵衛・久板卯之助追憶全集」
『叛逆者の牢獄手記』「行動者」出版部、一九二八年、「高尾平兵衛」の標題で最初に高尾の「獄中消息」を載せている。
岩佐作太郎「高尾平兵衛」『自由連合新聞』四五号、一九三〇年三月
萩原晋太郎『高尾平兵衛　永久革命への騎士』リベルテールの会、一九七二年
松尾尊允「忘れられた革命家　高尾平兵衛」『思想』五七七号、一九七二年七月
松尾尊允『大正時代の先行者たち』岩波書店、一九九三年
小松隆二「戦線同盟覚書」『初期社会主義研究』第十号、一九九七年九月。本章は主にこの旧稿を基に書き

改められたものである。
『日本アナキズム運動人名事典』ぱる出版、二〇〇四年

第三章　底辺女性の解放を訴えた柳沢善衛の生涯と機関紙誌・パンフレット

1　忘れられた柳沢善衛という人

（1）一隅に光をあてた運動家

日本における社会運動・社会思想の歴史において、時々思いがけないところで名前を見かけ、何となく興味を引かれる人物がいる。一般には無名であるだけでなく、研究者からもほぼ忘れられている。それなのに、そのまま見過ごし、放っておくには、妙に引きつけられるもの、気になるものを持っている人物なのである。

そういった人物に、実際に目を近づけ、焦点をあわせていくと、意外にも無視できない大切な活動・足跡が少しずつ見えてくることがある。根本の理念や目の付け所に普通でないものがあるとか、さらには予想以上に歴史的な評価にも堪えうる活動・実績を遺しているとか、再検証・再評価したくなる人物像や足跡が見えてくるのである。柳沢善衛（やなぎさわ　よしえ　一八九九〜一九七九）という人もそんな人物の一人である。

注意を引かれるのは、宗教家・教育者でもなく、また資産家でもない柳沢が最も光の当たらない困難な問題、それだけに、支援・寄付なども得られそうもない問題に継続的に取り組み、簡単には退かなかったことである。社会運動に厳しい時代であれば、なおのこと。そのような対応は容易ならざる業であった。にもかかわらず、彼は、その種の問題にあえてこだわり、挑戦し続けた。

それなら、柳沢はどのようにして長期にわたってその種の活動を維持できたのか、興味をそそられるところである。

柳沢は、全くの無名というわけではない。実際に相当深く底や隅までほじくり返さないと、名前を見つけることが難しいという人物ではない。機関紙誌（新聞・雑誌）、パンフレットなどでも、隅っこにちょっとではなく、自ら編集人・発行人や執筆者として名前を出している。

それだけに全く稀にというのではなく、ある程度運動史や活動家・運動家をちょっと深く調べてみると、思いがけないところに彼の名前が刻まれているのに気づく。ただし中央や本流・主流にではなく、少数派の流れや問題と共に刻まれているのである。

例えば、柳沢が力を注いだ活動には廃娼運動、底辺に追いやられた女性労働者の救済・支援運動、あるいは貧困救済運動などがある。深刻な問題として留意はされながらも、関わるもの、支援するものが少ない領域・課題である。しかもその種の課題に、彼は機関紙誌やパンフレット類をもって、比較的長く関わった。

それほどなので、彼は社会運動人名辞典類には必ず登場する。『日本社会運動人名辞典』（青木書店、一九七七年）、『近代日本社会運動史人物大事典』４（日外アソシエーツ、一九九七年）、『日本アナキズム運動人名辞典』（ぱる出版、二〇〇四年）などにおいて独立項目として取り上げられている。そこでは、柳沢の個々の活動・事績については予想以上に丹念に調べられてもいる。細かいことまで調査されている面も認められる。

それでいて、思想・行動にみられる特徴・個性、そして運動史全体における位置や役割については、それほど的確・明快に説明されてきたわけではない。辞典類には、辞典の性格から、役割・位置づけや評価よりも、時系列的に関係・所属した運動団体や活動歴を紹介することに主に重点が置かれる例も見られる。その場合は、必ずしも全容を明快に総合的にとらえることにはならないが、個人的好みも出かねない役割や位置づけ、さらに評価は辞典類では避けるべきという考えもあり、判明した限りの足跡・事実を順序立てて紹介する方法はある面では正当ではある。

それはそれで認めるとして、その上で柳沢の活動や業績の中で最も重要なもの、最も評価できるもの、最も特徴的なものは何であったのか、どのような分野で主として活動し、そしてその活動と一体の彼の著作や機関紙誌はどのようなものであったのか、さらにそれらが運動全体のなかでどのような位置にあったのか。それらについて可能な限り精確に明らかにする仕事がまだ残されていることも受け止める必要があろう。

（2）柳沢が忘れられてきた理由

柳沢善衛が活動したのは、大正後半から昭和一〇年前後の時期までである。立場・位置は、アナキズム系か、それに近いものであった。活動・運動では、多くのことに関わるが、前述のように廃娼運動はじめ、劣悪な労働・生活諸条件にあえぐ労働者など社会の底辺に落ち込んだ女性の領域・問題に強く関心を寄せ続けた。

その運動の拠り所として、自由社を結成し、機関誌『自由』（創刊号は新聞型、すぐに菊判雑誌型に変わる）を発行した。自ら発行・編集人として比較的長い年月にわたって関わり続けた。また啓蒙・宣伝用のパンフレット類も出版し続ける。実は、それらが目立たないはずの柳沢の位置・役割を無視できないものにしている。

LA LIBERTE

自由

羊群を離れよ

獄窓から

柳沢善衛・自由社機関紙『自由』創刊号

にもかかわらず、柳沢は社会運動家としては運動の中心に位置するとか、全体を先導・指導する位置に立つということはなかった。また、華やかな役割を演じ、高い評価を受けることもなかった。もともと、底辺の女性の救済活動では、目立たないし、資金・寄付も集まるものではなかった。

廃娼運動などは、日本社会運動においては、宗教関係者や女性運動関係者に担われることが多く、運動の主流から距離のある位置に置かれ続けた。また柳沢は、大杉栄、和田久太郎、近藤憲二らの労働運動社など運動の中心に近い位置にいた団体や運動家と深く関わることもあまりしなかった。従って柳沢の関わった機関紙誌や著作類も、アナキズム運動でも運動の主流の流れには乗ることはなかった。そのことが、彼を目立たせなくした理由の一つでもあった。

また彼はパンフレット類を何冊か刊行しているが、研究者や運動家から注目されたり、店頭に並んだりするような厚い単行本の著書は持っていない。彼の著作がそのように主にパンフレットであったこと、それらが容易に散逸・消滅するものであったことも、彼の業績や思想を調べにくくした理由の一つであった。

ただ戦前の運動家には、単著の、しかも厚い著書を期待するのは無理であった。研究者・学者でも、現在なら誰でも厚い単行本を執筆・発行するほどになっているが、戦前はある程度厚い単行本の著書をものにできる研究者・学者ばかりではなかった。ましてや運動家に、厚い単行本を期待するのは無理であった。当時は、パンフレットが現在の単行本に匹敵する役割を果たしたと考えてよい。それだけに、戦前の運動家に関しては、パンフレットといえども軽く見ることはできないのである。

かくして、柳沢はしっかりした評価・高い評価を受けにくかった。人名辞典などに見られる紹介レベルの足跡・活動の記述が主たるものになった。それに応じて、彼はもう少し深く思想や活動を知りたいと思わせる人物の一人となっていた。個人的にも一九七七（昭和五二）年頃に青木書店発行の社会運動人名辞典の関連で、柳沢善衛のことで確認する必要があって、私は本人に直接教えを請うたことがある。それに対して、当時の杉並区高円寺南の住まいから略歴など懇切な返書・教示を頂いた。それらに応える意味でも、柳沢のことは、私のわかっていることだけでも整理、紹介したいと考えていた。もちろん私の知っていること、それに新たに調査できることを加えたにしろ、それほどのことではない。それでも、少しであれ、より正確に、より詳しく記録を残しておく意味のある人物と考えて、ここに取り上げたのである。

2　柳沢善衛の生涯と活動

（1）誕生、成長、そして社会運動へ

柳沢善衛は、社会運動家、主にアナキズム系の運動家であった。活動した時期は、一九二〇年代初めから一九三〇年代半ばである。第二次世界大戦後も社会運動の回復にあわせて運動に参加するが、短期間であった。その意味で、機関紙誌を持つ一国一城の主・主役として目立って活躍するのも、また運動家として存在を認められるのも、関東大震災後の大正末から戦前昭和期である。パンフレットなど出版物もその時期に集中している。

彼は、一八九九（明治三二）年四月一五日、世紀の転換直前に長野県東筑摩郡生坂（いくさか）村に生まれた。本籍は生坂の北隣、犀川に沿う更級郡大岡村にあった。生坂は犀川両岸に沿って広がる

まちで、古代遺跡でも知られる。

地元の小学校を卒えて、東筑摩郡広丘村（その後塩尻市）の桔梗ヶ原蚕糸研究所に入り、二年で卒業。以後、若干の研修を積んで、各地の蚕糸会社・紡績会社で仕事に就いた。

この間、同郷の木下尚江の思想的影響をうけ、尚江に憧れを抱くと共に、社会思想に関心を持つようになった。

なお『近代日本社会運動史人物大事典』４（日外アソシエーツ、一九九七年、六五三頁）には、「一九一〇（明治四三）年五月、故郷の近郊有明山での爆発音を聞いた。『幸徳事件』の発端となった宮下太吉の爆弾の試験音響であった。これが柳沢の心境をゆるがし、多分に進路に影響した。」（萩原晋太郎担当）とある。

しかしながら、距離的にも年齢的にも、柳沢が生坂で明科の爆裂弾の爆発音を耳にすること、また心境を揺るがされたり、進路に影響を受けたりすることは考えられない。たしかに生坂村は明科町の北に位置する隣町ではあるが、宮下の作った爆裂弾はごく小さなもので、到底隣村にまで爆発音を響かせるほどのものではなかった。明科の町でも近隣のごく狭い範囲にしか爆発音は響かなかった。またこの一九一〇年には、柳沢はまだ十一歳であった。「進路に影響」を受けたとは考えにくい。執筆者の想像で記述したとしか言えない説明である。

社会に出、仕事に就いて間もない一九二〇年代早々に、柳沢は総同盟のリーダーであった松岡駒吉、西尾末広らを知り、その運動に参加する。しかし、西尾の労働運動への姿勢に納得できず、アナキズム関係の出版物や思想に接近する。すぐに和田信義らと個人的つながりもできて、アナキズム陣営とその運動に関わるようになる。

関東大震災当時は、大阪で警察に検束された。釈放後も、同志のつながりや活動の場を求めて、関東大震災から間もない一九二三年一二月二五日に、親交を結んでいた小山茂、宮山栄之助らと参加した佐賀市での社会問題演説会を皮切りに、九州から北海道へと各地を回り、集会や活動に参加するその度に検束を繰り返した。

その後も、東京と関西を往き来しつつ、アナキズム系で活動を継続する。和田信義、安谷貫一ら関西では中心軸の一つとなっていたグループともつながりをもち続ける。

(2) 自由社の結成と少数派の運動へ

大正末になると、柳沢は、東京を中心にした自らの運動視点・視座を底辺の女性たちに向けなおし、自分の主要な活動として本格的に取り組む。ただ人的には、関西の人脈とのつながりがまだ強く、その後も和田信義らとの連携を維持する。

一九二六年から二七年にかけて、東京でまず自由社を興し、機関誌として『自由』を創刊する。それまでつながりを持っていた大阪での拠点を、東京に本拠を置く自由社（出版部）の大阪事務所・連絡所として使い続ける。以後、廃娼問題などを掲げて『自由』を拠点に、その発行と維持に執念を燃やした。同時にパンフレットの形で著作類も刊行するなど、独特の関心と活動で存在感を示す。

〈自由〉は殊更アナキズム系に好まれる用語なので、類似の団体や機関誌は結構見られる。もっとも、〈自由〉や〈自由社〉は意外にほとんどない。あるのは加藤一夫らの自由人、自由人社の類である。柳沢が『自由』を発行して活動していた頃には、一九三〇年五月に鈴木靖之が自由人社を起こし、『自由人』を創刊した。加藤、浅野護らの自由人社および『自由人』とは全く別の運動であったが、同名の組織・機関誌であった。

ただ柳沢は、アナキズム系の主流や中心となるグループとはそれほど強いつながりを持つことはなかった。東京でも労働運動社などには出入りすることはあっても、その同人・メンバーとして活動することはなかった。また労働組合グループに連携を求めることもしなかった。

そのように、アナキズム系の主流とは距離を置いたものの、むしろ自らが中心となる自由社に拠って底辺の女性の救援・救済など独自の運動を展開することが彼の活動や役割を意味のあるものにした。

そんな最中の一九二九年、野口市郎と安田理貴子の長男の誕生の際、柳沢はたまたま関西に出かけており、彼らと集まりを持った。そこで、その野口の長男の名前をみんなで考えることになった。柳沢は名前の候補に裕仁を挙げ、思いがけず名付け親となる。

そのことで、その後長く野口が不敬罪で実刑を受けることになるような迷惑をかけたと、柳沢は信じこんでいた。そのため、何時までも柳沢の心に野口・安田夫妻に対して申し訳ないことをしたという気持が残りつづけた。

柳沢が裕仁の命名者になった経緯は、次のような事情からであった。それを「女自由人」「女アナキスト」として知られ、麻薬防止、非行防止、教護院支援などの運動に従事した安田理貴子の『悪女の墓標』（伊勢新聞に一九八二年三月から六月にかけて五五回連載された自伝をコピーで手作りした冊子）から引用しつつ説明してみよう。

たまたま東京からやってきて居候を続けていた広海貫一、柳沢善衛、福田哲の三人と共に、野口と安田の子は「自分たちアナキストの申し子だ。吾れら同志全体の子だから、名前はみんなで考へようじゃないかと。」ということになり、傳次郎など先駆者の名も上がったが、「そのうち柳沢善衛が、日本一偉い奴の名を命けようじゃないかと云い出した。この柳沢の主張で、裕仁の名が撰ばれた。……これには一同吃驚仰天した。腰こそ抜かさなかったが、一座の顔から血の気がサッと引いた。野口裕仁の誕生であった。」

それに対して、憲兵隊や裁判所から呼び出しを受けたり、名前の変更や罰金支払いの命令が出たりするが、野口夫妻は拒否し続け、最終的には処分はうやむやに終わった。柳沢は、野口が「不敬罪で実刑」を受けたと信じていたが、実は最後は当局の根負けのような形で終わったのである。

このような大正末から昭和初期にかけての時期は、柳沢にとっては、年齢的には二〇代半ばから三〇代半ばにいたる活力のみなぎる時期であった。実際に、その時期は、彼がアナキズム系にあって運動に力を注ぎ、その存在感を最も際立たせたときであった。それが一九三〇年代後半まで続くが、一九三五年頃に至ると、時代風潮の後退・悪化を受けて、柳沢の姿勢・論調、そして運動にも変化らしいものが見られだす。

例えば、柳沢は、厳しい権力批判・体制批判から、アナキストならずとも批判の目を向ける暴力団や新聞等の堕落の問題を取り上げるなど、批判の矛先を変えるようになる。「日本精神の発露」などの用語を口にするほどにもなる。しかし機関紙やパンフレットどを刊行し続けた一九三六年頃までは、表面上は転向とか変節とかいえるほど主張・姿勢に変化をみせない。「日本精神の発露」のような見出しをつけながら、その内容には日本精神のことには言及しないなど、主張・著作に時代の変化を利用する姿勢にとれる程度の変化にとどまった。

しかし、その後、軍国化・右傾化・国家主義化がさらに深まると、もう「小言論機関」、特にアナキズムなり社会運動の活動の余地はなくなっていく。自らも少しずつ時代に合わせざるを得なくなっていく。

（3）戦後の生き方と永眠

戦後、戦前に比べて自由な社会になるが、むしろしばらくは生活の方が大変であった。旧アナキズム系の運動家とは連絡や交流は続く。しかし、当時は敗戦の混乱・混迷からの回復・復興も時間を要し、世間一般と同様に生活の方は大変であった。年齢的には五十歳に近くなっており、当時その年齢では簡単に仕事を見つけにくく、実際に、安定した仕事・生活にありつくことはできなかった。社会保障制度もまだ十分に整備されていない。欧米にならって外見的に制度を整えたものの、しばらくは生活保護制度をはじめ、権利の視点も、内容の整備も遅れたままであった。

また、柳沢が主として取り組んだ廃娼問題、劣悪な労働条件に苦しむ底辺労働者の状況も、なお厳しいものの、戦前とは比べものにならないほど条件を改善された。

そんな時代に、「米よこせ」運動を展開せざるを得ない厳しい状況に、食糧メーデーが開催された。それほどに、生活難、特に食料事情の悪化も続き、柳沢も胃腸障害を起こすなど健康を害したこともあった。それだけに、彼は社会運動どころではなく、アナキズム運動や社会運動の第一線に戻ることはできなかった。

ところが、旧知の新居格との偶然の再会で、彼が会長を務める協同組合に加わることになった。新居は、一九四六年に、戦前の経験を生かして城西消費組合、それが加盟する東京都西部生協連合会の結成に参加し、その会長を務めていた。

柳沢も、戦前からアナキストたちには協同組合運動に熱心なものがいることは知っていた。それだけに、協同組合には親近感はもっていた。しかし、この時は、協同組合の理念や活動に共鳴し、すすんで運動に参加したというよりも、直接のきっかけは、生活のためであった。収入に結び付く仕事口を探していた時に、たまたま旧知の新居格に会えた。懐かしく近況などちょっと話を交わしている間に、仕事がないのなら協同組合を手伝わないかと誘われ、協同組合なら挑戦してみようかと、世話になることになった。

ただ、新居の世話で参加しただけに、新居がまもなく亡くなると（一九五一年一一月）、決して楽ではない協同組合の台所事情も知ったので、柳沢は協同組合運動から身を引く。

その後は中小企業で働き、生活を支えた。それでも相変わらず旧運動家との連絡・交流は続き、旧同志の回想記等を乞われれば、執筆することはあった。しかし、時代は大きく変わっており、社会運動に本格的に戻ることはなかった。一九七九（昭和五四）年九月七日永眠、享年八〇。彼の世代では長生きの部類に属した。

3　柳沢善衛と社会問題

(1) 社会運動とリャク（掠・略）屋

柳沢善衛は自身の社会運動論について以下のように説明している。

「僕は……先づ第一に、自己の完成へと心をいためてゐるものである。僕は僕の為めに――僕自身の為に――僕の幸福を得んが為に――だがその運動、のび行く活動、自己完成への道程は、現在の資本家の様な、利己的野心の満足では決してない。……他人を搾取して喰ふがごとき非人間的な行為は、僕には絶対に出来ない行為である。……

……僕はつねに云つてゐる。僕の運動は僕自身が長い間体験して来た生々しい感銘的行動であり、少なく共、僕自身にとつては正義の運動である」（「僕の運動精神」『自由』第二年四月号、一九二八年四月）。

廃娼運動なども、この理解からすれば、「感銘的行動」であり、「正義の運動」ということになろう。

そうは言っても、資金がなくては生活も運動も出来ない。そこで、彼も機関紙誌を発行しては購読料・広告料を得て生活・運動を行うスタイルになった。明治の社会主義機関紙誌でも、大正初期のアナキズム運動の機関紙誌でも、一般企業などから広告を集めることは普通のことであった。『近代思想』なども多くの広告を集めているが、いずれもリャク（略・掠）などと言われる脅しや強要とは無縁のものであった。その頃はリャクなどと言う言葉も使わなかった。むしろ一般企業でも、社会運動や文化・文芸・芸術など新しい動きに好意的な経営者や担当者が応援に広告を出してくれることもあったのである。

ところが、関東大震災後になると、アナキズム系など左翼系の一部で、営利を上げている企業から広告代として強引にでも資金を集めるのを正当化する考え・動きが出てきた。資本主義社会の営利活動そのものが悪徳なのだから、その営利の部分から運動費を要求・略奪するのは当然と正当化する。中浜哲らギロチン社はリャクを正当化し、利用した側であった。彼らはリャクで資金を得て活動したが、そのリャクを脅しと逆手にとられ、弾圧、逮捕されてしまうのである。

柳沢はリャクについて、短いエッセーを書いている（「リヤク屋について」『自由』第一年四月号、一九二八年四月）。彼に言わせると、活動家・運動家には真面目派と不真面目派がある。前者は原稿料を稼ぐとか、翻訳をするとか、勤めを持つとか、ともかく他の方法で収入を得つつ活動するもの、後者は収入無く、機関紙誌などを使ってリャクを手段に収入を得て運動を続けるものである。

彼は自らを「不真面目派」と言っているが、ただ冷静にそんな分析をしているところを見ると、リャクによる生活と運動のあり方を多少なりとも気にしており、それほど積極的にリャクに励んだのではない、とも受け取れる。

もしそうでなかったら、昭和初めの一〇年間も運動とその機関誌を維持することはできなかったはずである。大正末、さらに昭和に入ってからは、リャクが主たる収入源では当局に狙い撃ち・弾圧されるのはわかっており、それを目立たせず、また小言論機関の役割を主張したり、当局も弾圧しにくい廃娼運動などに的を絞る戦略を工夫・駆使して、生き延びたのである。リャクをこのように議論し、自らを「不真面目派」などと呼んでいるところにも、リャクにはそう深入りしたとは思えない、リャクに対する距離・余裕もうかがえるであろう。

(2) 自由社の活動の意義──小言論機関の役割

柳沢がリャクについて上記のように論じたのは、彼なりに小なりとも「言論機関」の一郭を担うという考えや自負もあったからでもある。自らの自由社と機関誌『自由』をその小言論機関の一つと位置づけようとしていたのである。

自らの活動については、それなりの意味付けをしておきたかったこともあろう。団体をつくり、機関誌を持つことで、収入確保のために「リャク」的な方法も使ったとしても、ほとんどのものが関心を示さない廃娼運動という深刻で重要なのに、マイナーな扱いしか受けない問題を通して、社会運動に、また言論活動に参加する意識もあったということである。その点で、むしろ居直る形で、小言論機関の必要性と役割を訴えることで、自らを納得させ、正当化することもしたのであった。
一般的な動向・傾向としては、言論機関が巨大化すると共に、自らを護り、維持するために資本主義体制の維持、あるいは権力や支配層への迎合を顕わにすることがある。主流・中心の位置にいるものに対抗的な位置、あるいは在野の位置に立つことは自らを不安定な位置に追いやることになりやすい。その点で、小言論機関・小団体はその覚悟さえしっかり持てば、組織維持のために自らを権力や支配層に売る必要もない。柳沢はそう訴えたかったのである。
「新聞人が社会の木鐸と称したのは、昔語りとなり、今日の新聞は一流と言はず、二流と言はず純然たる商品と化し、亦た侃々諤々の正論、民衆指導の卓説等は何処にも求むるに由なき状態である。無節操、無主義、無定見平々凡々が唯一の得策であるが如く考へられてゐる。」（柳沢善衛『暴力団狩後始末』五頁、自由社、一九三五年）
「此処に於て小新聞、小雑誌にたづさはる人々は翻然目醒め社会正義の為め絶叫せんか、多々益々その必要性を痛感さるるに至るであらう。」（柳沢善衛同上、十一頁）
戦前にあって、柳沢は自由社およびその機関紙誌の維持・継続に関して、自らを納得させるためもあって、このように小言論機関として正当化する論理を用意しつつ携わっていた。しかし昭和一〇年代に入ると、軍国化・右傾化の下で小言論機関でも、思想運動・社会運動の系譜に属するものは存続が難しくなっていく。柳沢もやむなく時代に迎合しかけるが、その深みにはまる前に自由社を閉じ、『自由』も終刊せざるをえなくなっていく。

(3) 底辺にうごめく女性の保護

柳沢が社会運動において人間一人一人の自由・解放と共に重視したのは、廃娼問題など底辺で呻吟する女性の救済・支援・解放、またすべてにわたる貧困問題の解決である。ただ彼がこの種の問題に運動のほとんど全てをかけるほどになるきっかけ・根本の理由は、まだ解明されていない。

彼は、一九二〇年代のある年、三ヵ月に渡って北海道と本州の大きな廓を見て回ったことがある。その間の一九二六年には、小樽において反遊郭運動を支援している。それらの体験・見聞をパンフレットではあるが、自著『闇に泣く女性に告ぐ』(自由社、一九二七年)にまとめ、公けにしている。そんな強い関心がどこから湧いて来たのか興味を引かれるところである。

そのような関心・活動の一部を紹介すると、次の通りである。

「こんな辛い勤めの少しの暇にも貴女達は、疲れきつた体軀を二階の欄干にもたれぼんやりと、故郷の空を眺めては、親兄弟のことや、行末のことなぞ考へて、人知れず涙に暮れる様なことも度々あることと思ゐます。こうして楽しい日とては一日もなく、只日毎夜毎悶々と淋しく、死にも等しい犠牲を払つて、得たその代価の大部分は、廓主に搾りとられて了ふのであります。残るものはいつまでも借金と、他人のきらう忌わしい不治の病毒とであります。」(柳沢善衛前掲『闇に泣く女性に告ぐ』二頁)。

柳沢は、このように同情を寄せて、彼女たちに自由廃業の方法や、自ら立ち上がることを勧めている。この問題については、廓の女性・娼妓のみでなく、料理屋の酌婦、芸者等にも共通する問題と、彼は受けとめていた。

社会の最底辺の生活を強いられる女性たちに、彼が目を向け続けたことは、アナキズム系のみか、社会運動全体・運動家全体でも極めて少数派の対応である。アナキズム運動そのものが少数派に落ち込んでいた時代に、その中でもさらに少数派の底辺の女性問題の支援・解放を重視したことは、特に留意されてよい。オカネを集めるだけ、資本家や会社に威圧感・脅威を与えるためなら、もっといろいろな運動があったはずである。運動や機関誌をたんにリャクによる収入確保の用具に使っただけではなかったと評価できる所以である。

結局、戦前は廃娼も劣悪な女子労働の解放も実現しないが、パンフレットでも、機関紙『自由』でも、柳沢が最も重視した問題は、これら底辺の劣悪な条件・状況の下で働く女性たちの自由と解放であった。それだけでも、柳沢の見直し・再評価の必要を教えられよう。

4　柳沢の著作（パンフレット）・関係紙誌

柳沢の生涯や業績、そして思想を明らかにするには、活動の全容、また全ての著作類を確かめる必要がある。ただし、彼のような少数派の運動の場合、その活動の全容をつかむことは難しい。機関誌『自由』は自らの活動の全容・詳細を報告・記録する方式はとっていない。また少数派の活動では、一般紙誌はもちろん、運動機関紙誌もめったに取り上げたり、応援などもしたりしてはくれない。

また彼の著作類にしても、図書館・資料館や研究者の手元にならどこにでもあるというものではない。むしろ一つ一つが稀覯書に近い状態になっている。それは、発禁処分など弾圧の厳しいアナキズム系に属した上、彼の著作の多くがパンフレット類であったので、図書館なども重視せず、保存することが少なかったこと、また彼の立場が運動の主流や中心に位置するものではなかったことが与っていよう。

私も柳沢の著作類に全て目を通せたわけではない。私が目を通すことのできたものを列記すると、次の通りである。

①『近代無政府主義運動史』芝原淳三との共著、パンフレット第一輯、自由公論社（東京市神田区江川町）、一九二六年。本書は芝原との交流を裏付けているが、戦後芝原が亡くなったときには、柳沢は追悼記を書いている（『ながれ』六号、一九七四年三月）。

②『闇に泣く女性に告ぐ』自由社パンフレット（1）、自由社（東京市杉並区高円寺）、一九二七年

③『吾々の見た組合と政治』自由社パンフレット（2）、自由社出版部（東京市杉並区高円寺）、一九二七年

④『暴力団狩後始末』自由社（東京市杉並区高円寺）、一九三五年

その他、パンフレットとして『原始から文明へ』『日本革命史』『無政府主義辞典』などが自由社か

ら発行予定となっているが、多くは未刊と思われる。

それに、自由社の機関紙誌『自由』が一九二七年六月に創刊されている。自由社の事務所は東京・杉並区高円寺九七一番地にあった。創刊時は新聞版（A３）四頁、編集発行人は柳沢であった。兼谷美英、安谷寛一、和田信義、小林輝らが執筆し、河合康左右の獄中からの便りも載せている。ただし創刊号は発禁にあっている。以下の号には、以上の他に広海貫一、備前又二郎、武田清、入江一郎、天目丈一郎、正木隆之助、柳川夢治（柳沢のペンネームと推定）等の名前も執筆者あるいは同志として登場する。

第二号は未見。第三号からは菊判の雑紙型に変わっている。発行所は自由社出版部となり、創刊号の自由社に出版部が付される。以後も、表紙は自由社出版部、奥付は自由社となるのが普通になる。ただし第二年二月号（一九二八年二月）のように表紙も奥付も自由社という号もある。

自由社の住所に関しては東京・高円寺は変わらないが、三号からは大阪市港区九條三の二番地が加わる。一九三二年末には大阪の住所は大阪府豊野郡麻田村に変わる。翌一九三三年には発行人柳沢の住所も、東京から大阪の麻田村に変わる。ただし発行所である自由社の東京の住所は杉並区高円寺のまま記載されている。

これまで確認できた最終号は一九三三年八月号である（ぱる出版『日本アナキズム運動人名辞典』には一九四一年まで継続とある。ただし同辞典巻末「機関紙誌リスト一覧」では、一九二八年一一月〜一九二九年一月まで確認とされている）。ただし、その一九三三年八月号には、終刊云々という記事は全くな

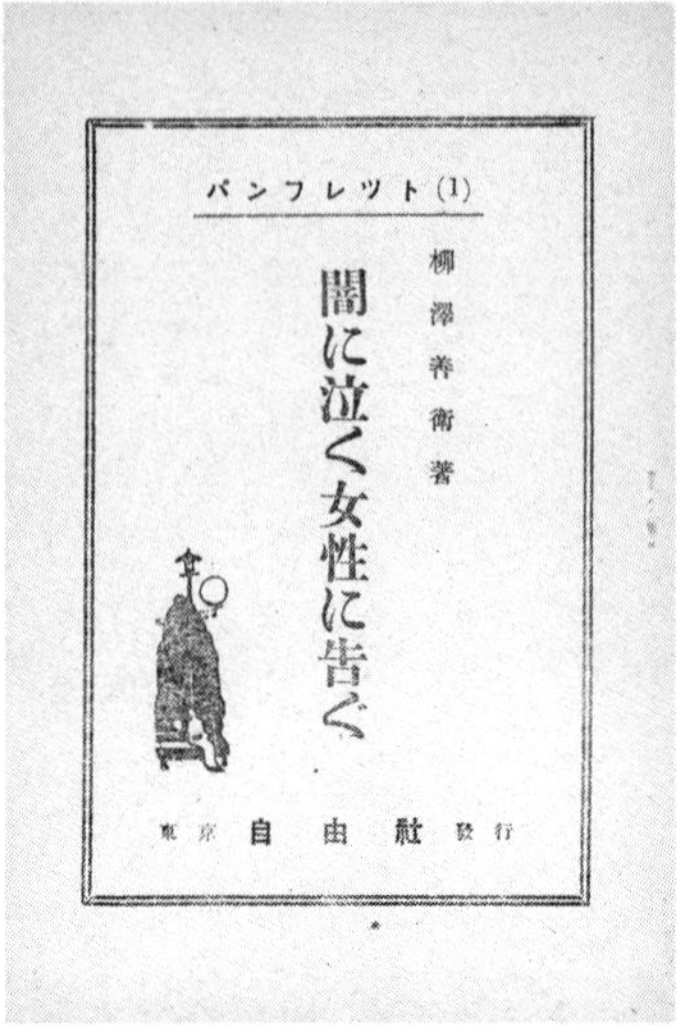

（1927年）

（1926年）

（1935年）

（1927年）

柳沢善衛のパンフレット

いので、その後もう少し続いた可能性がある。

その点で、『自由』は少なくとも一九二七年から一九三三年までの六年間は維持されたことになる。その後は続いたとしても、僅かな期間であろう。それでも、アナキズム系としては、特に小団体としては、長く続いた方である。ただ時代状況を考えると、その後はそう長くは続いていないと考えてよい。

以上のように、柳沢善衛はアナキズム系にあっても異色の人である。取り組む課題でも、活動する領域・場でも、中央や中心に位置することにはそれほど関心を示さず、底辺、特に芸妓・公娼、劣悪な女性労働、貧困などの現場に、稀にはアイヌ、農村にも目を向けて活動・発信を続けた。

『未完大杉栄遺稿』を読む」(『自由』第二年二月号)には、遺稿の論文に「教へられる所多い」と言い、また葉山日影茶屋事件には寛大な気持がうかがえる。そのような大杉に対する前向きの姿勢から、大杉の生前に柳沢が大杉と近しい関係にあったら、彼の思想や活動に何らかの影響もあったのではないかと、勝手に想像したくなる、大杉の遺稿集に対する彼の読後感である。

他に『自由』で注目できる記事には、「労働組合支持に関する討議」(『自由』第三号、一九二七年一一月)がある。備前又三郎、畠山清行、畑山清美、八太舟三、麻生義、壺井繁治、石川三四郎、能智修弥、萩原恭次郎、高島三治、平井貞二らに労働組合に対する考えを問うたアンケートの回答を載せているのである。

いうまでもなくアナキズム系で労働組合の位置づけ・評価をめぐって、労働運動容認派(アナルコ・サンジカリズム系）と否認派（純正無政府主義系）の対立状態が発生していた状況を受け止めた上でのものである。この問題については、彼は特に鮮明な立場を示さず、中立的な立場で対応している。

また柳沢、和田信義らの同志でもあった小山茂の死を悼んだ「小山茂君を憶ふ」（『自由』一九二九年一月）も忘れられない。柳沢と共に、和田も小山への追悼記を寄せている。

さらに、一九二九年七月号は「性愛地獄製糸及紡績女工の話」（柳川夢治）、「公娼廃止について」、また一九三三年八月号は「廃娼問題」（幸徳秋水）、「誌上相談――自由廃業問題」を取り上げている。いずれも柳沢が強い関心をもっていたテーマや問題である。

おわりに――柳沢善衛の社会運動家としての位置と役割

アナキズム系は、戦前の社会運動の流れにあって大正初期から関東大震災前までは、現在では想像できないほど大きな影響力を持っていた。しかし、戦前を通してみれば、その時期を除けば少数派であった。特に関東大震災以後は急速にそのような位置に沈んでいく。

柳沢は、その中でもさらに少数派の集団・運動に関わっていた。主に底辺の女性の支援と解放を訴え続けたように、一隅に向けて社会悪・貧困・人間差別を糾弾し、改善・解放を訴えるような役割を演じたのである。

一九二二年の全国労働組合総連合大会に見られるように、社会運動でも、思想運動的流れよりも労働組合運動が前面に出るような時代になると、柳沢ら小団体・小運動グループは一層少数派に追いやられていく。不安定な小組織・小活動は、弾圧がどんどん厳しく覆いかぶさってくる状況に直面していくし、依存しがちな出版やリャクによる資金収入も取締りが厳しくなっていく。

それでも、柳沢は僅かの同志と共に機関誌を発行し、小団体にしてはそれを長く継続・維持できた。ページ数の少ない薄い機関誌とはいえ、長く継続できたことは、それだけでも評価されてよい時代であった。社会運動機関紙誌、特に戦前の機関紙誌の場合、長く継続・維持することは難しかった。社会運動機関紙誌には、三号続くのが精一杯の「三号雑誌」が多いように、刊行しても、すぐに消えていくものが多かった。アナキズム系のみか、社会運動機関紙誌は三号続けばまだ良い方といってよかったのである。

その背景には、一方で運動陣営側には資金不足や人材難が常で、出版・印刷費どころか、生活費もままならぬ状況があった。他方で弾圧が酷く、主義・主張を思うまま押し出せば、機関紙誌を発行しても発禁処分になりやすく、骨折り損に終わることも少なくない時代であった。そういったことが資金難をさらに厳しいものにし、機関紙誌の発行どころではなくなっていく。

それに比べると、労働組合は、戦前でも思想運動団体に比べて機関紙誌も長く維持・継続できた。労働組合には組合員がいるので、組合費の徴収などで機関紙誌を出す程度の資金の安定的調達は比較的容易であるが、運動の目的、活動、方法はある程度限定される。過激な活動に走るばかりでは、一般組合員は参加せず、組織を維持できない。当然、労働組合も大衆組織として社会運動・思想運動とは一線を引き、距離をおこうとした。実際に、社会運動のリーダーが労働組合やその機関紙誌に参加・執筆する機会は少なかった。大杉栄や堺利彦らにしても、労働組合機関紙誌には、争議など特別の時のみで、ほとんど執筆していなかった通りである。

それらのことから、労働組合機関紙誌の方が弾圧による発禁を免れやすかった。アナキズム系でも、『芝浦労働』、『正進』などを引き継ぐ『印刷工連合』、『自由連合』『自由連合新聞』はじめ、労働組合機関紙誌でも、弾圧を完全に避けることはできなかったが、長く続いたのは、そのように労働組合の役割をわきまえたからでもある。

当然のことながら、柳沢らも、機関誌の発禁を逃れ、損害を被らない工夫をした。小言論機関の必要性とそれを担うことを表看板に、あるいは自負して、運動と機関紙誌を護ろうとしたのがその例である。『自由』も決して頁の多い、厚い機関誌ではなかったが、一九二七年から一九三三年あるいは一九三〇年代半ば過ぎまでの数年間に渡って比較的長く維持された。それは、アナキズムや自由連合論など思想・イデオロギー、あるいは反体制論などを前面に押しだすよりも、廃娼運動、底辺にうごめく女性の保護について、僅かの人数でも運動そのものを細く長く続けること、あわせて機関紙誌も長く維持することを心掛けた結果でもあった。

柳沢の資金源は　機関誌に対する購読料、カンパ、寄付、広告料であった。それらがどの程度の額になっていたのかは不明である。また寄付や広告料の中にリャク的な収入がどの程度入っていたかも不明である。

もともと、柳沢とその活動は、特殊な領域・テーマに属するものであるだけに、社会運動あるいはアナキズム運動全体の主流の位置に就くことはなかった。もちろん、一般の関心や支持を得るほどのものにもならなかった。その結果、彼の名も社会運動界やジャーナリズムにも、それほど広く知られることにはならなかった。それだけに、執筆などで一般商業誌に寄稿できたり、寄付などを含め、資金的に恵まれたりということはなかった。

それでも、柳沢は社会運動人名辞典類には必ず取り上げられるほどにはなっている。その点で、全くの無名ではない。僅かであれ、その存在と活動が記憶され、後世に名を残すほどにはなっていた。

そのような人物の場合、その生涯と活動、そして思想の全体像を的確に、さらに個々の活動・事績まで詳細に調べ上げることは難しい。にもかかわらず、柳沢が関心を示し、積極的に取り組んだテーマ・課題とその支援の活動は重要であった。ただ、協力者・支援者が多くなりにくい少数派の領域やテーマであっただけに、一歩でも二歩でも解明を進める調査・研究の努力は必要で、意味もある。もちろん、その調査・研究は困難な作業とならざるをえない。またそれ故にこそ、少しでもより深く、またより精確に明らかにする意味・必要性は高い。

〈参考文献〉

柳沢善衛『近代無政府主義運動史』芝原淳三との共著、自由公論社（東京市神田区江川町）、一九二六年
柳沢善衛『闇に泣く女性に告ぐ』自由社（東京市杉並区高円寺）、一九二七年

柳沢善衛『吾々の見た組合と政治』自由社出版部（東京市杉並区高円寺）、一九二七年
柳沢善衛『暴力団狩後始末』自由社（東京市杉並区高円寺）、一九三五年
『自由』自由社・自由社出版部、一九二七年〜一九三三年
安田理貴子「悪女の墓標」『伊勢新聞』一九八二年三月〜六月（連載終了後、『悪女の墓標』として五五回分を手作りの冊子にまとめて少部数発行、一九八二年）
『日本社会運動人名辞典』青木書店、一九七〇年
『近代日本社会運動史人物大事典』4、日外アソシエーツ、一九九七年
『日本アナキズム運動人名辞典』ぱる出版、二〇〇四年

第四章　アナキズム系のロシア革命批判パンフレット

――パンフレット等小出版物の重要性を見直す時

1　社会運動・労働運動とパンフレット

日本の労働運動・社会運動史においては、パンフレット、リーフレット、ビラ等の小出版物の役割が小さくない。実は、欧米においても、ほぼ同様である。どの国でも黎明期はじめ、初期から発展期には、パンフレット類の多さと役割の大きさが特に注意を引く。

日本でも明治、大正、戦前昭和期はもちろん、さらに戦後昭和の終戦直後にも、その点は顕著であった。

長い間、労働運動・社会運動にあっては、意外に重要な目標、理念、方法、活動、あるいは資料、記録を啓蒙、教育、宣伝、実践、時には成果発表のために、パンフレット類がよく利用された。まだ二〇〇頁、三〇〇頁クラスの著書が一般市民どころか、すべての研究者にも開かれていない時代であれば、社会運動家や労働者にとっては、単行本の著作は遠く手の届かぬ存在であった。それに代わって、頻繁に利用されたのが、パンフレット類であった。パンフレットなら、労働者や社会運動家にも手の出せる出版物であった。

その点で、労働運動・社会運動における出版物の種類や方法は、若手の研究者も一般市民も単行本に手を出せるようになった現在とは、戦前あるいは戦後しばらくとでは違うのである。それだけに、今日の労働運動・社会運動の研究者や実践家は、戦前、あるいは戦後すぐの時期に関しては、パンフレット、リーフレット、ビラなど小出版物の役割を軽視してはならない。

秘密出版のパンフレットも目立つ明治の社会主義・労働運動の時代から、パンフレット類が特に多かった戦時下の産業報国運動に至るまで、社会運動・労働運動においては、パンフレット類が次から次へ世に送り出された。戦後すぐにも、社会主義・社会思想関係では、膨大な数のパンフレットが世に送り出されている。アナ・ボルなど思想的立場に関係なく、幸徳秋水、堺利彦、大杉栄、K・マルクス、F・エンゲルスなど先駆者たちの著・訳書も、随分多くパンフレットで出版されている。編集・執筆の速さ、簡便さ、廉価さ、配布の容易さ等から、厚いだけに高価になりがちな単行本に比べて、頻繁に活用されたのである。

実際に、戦前、あるいは戦後しばらくは、労働運動や社会運動におけるパンフレット類の比重や役割は、今日に比べれば、はるかに大きかった。それだけに、パンフレット類に拠らなくては、明らかにできないことも少なくない。

例えば、戦前の労働組合の労働争議報告・活動報告等は、パンフレットを利用することが多かった。

芝浦製作所、園池製作所、神戸三菱造船所、横濱船渠株式会社などの初期の著名な争議の報告書は、パンフレットである場合が多い。また官公庁や公益法人類の労働関係の統計・資料や報告書にも、パンフレット類が極めて多く利用された。

実際に、労働運動・社会運動では、個々の労働組合や団体も、また各派の連合体も、宣伝・啓蒙・報告にはよくパンフレット類を使った。アナキズム系もその例外ではなかった。むしろ、実に多くのパンフレットを発行している。その意味では、パンフレット類を無視しては、アナキズム運動、そしてその運動家の活動や思想の全体像はつかめないと言っても言い過ぎではないほどである。

元来、日本では、パンフレット、リーフレット、ビラなど小出版物の存在を、どの分野でも、研究者も、図書館・資料館も、比較的軽視してきた。特に労働運動・社会運動領域におけるそれらの比重の高さ・重要性を考えると、その軽視が大きな問題・課題であった。今頃になって、パンフレット類の収集・保存・活用を言い出すのは、遅きに失した感があるが、今からでも収集・保存等に向けて取り組むにこしたことはない。

今から三五年以上も前になる一九八一年当時のことであるが、ニュージーランド南島のクライストチャーチにあるカンタベリー大学では、一九六〇年以前発行のパンフレット類は全て稀覯書扱いとされていた。そのため、例外なく館外貸し出しを禁止する措置がとられ、すべて館内のみの利用となっていた。

ニュージーランドでも、それ以前は、パンフレット類の扱いは軽んじられていた。たしかに、小出版物には最初からその場限りの利用で、すぐに処分される程度の扱いのものもある。ところが意外に重要なものまで、薄さ・軽さ、低価格から処分や軽い扱いを受けがちであった。実際に、重要なものまで処分されたり、紛失、行方不明となっていたりするものが多く見られた。

そこで、先見の明のある関係者が、パンフレット類の重要性の確認とその保護・活用を訴え、検討した。その結果が、先のパンフレット類を稀覯書に指定し、保存・保護に力を入れる措置の実行であった。その点では、学ぶところが少なくなかった。

ニュージーランドで当時、私が研究課題にしていたテーマは、同国の社会保障の現状と歴史であったが、その領域でも、パンフレット類は大切なものが少なくなかった。しかし、その内のいくつかは、図書館でも、図書目録には登録されながら、行方不明となっていた。そんな状況から、図書館としてはパンフレット類の重要性を認識し、収集・保存の強化、その一策として館外持ち出し禁止措置をとったのである。

その頃も、個人的には日本の労働運動・社会運動においても、私はパンフレット、リーフレット、ビラ類が重要であることを認識していただけに、ニュージーランドの大学図書館の対応に、教えられた。また我が意を得たりという気持になったものである。

日本は、パンフレット、リーフレット、ビラなど小出版物の扱いでは、未だにそれ以前の段階である。図書館・資料館も、また研究者も、パンフレット類に対する重要性の認識は決して強くない。まだ心ある個人が熱心に収集・保護に当たっている段階である。そろそろ図書館なり文学館なりが、意識して保護や有効活用のために、組織的に対応する必要があるであろう。

2　アナキストとロシア革命に関するパンフレット

近年、ロシア革命一〇〇周年ということで、ロシア革命の再検証・再検討が盛んである。ロシア革命に関しても、日本ではパンフレット類が多く発行されている。アナキズム系のロシア革命批判に限っても、パンフレットが相当の冊数発行されている。その中には現在も生きる重要なものも含まれている。しかし、そのほとんどは忘れられたままである。

ロシア革命については、日本ではマルクス主義系からは客観的な検証は十分にはなされないできた。特に革命後しばらくは、如何なる批判も受け付けないほどのロシア革命の絶対視・神格視が見られるほどであった。それに真っ向から批判を加えたのがアナキズム系であり、特に大杉栄であった。関東大震災前後から昭和初期にかけて、アナキズム系のロシア革命批判は厳しさを増す。その際、発表の場としてアナキズム系では、機関紙誌に劣らずパンフレット類が利用された。

しかも、その中にはロシア革命を超えて、権力、中央集権主義、一党独裁、市民の自由など革命一般の論議でも、無視できない文献も見られる。それらには、外国の文献・資料に依拠するものが多かったにしろ、ロシア革命の客観的検証・評価への第一歩が標されている。文章・論述性の拙さなどに問題があるものも見られるので、その面の注意は必要である。しかし、研究史の流れにおいては、無視できないものである。
例えば、次のようなものがその代表的なパンフレットである。
①武良二編『無政府主義の立場から強権主義の解剖――マルクス主義とボルシェヴィキに就て――』朔風会、一九二七年
②増田英一編『無政府主義者の見た労農ロシア』黒旋風社パンフレット（1）、黒旋風社、一九二七年
③『改訂　ロシア無政府主義運動小史』解放戦線パンフレットⅠ、解放新聞社、一九二八年
④石川三四郎『マフノの農民運動』地底叢書第一輯、地底社、一九二八年
⑤アレキサンダー・ベルクマン、能智修弥訳『ロシア革命批判』自由書房、一九二八年
ベルクマンと共に、エマ・ゴールドマンの論考も収録されている。
⑥アレキサンダー・ベルクマン、小池英三訳『クロンスタットの叛逆』自由書房、一九二八年
⑦黒色青年連盟『無政府主義論』「黒色青年」編輯所、前田淳一編輯・発行人、一九三〇年
⑧アレキサンダー・ベルクマン、塚本譲訳『プロレタリアの喰ったパン』欧亜堂、一九三一年
⑨入江一郎『赤色ロシアの正体暴露』「自覚と建設」叢書第二輯、自覚と建設社、一九三二年
他に関連文献として、P・クロポトキン、麻生義訳『サンジカリズムとアナーキズム』（金星堂、一

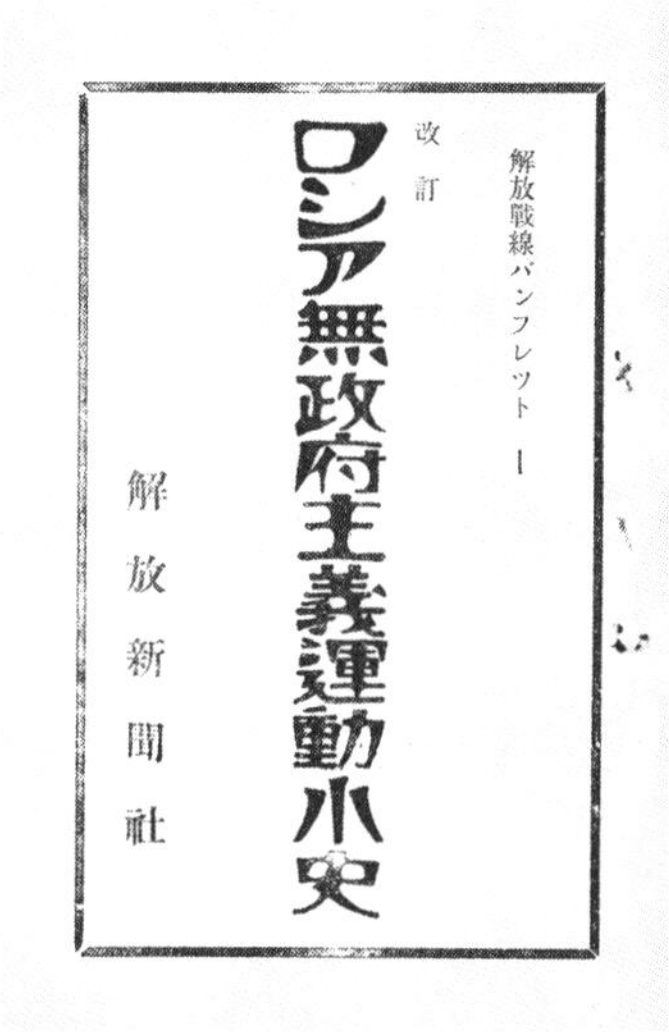

(1928年)

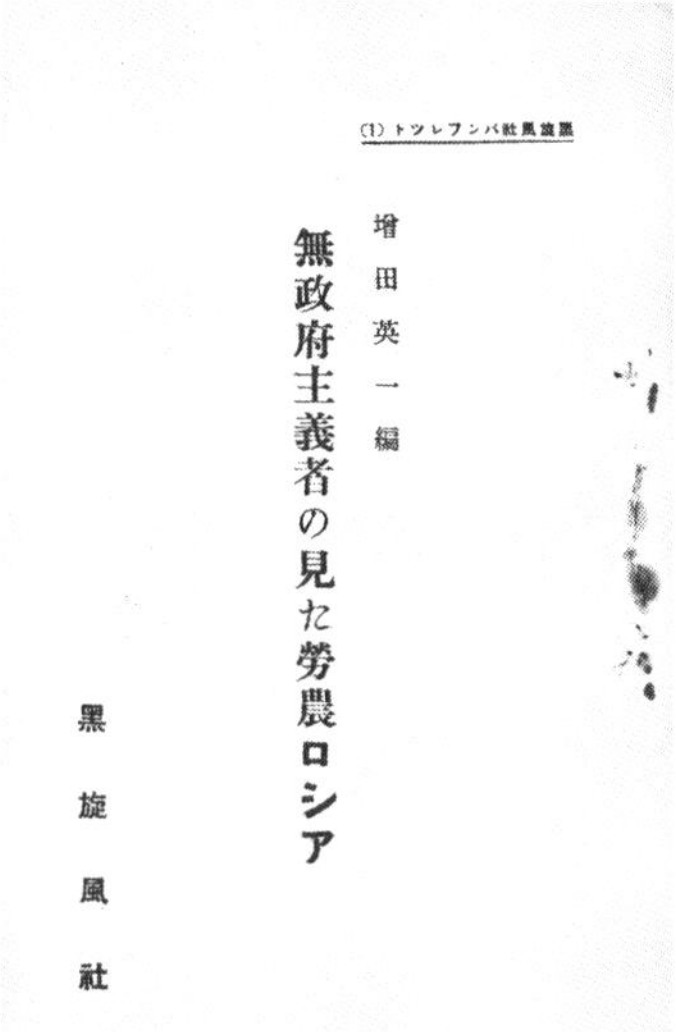

(1927年)

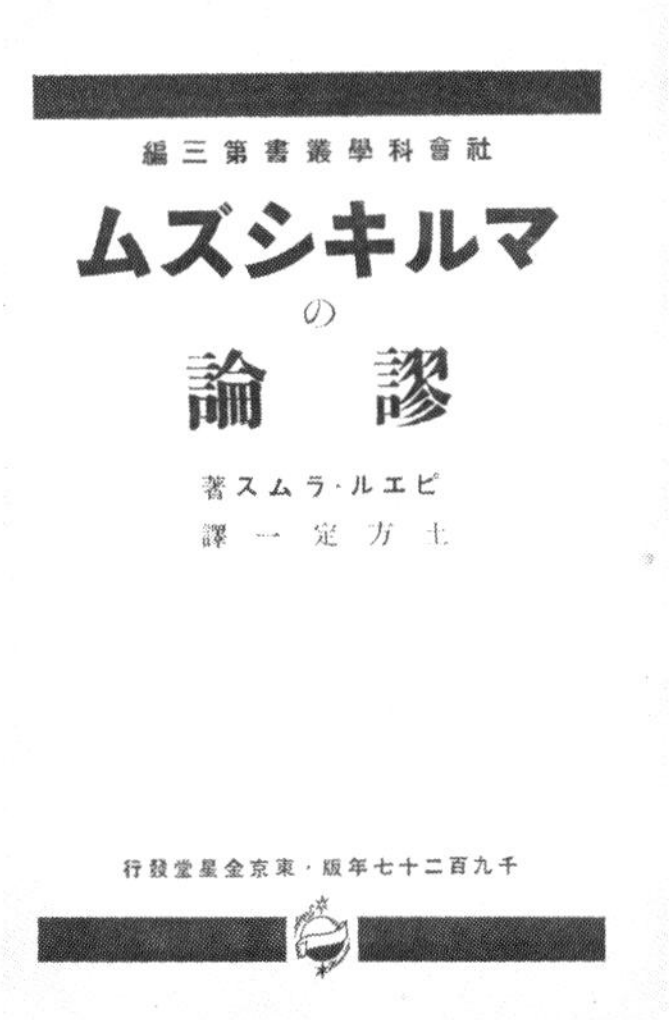

(1927年)

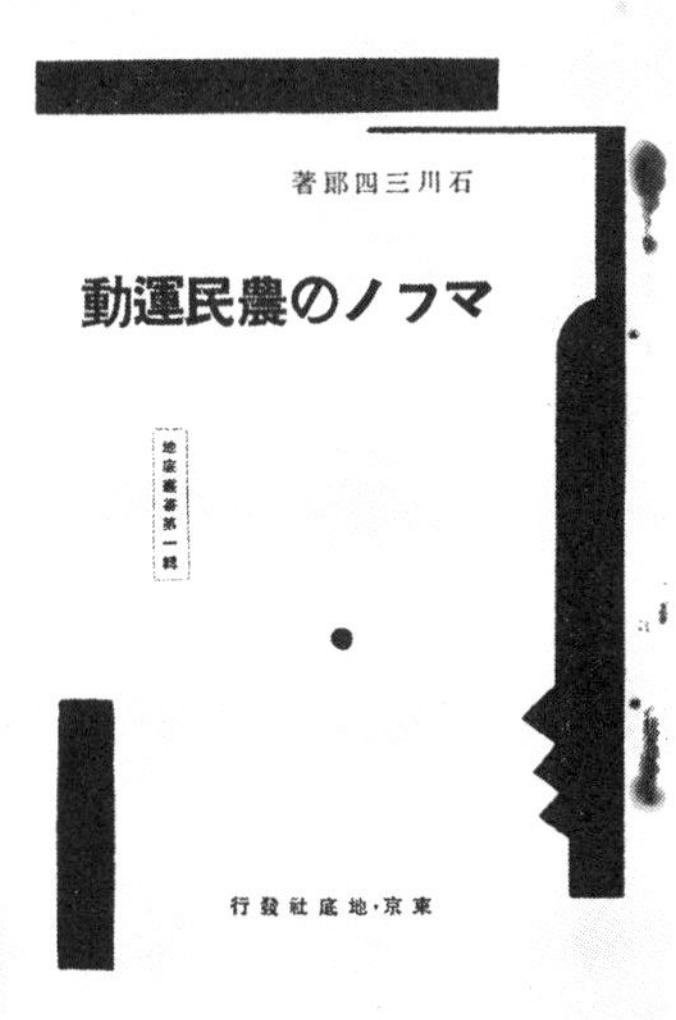

(1928年)

ロシア革命批判のパンフレット(1)

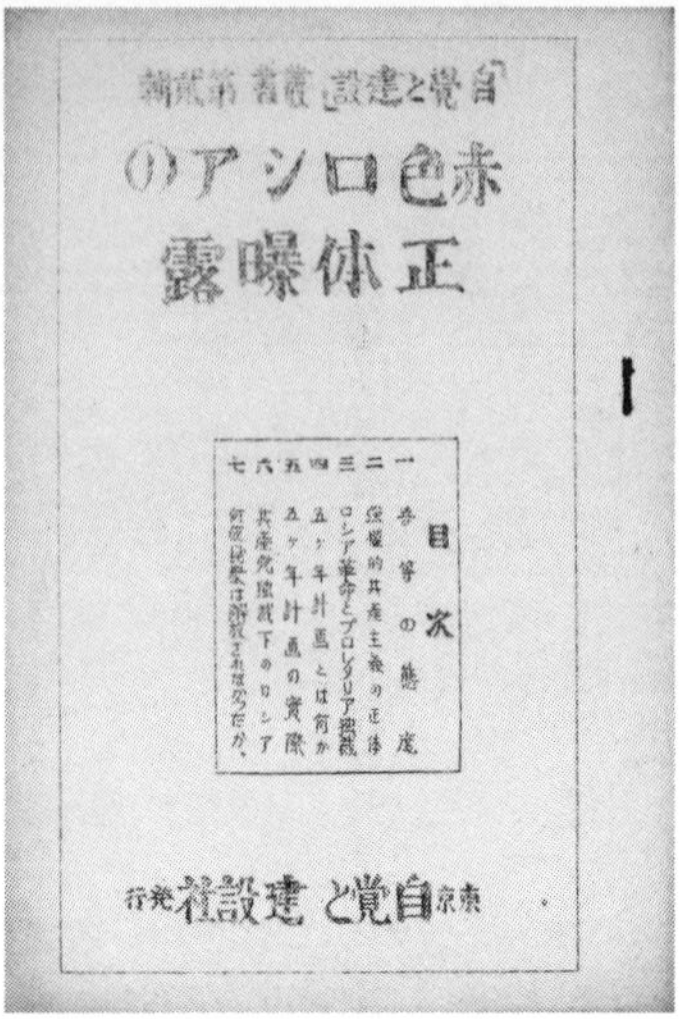
自覚と建設叢書第弐輯

赤色ロシアの正体曝露

目次
一 吾等の態度
二 欺瞞的共産主義の正体
三 ロシア革命とプロレタリア独裁
四 五ヶ年計画とは何か
五 五ヶ年計画の実際
六 共産党独裁下のロシア
七 何故民衆は欺瞞されたか

東京 自覚と建設社発行

（1932年）

ロシア革命の批判

ベルクマン著
能智修彌譯

ロシヤ革命叢書第一冊

1928

東京 自由書房發行

（1928年）

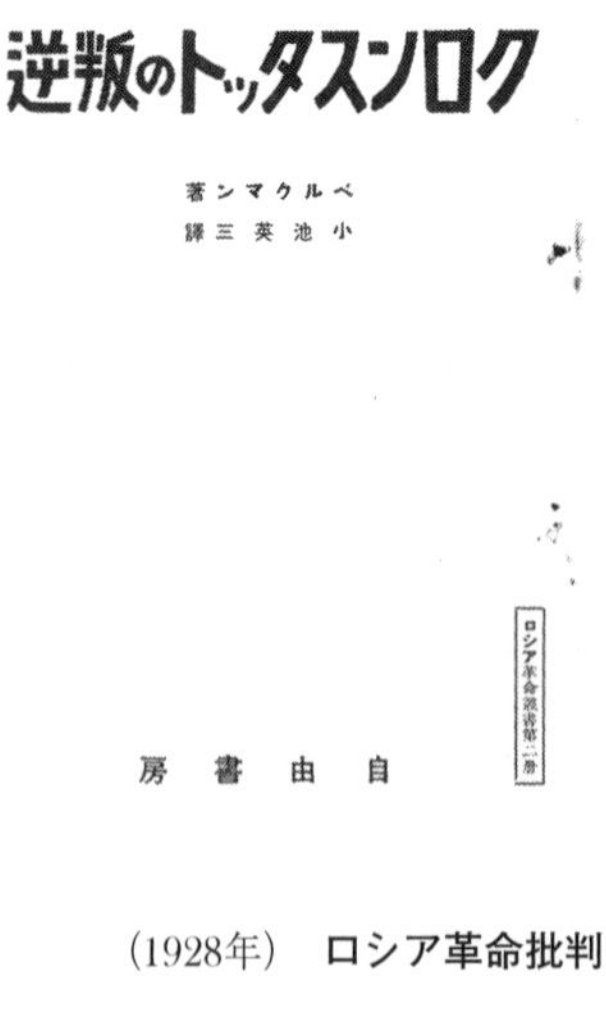
クロンスタットの叛逆

ベルクマン著
小池英三譯

ロシア革命叢書第二冊

自由書房

無政府主義論集

黒色青年聯盟

（1928年）　ロシア革命批判のパンフレット（2）　（1930年）

九二七年)、ピエル・ラムス、土方定一訳『マルキシズムの誤謬』(金星堂、一九二七年)、須藤蔀『マルクス主義討伐論――弁証法的社会観の排撃――』(自由学舎、一九三一年)などがある。ちなみに、エマ・ゴールドマンの出版物には、英文でも和文でも、パンフレット類が多い。この一九二〇年代から三〇年代にかけても、『愛国心とは何ぞや?――自由の威嚇――』(久保譲訳、黒社、一九二六年)、『アナーキズム――眞に無政府主義は何を基礎としているか――』(山下一夫訳、自治連盟出版部、一九三二年)などがある。

上記のロシア革命をめぐるパンフレットは、多くが一九二〇年代後半から一九三〇年代前半にかけて、つまり昭和初年の刊行である。大杉栄が健在で、マルクス主義系とロシア革命をめぐって、一党独裁論、権力論、過渡期における自由の抑圧などについて激しいほどの論争を展開したのは、一九二〇年代前半の関東大震災前であった。

その当時、大杉たちは一歩も引かずに、革命後の社会では、権力や独裁が他派・反対派のみか、市民生活まで抑圧・蹂躙し、人間の自由・解放に逆行する状況を現出していると、ロシア革命を、あってはならない革命と酷評した。

それに対し、マルクス主義陣営は、折角勃発した革命を批判するとは何事か、と大杉らに猛烈な批判、非難、罵声を浴びせかけた。スパイ、裏切り者、反革命分子、独裁者と、悪口雑言を浴びせた。それでも、大杉は、一歩も退かずマルクス主義陣営と対等に論陣を張り、ロシア革命が本物ではなく、誤った革命であるという主張を譲らなかった。

しかし、一九二〇年代後半になると、アナキズム系には昔日の面影はなく、現実のロシア革命の進展・ソ連邦の安定を目にして、ロシア革命の評価ではマルクス主義者には相手にされないほど後退していった。それに対して、マルクス主義者は、社会主義国の現実を直視・客観視するよりも、ただ理想に向う素晴らしい国、矛盾・間違いや悪政などのない国という先入観に取りつかれ続けた。批判にはかす耳を持たなかった。それほど現実の社会主義国を客観視・科学視するのではなく、観念的に正当視・理想視する見方が社会主義者の頭脳を占有していた。

アナキズム系の場合、この一九二〇年代後半には、ロシア革命については、それを本物の革命とは認めない理解で一致していた。日本では、大杉栄がいったんは革命勃発に感動したものの、社会主義者では最も早くロシア革命を本来の革命ではないと批判的に受けとめるに至った。その理解が、この頃にはアナキストには浸透していた。

大杉とて、最初からロシア革命を批判的に見たのではない。たしかに、ロシアにおける革命に早くから積極的に反応し、興味を示した。当初は、ついに革命が現実のものになったと、胸を躍らせた。同時に、欧米の情報・文献類はできるだけ早く目を通すようにし、それを紹介した。それのみか、外国に出かけて、ロシア革命の情報を熱心に収集もした。アレキサンダー・ベルクマンやエマ・ゴールドマンの見聞・論考もその一つで、特にこの二人の見方・報告・評価には真摯に耳を傾け、強い影響を受けた。

ベルクマンもゴールドマンも、ロシア革命の進行が、一党独裁に進み、反対派のみか、市民からも自由を奪う抑圧の姿勢を強める現実など、独裁の進行が市民を抑圧する状況にショックを受けていた。反対派を抑圧する権力・治安活動、アナキストに対する弾圧にも、夢に描いてきた革命とは違うという意識を持たざるをえなかった。この点は、実態・事例に基づいて厳しい批判を行った。

それらを総合的に見て、大杉は、ロシア革命が本物の革命ではないこと、市民の抑圧をはじめ、むしろ問題が多く、あってはならない誤った革命であることを早い段階で確認し、主張していた。過渡期を一時的なものと言いつつ、権力の掌握と一党独裁、反対派や市民への弾圧、自由の抑制を行うのは、革命の逸脱であると厳しく批判した。一時的であれ、理想・目標、あるいは市民本位に反する原則に立ち、権力をかざし、一党独裁に踏み出せば、歯止めが効かなくなる。際限がなく永続化する。大杉は、これではロシアにはもう一つの本物の革命が必要であると痛感した。それは、今日から見ても、ソ連、中国、かつての東欧諸国、あるいは近年の中国や北朝鮮の革命と社会主義の現実を冷静に観察すれば、明らかなことであった。

大杉の見方・主張の正しさが証明されるのは、ソ連や東欧諸国の社会主義体制が崩壊した後であった。戦後もだいぶ歳月が経過してからである。

3　ロシア革命の真実と世界の趨勢

アナキストが昭和初年に刊行した上記のパンフレット類も、大杉のロシア革命観を引き継いでいる。

ロシア革命は、革命とはいえ、現実には一党独裁であり、人間の真の自由や解放にはつながっていない。自由を制限・抑圧する過渡期がいつ終わるのかも全く見通されていなかった。革命と言いつつ、権力が一つの政権や党派から他の政権や党派に移っただけで、悪しき権力の残存は、市民にとっては何も変わらなかった。

それだけでなく、むしろ権力・独裁が強化され、冷酷な秘密警察など、自由を抑制する治安機関が幅をきかせるようになった。結局、革命と言いつつ、名前だけで、本来あるべき革命とは遠いものになったという見方が、大杉に始まり、そしてその後継のアナキストたちに引き継がれることになった。

ロシア革命の展開は、いつの間にか、ボルシェヴィキ以外の活動、役割を無視、抹殺していく。革命に貢献した活動も、ボルシェヴィキ以外のものは無視していく。マフノによる農民パルチザンがドイツなどの侵入を防いだり、戦争を阻止したりといった動き、クロンシュタットとボルシェヴィキの対立・衝突、多くのアナキストが弾圧や虐殺された動きなどは抹殺されていく。

ロシアなど社会主義国をめぐる潮流は、ロシアの現実を見て、「ロシアを批評し或はその実情を語るものに凡て反革命家の刻印を捺された。」（武良二編『無政府主義の立場から強権主義の解剖　——マルクス主義とボルシェヴィキに就て——』四三頁、朔風会、一九二七年）という方向に進んでいく。それは、日本でも同様であった。

大杉栄にしても、ロシア革命について、独裁とその支配、人間軽視等が進行して、本来の革命ではなくなっている、と批判した代償として、マルクス主義陣営からは、スパイ、裏切り者、反革命家な

流彈

第一發

■世界に於ける最初の社會主義共和國ソヴイエツト・ロシアは、今月七日を以てその革命の五週年を迎へた。數年間に亘る列强資本主義國の干渉と封鎖とは全く失敗に歸し、最後の干渉部隊も遂に[illegible]した。そしてバルチツク海から日本海に至るロシアの全土は完全に赤旗を以て被はれた。列强資本主義は、今やロシアに向つて通商と利權とを求めるに急なると共に、國內に於ては、漸く『過渡期』に對する警戒線を固めようとしてゐる。

■ロシア革命は一時は世界無產階級の陣列を分裂させた。然し五ケ年に亘るソヴイエツト共和國の存立と、資本の攻勢とは、保守的な勞働者をも自覺させた。勞働階級陣列の分裂は、愈々大結に達しつゝある。世界の勞働階級の眼は、今や一樣にロシアに注がれ、ロシア革命五週年は、三週年又は四週年にいやまさる全世界の勞働者大衆によつて祝賀されてゐる。

■この秋に方つて、若しロシアを攻撃し、ロシアを誹謗する者があるならば、それは我々の敵なる資本家か、軍國主義か、若しくはその傭兵の外にはない筈である。社會革命黨の裁判に對する社會民主々義者の抗議や、一部無政府主義者のロシア攻撃は、結局彼等がブルジアと同じ穴の狢たる證據である。

■日本には幸にしてロシアを攻撃する社會民主々義者はない。然し日本には、權威を僞つけて以て左翼を詐取る自由主義者や、個人の我儘を推し通すことを以て自主自治と稱する無政府主義者がある。彼等は說ふ、ソヴイエツト政府は、資本家政府より以上に、嫌ふべき專制の政府であると。確かに其通りである。ソヴイエツト政府は、固より彼等の如きブルジヨアの傭兵に自由を許すものではない。

■日本に於ける彼等の運命は定まつてゐる。没落の日は既に近づきつゝある。けれども若し彼等が、『最左翼』の美名の下に、多少なりとも無自覺な勞働者に支持されてゐるとするならば、我々は彼等を默殺すべきではない。彼等を勞働階級運動の圈外に葬り去ることは、確かに我々の一事業でなければならぬ。過去に於いても現在に於ても、何等行動を束縛さるべき關係を有たぬ吾々數名の若き同志が立つたのは、これが爲である。

■『流彈』は斯やうなブルジヨアの傭兵を倒すことを目的とする。正面攻撃の敵は他にある。ブルジヨア學者、自由主義者、自稱無政府主義者に告ぐ。戰場の走り使ひや、彈丸拾ひや、援つ拂ひには、『流彈』を警戒せよ!。

流彈社

『流弾』

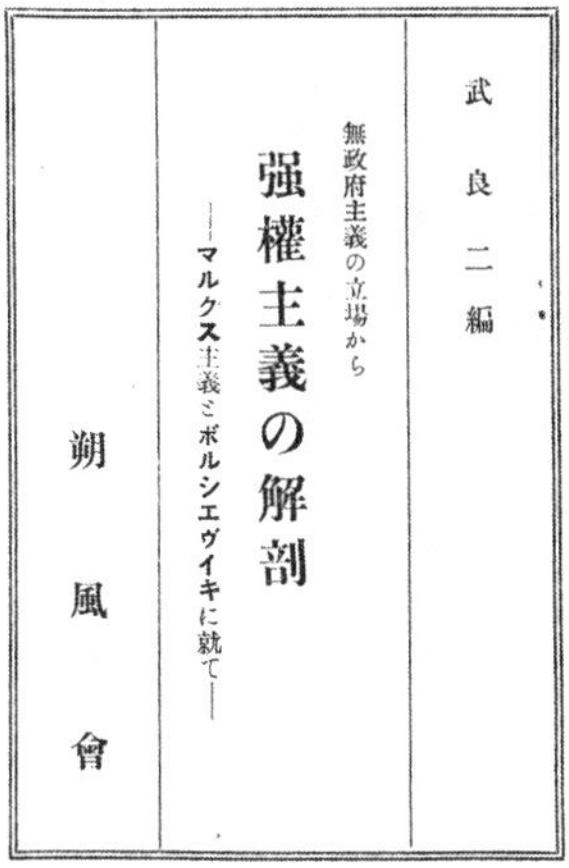

無政府主義の立場から

強權主義の解剖

──マルクス主義とボルシエヴイキに就て──

武良二編

朔風會

(1927年)

どあらゆるレッテルをはられた。社会主義者や革命家で、ロシア革命を批判したり、支持しなかったりすることはあり得ないという前提での公式主義的・形式主義的批判・議論であった。

マルクス主義系の機関紙誌、例えば、大杉存命中の関東大震災直前に発行された杉浦啓一、河田賢治、葉山嘉樹らも参加し、共産党系と言われた機関紙『労働組合』や社会主義系の機関誌『流弾』は、その代表の一つであった。

西雅雄、上田茂樹、稲村隆一らの『流弾』（流弾社）は、創刊号（第一発、一九二二年十一月）を挙げて大杉とアナキストのロシア革命認識の批判、というより非難にあてた。大杉を理論的にではなく、感情的にボロクソに「反革命家」・独裁者と非難、糾弾したのである。

例えば、「金のためなら資本家の靴を嘗めるゴールドマン、金のためなら後藤とも、頭山とも協同戦線を張る大杉、噫、何たる好一対！」（「反革命家大杉栄」前掲『流弾』創刊号）、さらに「日本のプロレタリアは永く、大杉の一言、『ロシアの承認なんかどうでもよいぢやないか』を記憶するであらう。少なくとも大杉が革命の指導者顔して、労働運動の到る処に、野次的妨害行動を試むる間は、彼等はこの一言を記憶するであらう。／元来大杉は、口に独裁を非認するが、彼れの行動は凡て独裁的である。（同上）、といった具合である。

いかにも当時の青年マルクス主義者たちのロシア革命を絶対視・神格化する硬直した「純粋さ」「単調さ」が伝わってくるであろう。夢にまで見た革命が実現したのに、それを批判するとは何事か、そういう奴はエセ社会主義者で、裏切り者ということになった。それが彼らにとっては譲れないロシア革命認識であり、正義論であった。

実際に、日本では、ロシア革命、そして東欧などの社会主義諸国を、マルクス主義者中心にではあるが、多くのものが革命の成功事例、社会主義の理想が着々と実現されている事例と積極的に評価した。革命を先導したロシア、それを継いだ東欧諸国の批判は絶対に許さないといった風潮であった。大杉らに対する批判・非難・罵詈雑言がその典型であった。

戦後になっても、特にマルクス主義者は、ソ連邦や社会主義諸国を理想国と高く評価した。例えば、坂寄俊雄の『社会保障』（岩波新書）の初版などはソ連の現実を、矛盾や問題などがなく、夢の社会が到来した状態と、手放しで称讃した。また、大内兵衛らのマルクス・エンゲルス伝に見られる欠点のない偉人や理論と理想家視する人物伝も受け入れられた。

そんな認識が続いたので、大杉以来のアナキストのロシア革命批判は容易には受け入れられなかった。大杉らは世界の潮流を正しく読めないグループで、小さな雑音・ゴミくらいにしか受けとめることができなかった。大杉らの視点や主張が当時のロシア革命の実態をほぼ的確に把握したものであったこと、それだけに長く生き続けることなどは、ほとんどのマルクス主義者には考えられないことであった。

実際に、予想よりも長く生き続けたものの、ソ連邦や東欧社会主義諸国は、結局市民・民衆の批判に耐えられず、崩壊するに至るのである。

おわりに――パンフレット等小出版物の重要性の認識を

かくして、歳月の経過、歴史の展開は、結局ロシア革命など社会主義革命に関しては、大杉ら少数派の見方・評価が大筋では正しかったことを教えてくれることになった。社会主義国では、一時期・過渡期のみと言いながら、一党独裁、指導者の英雄化・神格化、秘密警察の横行、粛清、自由の抑圧、人間性の軽視などが永遠に続くかに見えるほどになった。

それに比べて資本主義国は、マルクス・エンゲルスの時代には予想もつかなかった社会保障制度の導入・推進、完全雇用の政策目標化と雇用保障・失業補償政策の導入・整備、それらを柱にする高度福祉国家の実現を図ってきた。

もちろん、資本主義社会における競争主義原理と差別・不公平、その延長上に位置する「戦争する国」などの本質は変わってはいない。しかし、資本主義が、初期に比べれば社会保障制度など大胆な改革を進めたことも間違いない。それに比べて、現実の社会主義諸国の市民本位から遠い旧態依然の独裁、特定個人の神格化、弾圧、自由の抑制などが解消されないままである。

そのような社会主義国の現実に対する市民・民衆の不満・批判が大きな理由・きっかけになり、社会主義国の多くは崩壊することになった。自分たちの社会が理想、自由、創造性、豊かさ等の宝庫とは遠い状況・現実であったことが、社会主義国の市民・民衆に自覚、認識させ、行動させたのである。

今、ロシア革命一〇〇周年を迎えて、いたるところで、と言っても主にマルクス主義者以外の人たちによって、その革命とそれが実現した社会の現実が社会主義の理想や理念に応えるものであったのか、検証され直している。その際にも、これまで一貫してロシア革命後の社会主義諸国やソ連邦の独裁、秘密警察、粛清、自由の抑圧、市民の弾圧など反革命性、反人間性、反市民性を批判してきたアナキストのロシア革命論がなお忘れられたままであり、改めて吟味・検証され直してよい。

日本でも、社会主義者のロシア革命認識が、現実・実態の矛盾や問題に目をつむって、全ての市民が最高の幸福・豊かさを満喫する理想的な状態という偏ったものであったが、ようやくそれらは公式的・観念的認識と批判され、排除されるものが多くなっている。それに対し、アナキストの主張・著作は、むしろロシア革命の現実・実態を直視し、批判し続けたので、評価され直してよいものが少なくない。近年、大杉栄の三度目の全集が要請されたり、再評価されたりする一因に、彼のロシア革命に対する批判的な理解・評価があることも否定できない。

ここに紹介したアナキストのロシア革命批判のパンフレット類も、多くの人の視界にはほとんど入っていなかったし、今もほとんど入っていない。それらなしには、日本のアナキストのロシア革命観、あるいはロシア革命に対して日本のアナキストがどう考え、どう動いたかは、適切には理解できないはずである。

アナキストによるロシア革命批判のパンフレットの存在とその役割は一例であって、他のテーマ・問題でも、忘れられたままのパンフレット類は多く存在している。ロシア革命に関するパンフレットが同革命の再吟味・再検証の新しい手がかりにはなるのと同様に、他のテーマ・課題でも、まだ未発掘・未活用のパンフレットが今後の研究に有効に貢献する可能性は小さくない。

あわせて、日本の労働運動・社会運動研究においては、パンフレット、リーフレット、ビラなど小出版物の重要性を改めて確認し、その発掘、整理、保存、公開、活用に意識して取り組む必要があるであろう。

第Ⅳ部

忘れられた思想家の個人紙誌

第一章　日本における思想家の個人紙誌

1　大きな忘れもの・個人紙誌

作家など芸術家や研究者にとって、論文であれ、創作や作品であれ、自らの成果を発表する方法・ルートは、現在では多様である。論文や作品を雑誌・機関紙誌に発表する方法、また論文や作品を一冊の単行本として発行する方法、さらにホームページ・インターネット等を通して発信する方法などが一般的であろう。

もっとも、第一の雑誌・機関紙誌と言っても多様である。例えば大学・研究所・学会の紀要・機関誌、一般の商業誌、同人誌、業界誌などに発表する例等がある。第二の論文・作品の単行本ならば、所属する大学・研究所あるいは商業出版社から発行する例、自費出版やデスカッション・ペーパーのように個人ベースによる例がある。さらに第三の今後無限に拡がる可能性のあるインターネットによる例などがあろう。

上記の機関紙誌やデスカッション・ペーパーとは類似の側面も有するが、それらとも異質な発信方法に、「個人紙誌」がある。企画、編集、執筆、仕上げ、配布、会計まで一人で担当や責任も負う方式である。一方で誰からも制約や制限されることなく、自由や全ての権限も自ら持てるが、他方で評価も、負担や責任も一人にかかってくる。並みの人間には難しい方法である。

ところが、その普通の人には簡単に取り組めない個人紙誌が流行した時代もあった。大正・戦前昭和期である。その時には、著名な作家や思想家まで、個人紙誌にのめり込んだ。現在では考えられない時代状況であった。

それに比べて、現在は情報ルートの多様化もあって、個人紙誌は極端に減っている。個人紙誌に触れる機会がめったになくなり、その存在を知らない人さえ出はじめている。

個人誌紙に対する私の関心の始まりは、一つには加藤一夫研究の際に触れることになった彼の個人誌『一隅より』『原始』『大地に立つ』等を目にした時からであった。もう一つには東京・芦花公園の管理人で、古書の大収集家・研究者の後閑林平氏所蔵の大判新聞タイプの高田集蔵の『村落通信』、中里介山の『手紙に代りて』等の個人紙に触れたときからであった。今から五〇年以上前のことである。

その時の強烈な印象は長く忘れることがなかった。戦前の雑誌は、一般紙誌でも比較的個性が強く打ち出されていたが、個人紙誌は、それ以上に強い個性を打ち出し、オーラのようなものを感じさせてくれるものも少なくない。基本的には、時代や潮流に抗すことも覚悟しながら、個人で構想、編集、執筆、校正、荷造り、発送、経理まで担当するのだから、強烈な個性・印象を与えてくれたのも、当然であったのである。

同じ執筆者でも、個人紙誌に向かう場合は、一般紙誌などに寄稿して成果を発表する場合とは、意気込みや姿勢や責任も違ってくる。一般紙誌はただ一人の個性や姿勢のみで覆われるわけではない。いろいろの思想、視点、好み、色が混ざり合い、その中の一つとしてしか見られない。むしろ雑居が普通である。

ところが、個人紙誌は、ただ一人の人物の思想、理念、姿勢、好み、個性、色で覆われる。企画や編集も、また権限や責任も一人で持つ。当時の私には、そのように企画・編集・執筆、さらに出版・発行・財政の全てを一人が背負い込むなどという機関紙誌や発表方法は想像を超えていた。専門の編集者や発行者がつかない分、それらを超える地点に立つにいたっているので、それだけ強い衝撃と感銘を受け、ただ感心・感嘆するばかりであった。

それ以来、個人紙誌には特別の関心を抱いてきた。それに関して、いつか何かまとめて発表したいという希望・気持が湧きいで、それが残り続けた。しかし、ちょっと見渡しただけでも、過去においても、またその後の時代においても、相当の数の個人紙誌が発行されていることが分かった。有名人から無名の人まで関わっており、簡単には全容・全体像に近いものさえ把握・整理することが不可能に近いことが分かった。余りに多く発行されてきたし、またそれぞれに発行者は全力投球をしてきた。それでいて、多くは広く公刊・市販されないので、当人とその周囲にいる知友・関係者以外には埋もれて見えないものも多かった。

とはいえ、その後も個人紙誌に対する私自身の関心が減退することはなかった。研究ノートや覚書風のものであれ、発表の機会を得たいと願いつつ、歳月が経過するばかりであった。そこで、ついに決断し、概略的なノートからでも、発表することにした。それが今から三〇近く前の一九九〇年九月に『三田学会雑誌』(第八八巻特別号―1)に発表した「日本における思想家の個人紙誌」であった。

ただ、それ以降、さらなる研究・調査はさして進展していない。もともと個人紙誌なるものは、その多様性、量の多さ、広がりの広域性から、分野・領域を超える多くの人で共同研究する以外に全体像を精確に明らかにすることは、無理なのであった。研究が目立つ形では進んでいないのは仕方のないことでもあったのである。

それでも、そのような共同研究や多くの人の参加の呼び水にするためにも、三〇年近く前に発表した拙稿に、手を加えてあえて本書に一つの章として取り入れることにした。だから、漏れ・欠落等が多いのはもとより承知の上である。

なお、社会思想家や評論家、また作家、歌人など文芸家・芸術家をめぐる個人紙誌の全盛は、大正デモクラシー下の大正期、そしてその勢いをしばらく引き継ぐ昭和初期である。明治末頃から少しずつ見られ出し、大正デモクラシーの開花と共に、個人紙誌も一斉に花を開く。個人紙誌の先駆者・高田集蔵も昭和初期に至っても、「近頃頻々として出る個人雑誌」(「編者から」『木の葉』第一号、一九二七年六月)というとらえ方をしている通りである。本稿もその時期、つまり一九一〇年代から一九二〇年代に焦点をあわせて検討することにしたい。

2　軽視されてきた個人紙誌の意義・役割

(1)　個人紙誌の生成と定着

英国日本研究協会の機関誌〝*Japan Forum*（ジャパン・フォーラム）〟第二号（一九八九年一〇月）において、私は「日本における伝記研究の一つの方法をめぐって――個人紙誌の役割――（*A New Approach to Biographical Studies in Japan : the Role of Private Magazines from Meiji to Early Showa*）」というエッセーを発表した。それは、同誌の六ページにもみたない短いもので、かつ個人紙誌について伝記研究との関わりで限定して触れたにすぎないものであった。それでも、個人紙誌について、私が触れた最初の論稿であった。個人紙誌というものに初めて強い興味を惹かれだしてから二〇年ほど経ってからである。

その直後、その小論をもとに、『三田学会雑誌』（一九九〇年九月）に先述の「日本における思想家の個人紙誌」を発表した。しかし、それもまだ不十分なものであった。

とはいえ、他に個人紙誌の本格的研究は、当時も、その後も、現れることはなかった。そこで、その旧稿に手を加え、本書の一章として収録することにした。

日本において社会運動家、作家、詩人、歌人、研究者、評論家、宗教家など広い意味での社会思想家の間に、個人紙誌が流行と言えるほどに盛行するのは、大正に入ってからである。個人紙誌は、まず明治の終わり頃に一つの流れを形成し、大正、さらに戦前昭和へと続く時期に拡大し、重要な表現・発信・伝達形式の一つとして無視しえないほどの流れにまで発展する。

個人紙誌は、最初は印刷までいかない手書き・手づくりの通信手法として版画・絵画、ちょっと進むと印刷、と言っても手書きをもとに少部数謄写刷りにした程度のものが出てくる。いずれも、友人・知人への御無沙汰に対するお詫びや季節ごとの挨拶、あるいは個人的な身辺事情や感慨・考えを伝える手紙・通信代わりに利用された程度のものである。それが一対一の手紙形式から一対多数に変わる通信の始まりであった。ただ初期のものは必ずしも継続性・定期性を前提に出されたものではなかった。

この種のものは、近代でも、恐らく明治初年からくり返しみられたのではないか。それが、友人・知己のみか、対象を広げ、かつ一回きりではなく継続性をもつことで、通しのタイトルと号数が付され、個人紙誌の原型となっていく。それが次第に個人紙誌として一般化していく。

この原型的な単なる個人的通信、従って配布される広がりにおいても、また取り組む姿勢・形式や記事の内容においても、友人・知己に限定されて編集、執筆され、送付される内輪の気軽な通信型を超え、また本来手紙のような私信で連絡される純粋に個人的な内容の通信型を超えていく。そして、主張や評論が織り込まれ、個性が強く出されるようになる。そこに至ると、私信を超えて公開性や社会性を帯び、かつ一般性・継続性を持つに至るのは、自然の流れであった。その流れを先導した人たちこそ、高田集蔵や中里介山であった。

そのような源流となる動きが、各地でバラバラに連携もなく生起する。特に、明治末に至って、友人・知己などに限られ、閉ざされた範囲での通信、配布を超えて、不特定多数にも及ぶようになると、しばしば呼びかけてカンパ・購読料等の協力を求める公開性・社会性も伴ってくる。そこに至ると、その後の個人紙誌の形式がいよいよ整うことがうかがえる。

その時には、作成者、編集者、執筆者、発行・発信者が一方的に購読者・配布先を選ぶ方式、つまり配布先が友人・知己に限られる方式ではなく、購読料を払うか、申し込むかすれば見ず知らずの一般の人も入手することができるようになる。その意味で、その段階で初めて個人紙誌にも不特定多数の読者の形成が見られるようになる。その時がまた、たんなる友人・知己という内輪、時には私的な手紙・通信型を超えて、個人通信・発信でいながら、公開されることによって不特定多数を対象とする一般性なり社会性なりも持つ個人紙誌の確立が見られる時でもある。

そこに至ると、個人紙誌も、雑誌・新聞等の定期刊行物の一つの形式・方法として認知される。一般的に誰もが購入可能になるのである。

(2) 軽視されたままの個人紙誌

日本における思想（史）や思想家に関する研究においても、また出版・定期刊行物の歴史研究においても、個人紙誌は、全く無視されてきたわけではない。しかし、これまでは十分に顧みられることがなかったことも現実である。

それは、個人紙誌を手にすること、また閲読・利用することが意外に難しいこと、さらにそれらの文学的、思想的、社会的役割・意義の重要性が十分に認識・評価されてこなかったということでもある。

もっとも、個人紙誌よりもはるかに普遍性をもつ新聞や雑誌、それも思想性・社会性の高い新聞や雑誌の場合でさえ、少数派・小グループの機関紙誌はもちろん、中・大規模クラスの機関紙誌でさえ、大正・戦前昭和期のものに関しては、なおその全貌が明らかになっていないものも少なくない。

例えば、労働組合・労働団体の機関紙誌もその例である。そのため、肝心の機関紙誌を十分に活用しない労働組合・労働運動研究がまかり通ることにもなった。社会運動団体、特に小社会運動団体の機関紙誌の場合も、同様であった。そのような現状では、それよりはるかに広がりが狭く、小規模の例が多い個人紙誌が顧みられなかったり、総合的に解明されなかったりしたのは、ある意味では仕方のないことであった。

しかるに、大正以降の個人紙誌には、社会・思想領域に関わるもののみでも、現在から見ると、きわめて重要な資料ないしは活動といってよいものが少なくない。社会・思想領域のみでも、現在とは比べものにならないほど多くの個人紙誌が世に送り出されている。その目標や理念、姿勢や内容に関しても、当該思想家の研究にはもちろん、社会思想・社会運動、文学、美術、宗教、教育などに渡る広い意味での思想・思想史の研究にも、きわめて密度の濃い資料・情報を提供する可能性の高いものである。

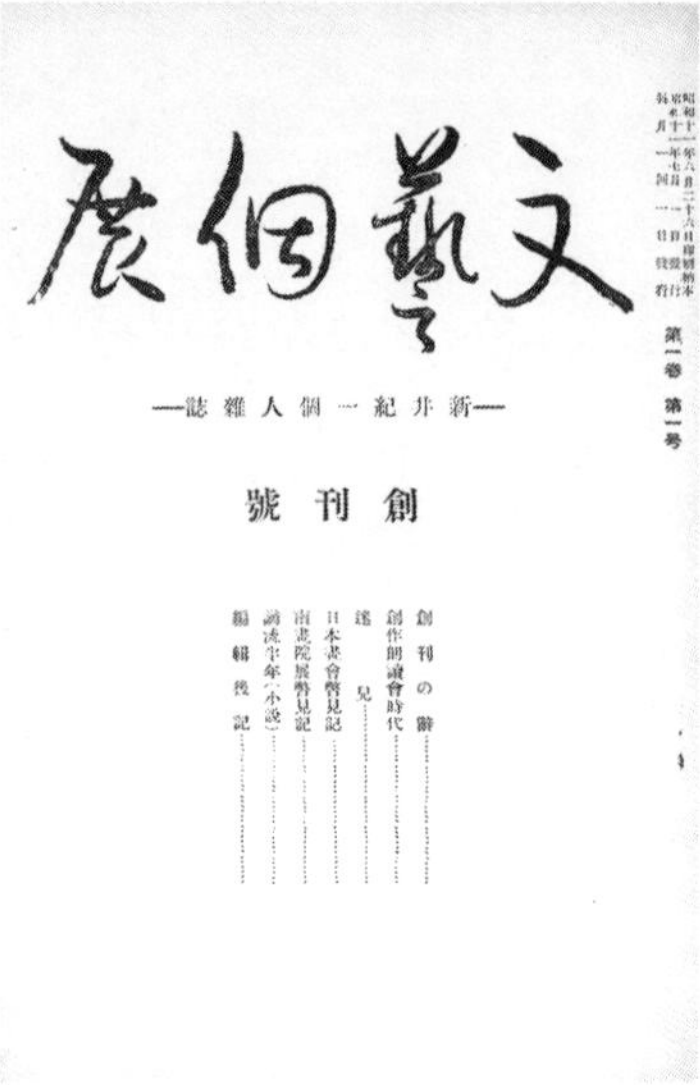

新井紀一個人誌『文芸個展』

例えば、高田集蔵、中里介山、西川光二郎、加藤一夫、賀川豊彦、山崎今朝弥、武者小路実篤、有島武郎、宮崎安右衛門、相馬御風、三宅雪嶺、古屋芳雄、新井紀一、矢内原忠雄、正木ひろし（昊）、唐沢隆三、野本三吉らの生涯と活動・運動を見る場合、彼らの個人紙誌を見ることなしには、その全体像を明らかにすることは困難である。それほど、彼らの活動およびその周辺にあっては個人紙誌が大きな意味をもっていた。

現実に、中里介山の生涯や活動に関する研究書の例をとっても、彼の個人紙誌とその役割を全く無視するものも見られる。その場合、やはり大きな欠落や落丁を感じざるを得ない。実際に、介山らの周辺・世界を見る場合には、個人紙誌とその出版・情報に対する理念や姿勢を抜きには総合的で的確な理解や評価は難しい。

もちろん、個人紙誌がこれまで軽視されてきたり、さらに今も軽視されたりしているのには、理由がないわけではない。例えば、第二次世界大戦後に至ると、言論の自由・出版事情・情報ルートが変化・好転することから、個人紙誌の数、役割・重要性が低下する。実際にも大きな位置を占める個人紙誌が次第に見られなくなる。

同時に個人紙誌の盛行した時代である戦前に刊行されたもの一般にも関心が減るので、個人紙誌になると、もともと発行部数が少ない上、その保存にも、その活用にも、さして注意が向けられなくなり、全貌が未だに明らかにならないままになっていく。

その結果、比較的名の通った個人紙誌でさえも、全揃いとなると、容易には見ることができなくなっている。一部を除いてはその所在すらつかめていないものもあるほど、きわめて希少の存在になりつつある。

要するに、個人紙誌は、文学、芸術、思想、教育、宗教などいくつかの領域にとっては欠かせない資料といってよい。弾圧が厳しく、社会的・思想的表現に自由が保障されていなかった時代には、なおのこと個人紙誌の役割・意味は大きかった。しかるに、その領域の研究者によってさえ、個人紙誌は限られた利用・紹介を除けば、これまでは無視ないしは軽視に近い扱いであったのである。

3　個人紙誌とは何か

(1)　個人紙誌の基本型

ここでいう個人紙誌とは、定期か不定期かは問わず、一般の新聞や雑誌のような継続的刊行物の形態をとりながら、原型的には特定の個人が構想、企画、編集、執筆のすべてを行うと同時に、発行、

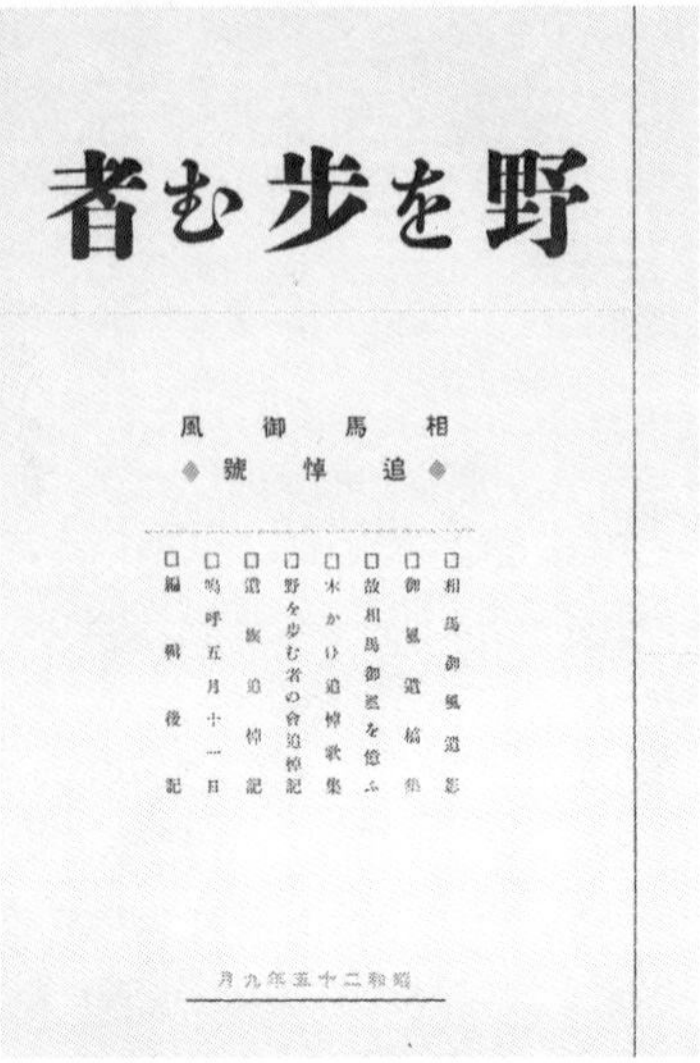

相馬御風『野を歩む者』御風追悼号

中里介山個人誌『峠』

配布、財政にともなう作業・責任もすべて一人で負う雑誌・新聞・リーフレットなどの形をとる個人の機関紙誌である。

通常、個人紙誌の場合、紙誌の表紙などどこかに個人紙誌と銘打つが、個人紙誌と自ら名のらない場合でも、特定の個人が一人で編集、執筆、発行、配布を行うときは、個人紙誌と言える。

例えば、くり返し個人紙誌を発行した中里介山は、一九三五年五月に個人誌『峠』を隣人之友社から隔月刊を目標に創刊するが、わざわざ「中里介山純粋個人雑誌」と謳い、編集・発行・印刷人の全てを一人で引き受けるところから出発した。自ら『峠』第一号の「編輯余録」で「内容は全部中里氏の純粋執筆にかかるもの」と断わっている。その内容としては「時事政論等にわたるものは一切掲げません。その方は『隣人之友』を御覧下されたい」（同上「編集余録」）と言うように、どちらも介山の著書の発行元ともなる隣人之友社の発行ながら、『隣人之友』とは、分業、あるいは兄弟関係にあることを教えている。

なお『峠』は、時代がどんどん悪化する中で、介山が格別の思いを込めて創刊した個人誌である。峠は「大菩薩峠」にもうかがえるように、介山にとっては大きな意味を持ち、特別の存在である。峠とは「山があり上があり下があり、その中間に立つ地点」であり、「『峠』は人生そのものの象徴である。」（中里介山「『峠』といふ字」『峠』第一号、一九三五年五月）という。その峠の地点に立って、自分の来歴、交遊、現状、研究、創作を満載する。そんな意気込みで出発したものである。その同じ頃、介山は「大菩薩峠山上山下会」をつくり、広く社会活動にも乗り出す。

また一九一六（大正五）年に、『還元録』（春陽堂）を残して、活躍していた東京を捨て、郷里の新潟県糸魚川に帰郷・還元した相馬御風が「一人雑誌」と名乗って、その郷里で刊行した個人誌『野を歩む者』（一九三〇年一〇月創刊）のように、わざわざ「徹頭徹尾相馬御風一人の執筆に成ります」とか「責任は全部相馬御風が負ひます」と断っている例もある。もっとも、御風一人のみの執筆は守られなくなるが、これらが個人紙誌の典型といってよいであろう。

その形態は、仕上げた原稿の印刷・製本でも、手書きの謄写刷から、印刷のみ印刷所に依頼するもの、さらに一般の新聞や雑誌のように専門業者に編集・印刷・製本を依頼・委託する活字印刷までいろいろである。

それだけに、記事の内容も日々の雑記、近況などを手紙や日記や雑録に近い私的通信風に書き留めるものを原型に、一般紙誌と変わらない論説や主張、小説・詩・短歌・俳句などの創作、あるいは研究や調査の成果のような論稿を載せるものなど、内容は多様である。

当然であるが、どの個人紙誌も、一般的には出発当初はただ一人が執筆も編集も配布も担当し、発信先・送り先も主に友人・知己に限定される、先に見た原型に近い形式によるものが普通となる。

ただ、そのように執筆から、編集、発行、発送・配布まで発行・編集人個人の手により、かつ読者・送り先も自らの友人・知己に限定する、いわば不特定多数にまで読者層が拡大される以前の純個人紙誌は、〈原型〉であって、時代を超えて一般的といえるものではない。

それに、普通は、発行者個人の周辺には、若干の協力者・支援者がおり、さらに発行を財政的に支える購読者、時には出版社が付くこともある。加藤一夫、武者小路実篤、宮崎安右衛門の個人紙誌に対する春秋社の協力、あるいは有島武郎の『泉』に対する叢文閣の協力がその例である。

特に印刷、発送など裏方・脇役の仕事を手伝う協力・支援者がいる場合も少なくない。長く続く個人誌ほどそのような協力者・支援者が増え、そのお蔭で長く維持できた例も出てくる。特に発行者が高齢になると、協力者・支援者なしには、個人紙誌の発行・維持は難しくなる。

そのように協力者・支援者が増えてくると、同人紙誌や一般紙誌に近い性格になるものも出てくるが、個人紙誌はあくまでも発行・編集権は特定の個人にあり、また特定の個人のために発行される紙誌である。

もっとも、個人紙誌でも、発行・印刷などで出版社など自分以外の力を借りる場合がある。先に挙げた、加藤一夫の例で見れば、彼の個人誌には、発行・販売・資金面で自らも創立に関わった春秋社の世話になることがあった。その場合も編集権は加藤が持っていた。また、第二次世界大戦後になるが、「春山行夫エッセイ雑誌」を名のった個人誌『ペンギン』（一九五一年一月創刊、技術資料刊行会）のように、春山と出版社の共同で企画、編集し、出版社の責任で発行・発売する個人誌の例もでてくる。

あるいは、俳人で思想家の唐沢隆三の『柳』（一九六〇年創刊）は、多くの協力者を得て長く継続できた典型である。実際に、唐沢には特に加齢と共に、教え子など多くの良き協力者・支援者が出ており、そのために『柳』は最長ともいえる八〇〇号まで続けることができた珍しい例である。

ともかく、個人紙誌というのは、基本的には特定の個人が編集、執筆、発行、財政も自らの責任で行うものである。明確に個人紙誌を名乗る場合が多いが、そうでない例も見られる。ただ、特定の個人が中心になっていたり、特定の個人の影響力が強かったりというだけでは、個人紙誌とは言わない。ある個人が中心になっている場合でも、同人紙誌もあればグループ紙誌もある。個人紙誌は特定の個人のための、特定の個人による新聞・雑誌の形をかりた継続性のある個人機関紙誌・発信紙誌なのである。

ただ、もともと個人紙誌発行の目的の一つが友人・知己との音信の交歓、交流、情報や考えの伝達・交換にあるので、その反応・対応である読者の便り・感想を掲載するのは、むしろ個人紙誌としても自然なあり方でさえある。その程度のことは個人紙誌のあり方と特に矛盾するものとはならない。実際に、読者の手紙・通信、あるいは感想・意見などの反応も載せない純個人紙誌の例は、探し出すことが難しいほどである。例えば、たんなる手紙・通信ではなく、内容的には総合的な性格を持ちながら、先に見たように「徹頭徹尾相馬御風一人の執筆に成ります」と断っている相馬御風の『野を歩む者』のようなものでも、読者や友人知己の便りは載せている(たとえば「坪内先生書翰抄」〈第三三号〉はじめ、会津八一、生方敏郎、小川未明、正宗白鳥、古館清太郎、神田豊穂、巌谷小波、小杉天外ら多くの知友の便りを掲載している)。高田集蔵、中里介山らの場合も、同様である。

(2) 個人紙誌の要件と特徴——個人紙誌と類似紙誌の区別の難しさ

以上のように、個人紙誌とは、次のような諸要件を備えた機関紙誌である。

①原型としては一個人が責任を負い、編集や執筆も、また発行や配布も行う一人紙誌である。

②一般的にはタイトルの傍らに〈個人紙誌〉あるいは〈個人雑誌〉などの断りがあるのが普通である。その典型は『江原小弥太個人雑誌』で、「個人雑誌」そのものをタイトルに使った例である。もっとも、個人紙誌の先駆者である高田集蔵や中里介山の場合でも、明らかに個人紙誌なのに自らを主筆・編集にとどめたり、時にはそれすらも省いたりする例もある。

③私信や日記に近い叙述をなす場合もみられるが、たんなる私信や日記のように閉ざされ、封印さ

れたものではなく、友人・知己を超えて不特定多数に対する公表・公開を前提とする意識・意図の下で執筆されるものである。

④一回きりの刊行で終わるものではなく、定期か不定期かは問わず継続的に発行されるものである。

従って

⑤一般の雑誌や新聞と同じように特定の紙誌名を持ち、号数も付される。この点が私信とは異なる。

⑥読者などから購読料や寄付を集めるのは普通に見られが、それは、発行人が自分一個を超えるつながり・協力・連帯を読者に期待していること示すものであった。ただし原則として営利は考慮外である。

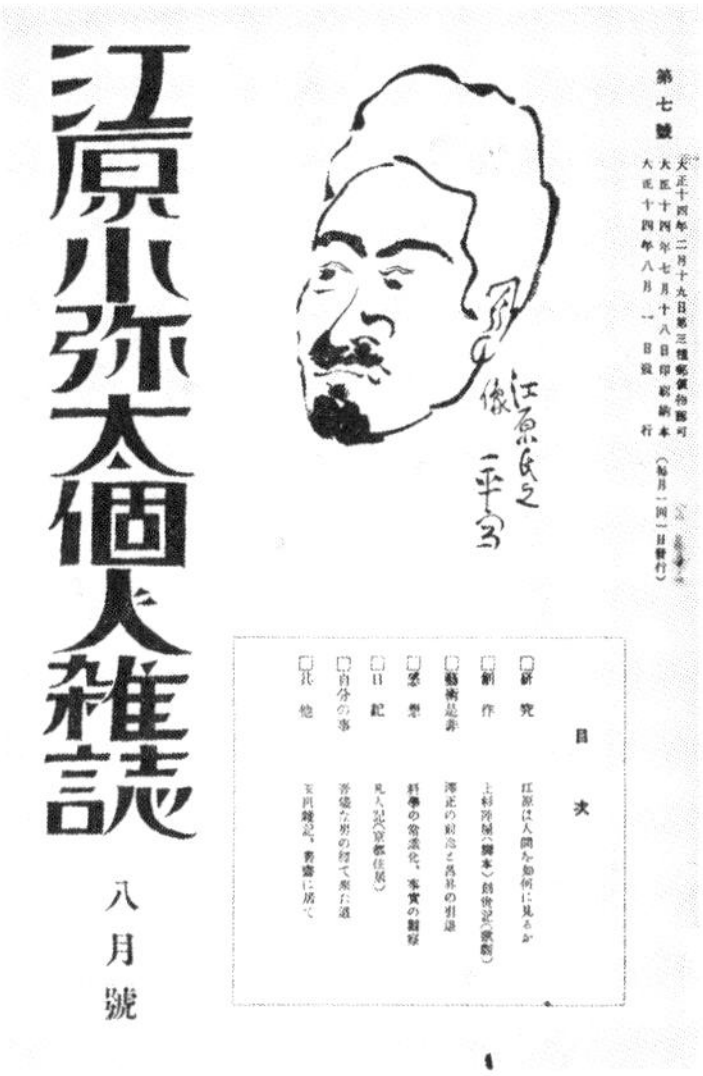

『江原小弥太個人雑誌』

これらの諸点を備えているのが個人紙誌といってよい。さらに、それぞれの機関紙誌には、個人の夢や目標、理念や生き様、そして日常などの全精神が投入・投影される。しばしば真剣勝負が見られるのである。

ただし、個人紙誌でも、個人紙誌を看板にしたり、逆に名乗ったりしない場合がある。

それだけに、個人紙誌と、特定の個人が主

童心
第一號
春秋社
讀書子
童心淨土
中里介山

宮崎安右衛門個人誌『童心』

筆・責任編集者となる機関紙誌とでは、個人紙誌かどうかで区別が難しい例もある。ともかく、個人紙誌を名乗らずとも、上記の要件を満たしていれば、個人紙誌と言ってさしつかえない。また個人紙誌で出発したのに、途中で個人紙誌を止めて、特定の仲間・同人でグループ紙誌化・同人紙誌化したりする例も見られる。その逆も見られる。この点はすでに触れた。

例えば、西川光二郎の『自働道話』（一九一四年創刊）は、読者・知友の意見、作品、エッセーも載せるが、西川が主筆で、編集・発行・印刷人も全て一人が負っている。実際にも号によっては個人誌といって差し支えないこともある例である。

また室伏高信の『批評』（一九二二年創刊）も、創刊時は「個人誌」とは名乗っていないが、実質は室伏の個人誌といってよい構成・内容である。もともとは広い評論誌を目ざしながら、創刊号は室伏のもの以外、原稿が集まらなかった事情から、室伏の論稿のみとなっている。従って、創刊時のみ見れば個人誌といってよいが、すぐに多くの人に門戸を開く室伏中心の評論誌に変わっていく。

宮崎安右衛門の『童心』（一九二五年八月創刊）は、創刊号からして見るからに宮崎らしい個人誌（新聞型であるが、宮崎本人は雑誌と呼んでいる）である。ところが、創刊号と第二号には特に個人誌とは謳っていない。うっかり個人誌と謳うのを忘れていたと言わんばかりに、第三号からは第一面のタイトルの横に「宮崎安右衛門個人雑誌」をはっきり打ち出す。と言っても、特に第三号から方針や内容が変わったわけではない。創刊時の方針や姿勢は維持されたままである。こんな例もあるのである。ただし、『童心』に続く『一如』(一九二七年八月創刊)は外見も内容も宮崎らしい個人誌のように見えて、宮崎は「主筆」の地位にあって、個人誌とは名乗らない。それは「イキ即ち父にして、父即ちイキなれば、もはや我等は孤ならず、父なる神と一如なり」の信仰心から宮崎を敬愛する人たちで「一如洞」という集まりを各地につくるが、そのため宮崎一個を超える必要もあって、その集まりの機関誌のように位置づけたものである。しかし、宮崎が主筆であり、実質は宮崎の個人誌に近い。

古屋芳雄の『表現の生活』(一九二五年七月創刊)は、個人誌とは謳わず、「個人パンフレット」としているが、内容が詩などの創作、論説、評論などにわたり、かつナンバーをふり、継続性を明示しているので、個人誌の枠に入れて受け止めてよい例である。

それに対して、上記の点から、西原和治の『地上』、伊藤悌二の『愛生』、大井令淳の『おとづれ』、鳥谷部陽太郎の『兄弟通信』、石田友治の『兄弟愛運動』、石川三四郎の『デイナミク』『村のたより』などは、同人紙誌・同好紙誌の特色のみでなく、特定の個人の個性・好みが明確に出ているので、個人紙誌的性格も多少は有している。しかし、個人紙誌とは区別すべきであろう。

この西原らの流れに属するものに、上田蟻善が京都で発行した『へいみん』(一九一四年十一月創刊)がある。「恐らく平民より強いものは無い、平民より愉快なものは無い、平民より裕かなものは無い、平民ほど栄ゆるものは無い、最も未来に富むものは実は我『へいみん』である。」(「未来ある平民」『へいみん』第一号、一九一四年七月) といった、上田個人の独特の主義・主張が反映されたものである。

タブロイド新聞型の同紙は、個人紙とは謳っていないが、実質的には個人紙に近い。堺利彦など中央から応援に筆を執るものも居たが、上田以外の多くは上田のふざけたペンネームであったりする。しかも、機関紙にこれだけ強い好み・個性を出せるのも、上田の個人紙に近いものであったからである。それだけに、『へいみん』は個人紙とは謳っていないが、「主筆」も「編輯長」も上田であり、まさに上田のワンマン紙なのである。その点で、個人紙に分類しても良い程であるが、上田本人に個人を超える開放的意識が強く、個人紙の意識がないので、一応個人紙からは外している。

同様に、加藤咄堂主筆の『こころ』(一九二六年創刊)、倉田百三編集の『生活者』(一九二六年五月創刊) なども、編集・発行において特定の個人の力が強く、個人紙誌的性格の側面も持ってはいる。しかし、個人紙誌とは断わっていないし、個人誌を超える面があり、個人誌とは呼ばない方がよいであろう。

また筆がたつ武者小路実篤には個人誌が合っていたが、戦後直ぐの『向日葵』(創刊号、一九四七年一月、向日葵館) では「武者小路実篤編輯」と謳い、「自分は本気になつて、この雑誌をものにしたいと今は思つている」。あるいは「白樺が僕の門出の雑誌とすれば、この雑誌は僕の収穫の雑誌にしたく思つている」とまで言っている。個人誌に取り組むかのような意気込みであるが、同誌は『白樺』

の旧同人や新しき村中心に多くの協力者を得ている。そのため武者小路の姿勢は一人張り切っている感じではあるが、同人誌・グループ誌である。

他に、ことさら個人紙誌とは名乗っていないが、大正・戦前昭和期のアナキズム系機関紙誌には実質的に一人雑誌として個人紙誌の性格に近いものがみられる。

参考までに、いずれも戦後の例になるが、以下のような例もある。戦前・戦後と「個人詩」を刊行した詩人の飛鳥敬は最初から同人を求めつつ、とりあえず「個人詩誌」『未踏』（一九四八年三月創刊）として出発した例がある。「同人御希望の方はお知らせ下さい」と訴えている。また「入江春行個人編輯」と謳った『与謝野晶子研究』、「海田真生個人文芸誌」と謳った『糞』、斎藤よし子「一人同人誌」と謳った『ゆい』等の呼称の例もみられる。いずれも個人誌と言ってよいが、個人誌という一般的呼称にとらわれず、個性的に「個人詩誌」「個人文芸誌」「一人同人誌」等を誌名の傍らに掲げている例である。

なお、個人誌を始める契機に、高田、介山ら先達にならって自分も発行するというケースがよく見られた。戦後でも、例えば、後神俊文は「都立北高校で数学を担当されている唐沢隆三先生が『柳』という個人誌を出しておられるからこれをまねることにした」（後神俊文「発行事情」『タツノオトシゴ――俊文個人誌――』第一号、一九六四年一月）といった例がそれである。

4　個人紙誌の多様なあり方

（1）「半」個人誌の呼称の登場

以上のように、個人紙誌は、名称の通り特定の個人のみの機関紙誌として出発するのが原点であり、一般的でもある。ただ、その場合でも、次第に一個人を超える人たちの参加・協力が見られるようになっていく例も少なくない。また、発行・編集・執筆人となる当人に加えて最初から読者などの手紙・便り・感想程度のものを載せる例、さらには一般性を持つエッセーや小論を寄稿してもらう例も見られる。

そのような場合、もちろん中心は個人紙誌を担う当の発行・編集・執筆を担う個人であるが、発行人一個を超えて執筆者が複数に拡大し、同好のグループ紙誌に近い個人紙誌となることもある。そうなった場合でも、本人以外は対等の編集権はなく、補助的・支援的な参加・立場にとどまるのが普通である。その点が、参加者同士が対等ないしは対等に近い関係になる同人紙誌・グループ紙誌とも異なる。いかに変形しようと個人紙誌の発行・編集人である当の本人が中心になり、責任を負い続ける限り、個人紙誌の形式と枠の中にとどまっていると言ってよい。

自由人社などアナキズムを土台にグループ的広がりで活動することがあった思想家の加藤一夫は、個人紙誌の愛好者の一人である。彼は、日本における民衆芸術運動の代表的イデオローグの一人で、作家、詩人、評論家、翻訳家、キリスト教徒、アナキスト、農本主義者、後には日本主義者といろいろの人間像・思想家像を見せてくれるが、彼のいくつかの個人紙誌の場合が全く一人ではなく、そのように同志・同人を編集・執筆に受け入れた好例である。

例えば、大正末から昭和にかけて刊行された『原始』（一九二五年一月創刊）や『大地に立つ』（一九二九年一〇月創刊）などは、春秋社から援助が提供された印刷・出版の業務を除いて、編集と執筆に関しては加藤による全く一人の理念・作業で始まった。ただ形式は『原始』は個人誌から出発しながら、次第に加藤自身の判断で読者の手紙や通信のみでなく、同志的な外部のものにも執筆を依頼し、掲載するようになっていく。

そうなると、個人紙誌の枠を抜け出して、加藤の責任編集による同人誌あるいは一般思想誌の性格をもつに至る。もっとも、その場合も個人紙誌を名乗るのを止めても、編集の権限も責任も加藤一人で、ないしは加藤中心に持ち続けてはいる。実際にも、加藤が中心であったことは、自他ともに認めるところであった。

ところが、第一次『大地に立つ』は「手紙代わり」といいつつ、加藤の「編集」と謳って始まった。ただ、面白いことに、資金や労務を提供した春秋社は、最初から加藤の「半個人雑誌」と呼んでいた。「半」個人誌などという言葉が出てくるのも面白いところである。しかるに、第二次『大地に立つ』になると、今度は「半個人雑誌」を越えて本物の「個人雑誌」に変わる。

それだけに、『原始』『大地に立つ』などが一般的には加藤の個人紙誌と受けとめられ続けることになったのも、多少の不自然さを除けば、さしたる問題ではなかったのである。

　例えば、加藤は『大地に立つ』では創刊号の「編輯の後に」の中に「本誌の発行所は『春秋社』であるが、編輯は僕自身の家でやる。……原稿や寄贈雑誌等は編輯所宛に願ひ度い」と言っている通り、個人誌と呼ぼうと、編集と言おうと、加藤が編集に責任を負っていたことは変わらなかったのである。

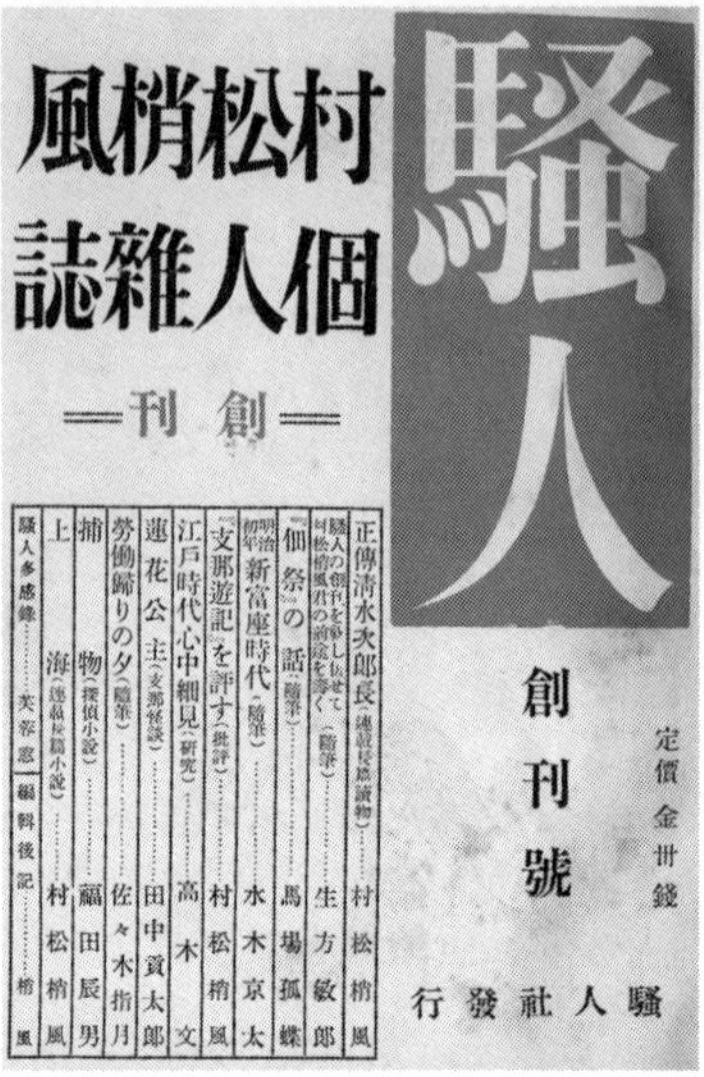

松村梢風個人誌『騒人』創刊号

(2) 「個人誌」から「編集」へ、また「編集」から「個人誌」へ

　個人誌から「編輯」に変わる例で、しかも最初から特異な性格を持って出発した例に、村松梢風の『騒人』がある。創刊号（一九二六年四月）から五号までは表紙に「村松梢風個人雑誌」とあるが、六号（一九二六年九月）からは「村松梢風編輯」に変わる。それでいて、創刊号から多くの知友、作家、評論家にも参加を求めている。

　もっとも、当初は本人も純粋な個人誌で行くつもりであった。ところが、個人誌の計画を打ち上げたら、多くの友人たちが応援してくれることになり、個人誌の看板で文芸総合誌の性格を持つ機関誌に変質したのである。その点を梢風自身、創刊号の「編輯後記」で次のように説明している。

「とにかくこんな雑誌が出来た。多年考へてはゐた事だがいよいよとなつたのは二月の二十日頃だつたから其後半月程の間に大童で活動してこれだけの物を拵らへ上げた。始めは自分一人で書いて四十頁位の雑誌を拵へるつもりであつたが、交遊の諸君に相談すると楽屋総出で応援してくれるといふことになつた」。

同誌には、馬場孤蝶、白柳秀湖、沖野岩三郎、室生犀星、相馬御風、田中貢太郎、正岡蓉らも登場することになる。

他に、個人誌から出発しながら、すぐにそれを脱する例には堀井梁歩（金太郎）の『大道』がある。高田集蔵、中里介山らと交遊の深い堀井が編集・発行人となって郷里の秋田から（もっとも一〇号には、堀井が居を東京・上高井戸に移すと共に、発行所も秋田を離れる）刊行した『大道』（一九二五年七月創刊）は、創刊号のみ「堀井梁歩パンフレット」と銘打っており、個人誌に近い出発をしている。しかし、二号以下には堀井の個人「パンフレット」のサブタイトルはなくなり、江渡狄嶺、渡辺浩三、中村政人らの便り、感想、詩などの創作も載るようになる。

それとは逆に、同人・同好の士やグループの機関紙誌から出発したのに、途中からその中の一人の個人紙誌に変わる例も見られる。中里介山（『独身』）、賀川豊彦（『雲の柱』）などの例がそれに属するものといってよい。通常、そのような場合はもともとその個人が中心になって発行されていたケースではある。

賀川豊彦『雲の柱』

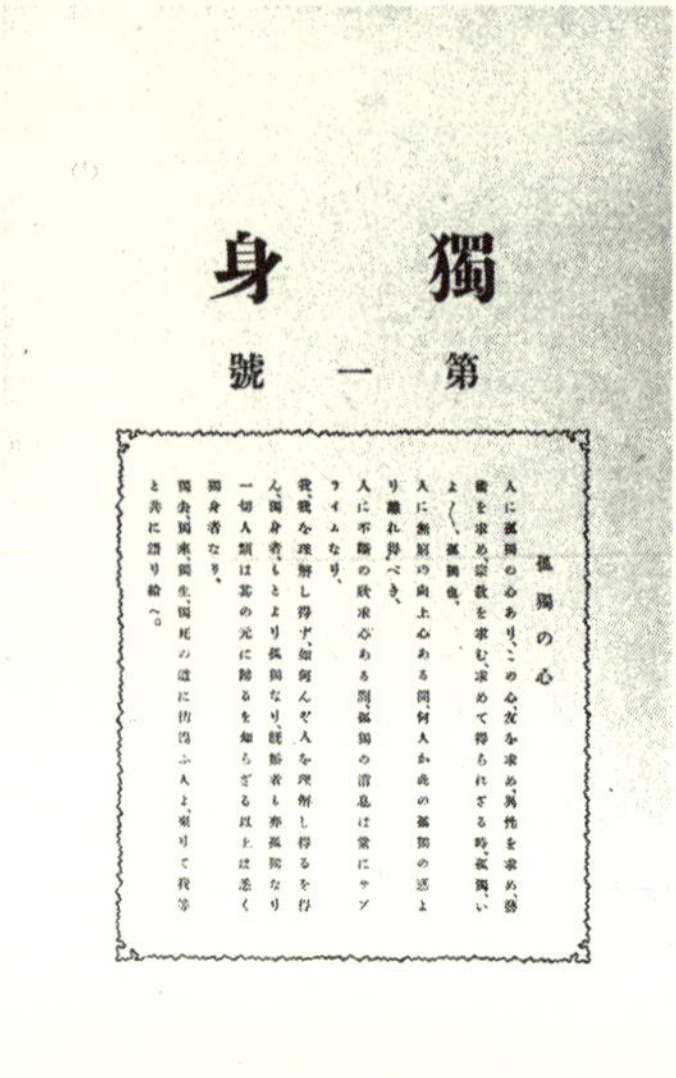
獨身
第一號

孤獨の心

人に孤獨の心あり、この心友を求め、異性を求め、藝術を求め、宗教を求む、求めて得られざる時、孤獨、いよ〳〵孤獨也、
人に無窮の向上心ある間、何人か此の孤獨の惑より離れ得べき、
人に不斷の欣求心ある間、孤獨の消息は常にサブライムなり、
我、我を理解し得ず、如何んぞ人を理解し得るを得ん、獨身者もとより孤獨なり、既婚者も亦孤獨なり
一切人類は其の光に歸るを知らざる以上は悉く獨身者なり、
獨去、獨來、獨生、獨死の道に彷徨ふ人よ、寄りて我等と共に語り給へ。

中里介山『独身』

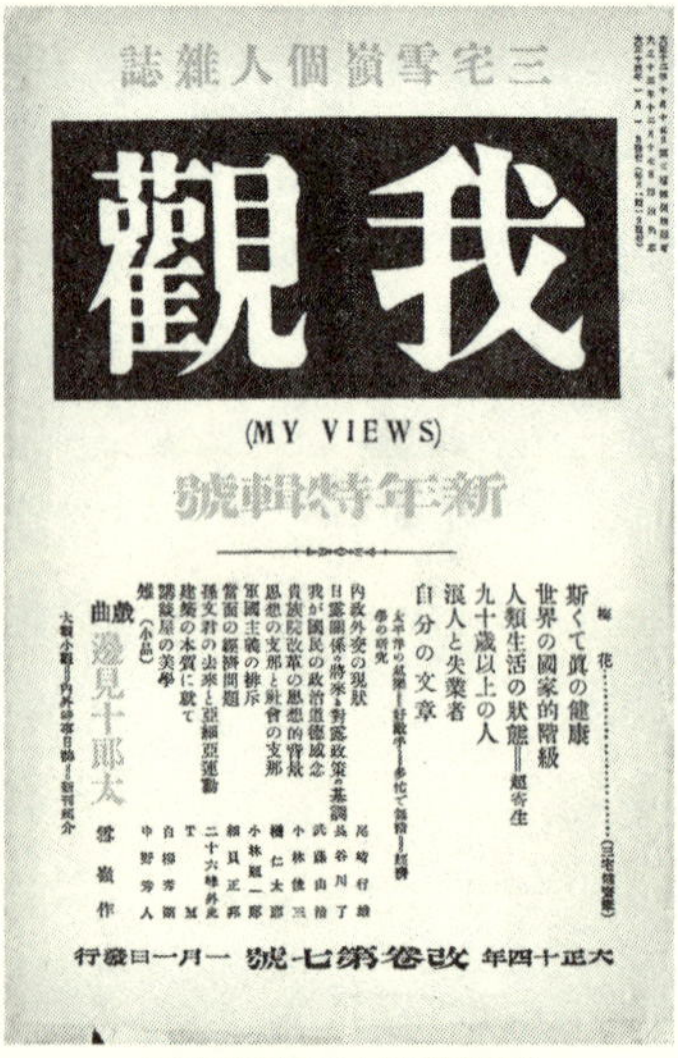

三宅雪嶺個人誌『我観』

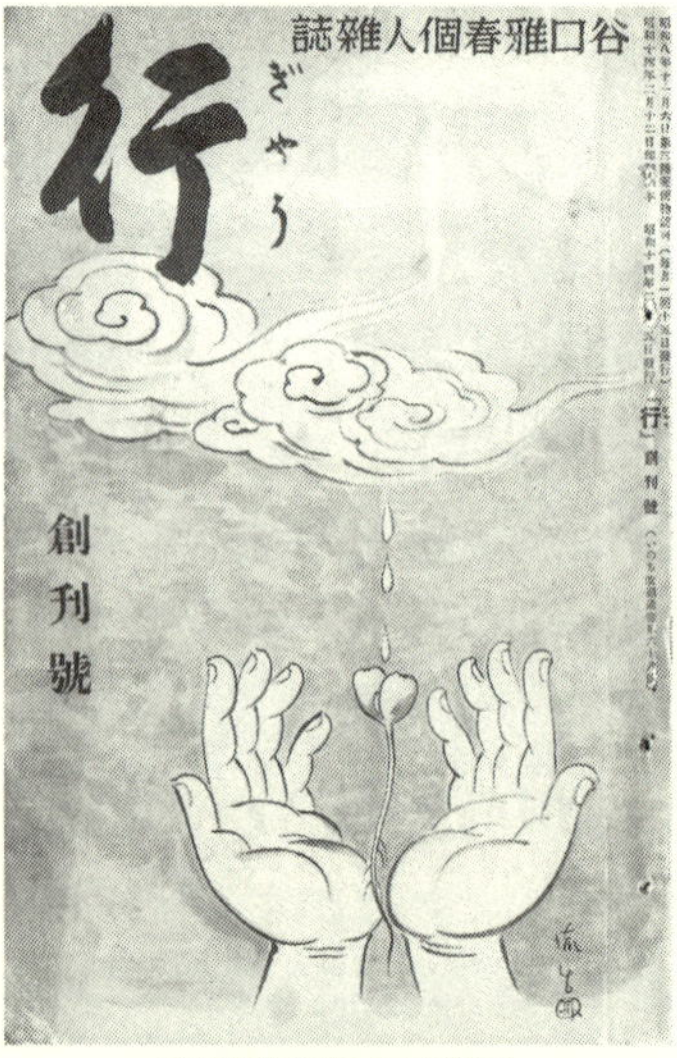

谷川雅春個人誌『行』

なお『雲の柱』（創刊号、一九二二年一月、警醒社書店）は、当初は総合誌風に出発し、いったん「主筆賀川豊彦」を表紙にも打ち出している。しかし、時に「賀川豊彦個人雑誌」を銘打つこともある。元はといえば、賀川中心の宗教総合誌であった。ただし「賀川豊彦個人雑誌」を表紙に打ち出す号では、執筆・原稿の多くは賀川が引き受けている。また主筆や個人雑誌などと銘打とうと、どの号でも奥付には別に編集者が指名されていた（創刊号の編輯・発行人は、奥付では佐藤良雄、巻末の「編輯を了へて」の執筆者は吉田源治郎である）。

それらとも違って、個人雑誌を謳いながら、最初から個人を大きく超えている例もみられる。石丸梧平の『人生創造』、谷口雅春の『行』などがその例である。『人生創造』は「石丸梧平個人雑誌」を表紙には明快に謳いながら、多くの知友にも寄稿を求めている。石丸は編集・発行・印刷人を引き受け、誌面の中心となる担い手でもあり続けるので、多くの執筆者を得ながら、個人誌の意識は持ち続けたものである。

それに近い個人誌に、関東大震災後の一九二四年に世に出た三宅雪嶺の『我観』がある。表紙に「三宅雪嶺個人雑誌」を明快に謳うが、誌面を通常の個人誌のようにすべて、あるいはほぼ雪嶺が埋めているわけではない。ちょっと見たところ、表紙は個人誌で、目次と中身は総合誌という奇妙な混交なのである。編輯発行兼印刷人も雪嶺とは別人がちゃんと付いている。

このように、同一誌に、個人誌と総合誌が同居した混合型という例は他にそう無いのではないか。雪嶺は筆力旺盛で、いろいろの雑誌に書き殴ると思えるほどの時代もあったが、『我観』でも彼の個

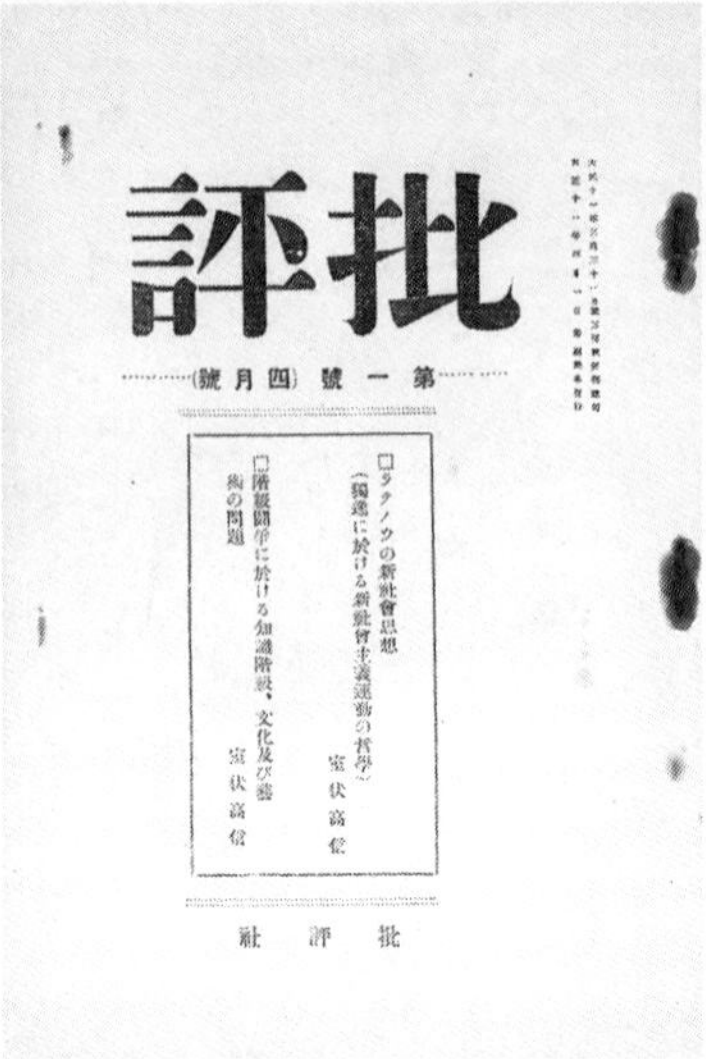

室伏高信個人誌『批評』

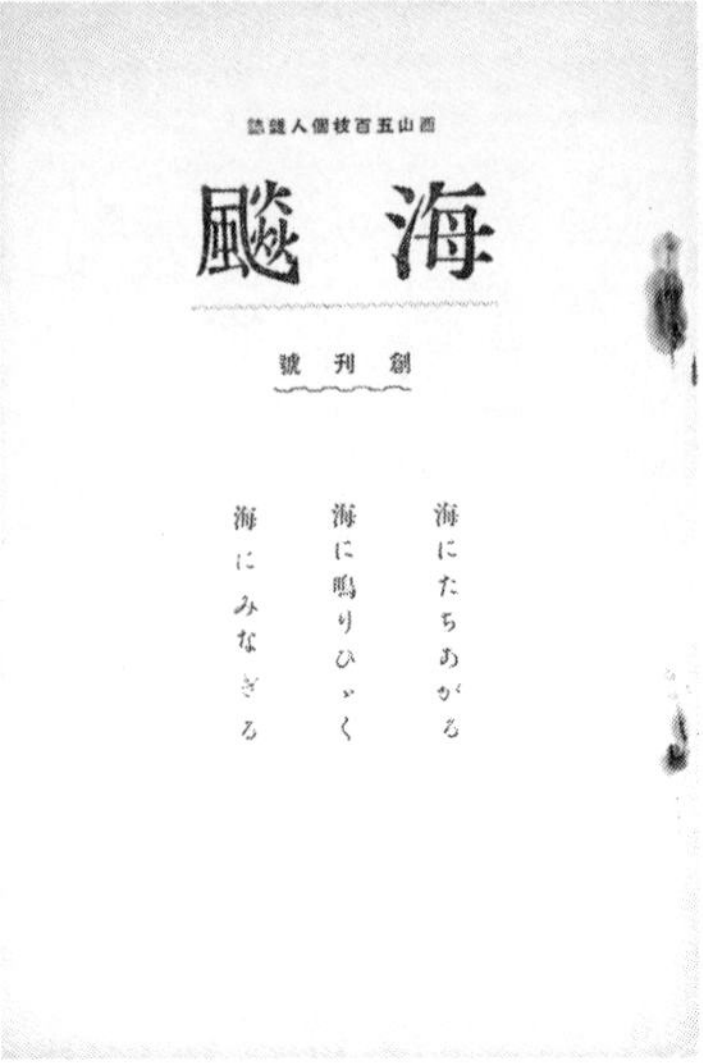

西山五百枝個人誌『海颷』

人誌の部分と多くの寄稿者による部分が雑居ではなく、仲良く同居しているのである。

谷口の『行』は、戦時体制に急速に傾斜する一九三九年三月に、それまでの『いのち』を改題したものである。『行』は「いのち」を意味するが、創刊号から「谷口雅春個人雑誌」を打ち出しつつも、同様の宗教的意識・思想・使命感を抱くものにも寄稿を求めている。

また西山五百枝の『海颷』（創刊号、一九三六年八月）は「個人雑誌」を謳っているが、創刊時から「海洋文学」「太平洋文学」をテーマに、「海洋作品発表希望の向は、編者宛原稿を送つて欲しい。採否は編輯者に任され度し」と同好の士に投稿を呼びかけている。創刊号にも、すでに自分以外に二人の詩を載せている。個人雑誌を謳いつつ、個人を超える意図を最初から持っていた例である。

これらは、「個人雑誌」を銘打っているので個人誌に分類はするものの、内容や性格から言えば、個人紙誌をはみ出しており、その当人が「主筆」や「編輯責任」の立場に立つ運動や団体の機関誌と言ってよい。内容や性格よりも、ご当人が「個人雑誌」を名乗る故、一応個人誌に分類する例である。個人紙誌や個人が責任編集を行う紙誌が隆盛を見せながらも、個人誌とは何かが十分に究められていなかった時代状況の反映といってよい。

逆に、個人誌にする意図はなかったのに、結果として他の論稿が間に合わず、とりあえず自分の原稿のみで刊行することになって、個人誌となった例もある。一九一八年三月創刊の室伏高信の第一次『批評』は一九二〇年一二月に終巻となっていたが、一九二二年四月に復刊することになった。

ところが、復刊号には室伏以外の原稿が間に遭わず、結局室伏のもののみで刊行する。その結果、個人誌になったことは、彼も「第一号は、私一個の雑誌として出るの止むなき事情があったが、決して私一個のものではない。若き日本と、凡ての『若き日本』の人たちとの自由評の機関でありたいと思つてゐる」(「『批評』復刊」『批評』第一号)と断わっている通りである。ただし、室伏は、結果として個人誌になったことを認めたものの、表紙にも他にも「個人誌」とは謳っていない。第二号以降は知友や同好の士にも門戸を開くことにしていたからである。

5　個人紙誌の生成・展開と役割

（1）初期の個人紙誌の役割

日本において、文学、芸術、宗教、哲学、思想関係を含む広義の思想領域において、個人紙誌の発行が一つの趨勢といえるほど目立つようになるのは、一九一〇年代に入ってからである。その隆盛は一九二〇年代に入っても変わらない。明治時代が終わり、大正時代の始まる一九一〇年代は、たんに明治の時代が終わり、新しい大正の時代に入ることで、天皇および元号が変わったという変化だけではなく、あらゆる分野で大きな変化がみられる時代である。

その時代は、日本における政治や社会のあり方に、あるいはまた教育、文学、演劇、美術など文化・芸術のあり方に、ひいては一人一人の人間の認識や受容のあり方にも、ゆっくりとではあるが、しかし重要な転換が見られた時代でもある。大正デモクラシー下に、政治、経済、生活、教育、社会事業、文学、演劇、美術等における人間化ないしは民衆化の理念・動きを基底に位置づけて、新しいあり方・目標を追求した動きがそれである。

その時代の推移をつぶさに見ていくと、いろいろの変化や転換の動きを探ることができる。その中の重要な動きの一つとして、主に国家や全体に関心や重点が置かれた時代から、人間、そして一人一人の個人・個性や生活にも関心や比重が置かれる時代への変化がうかがえる。つまり民衆本位のデモクラシーの時代に移行する動きの芽生え、少なくともそれを目指す運動の発生を見ることができるのである。

第一次護憲運動の高揚、日本における労働組合の最初のナショナル・センターとなる友愛会の創設のような大きなうねり、後に多くの衛星誌を生み出すなど、特に若者たちに多大な影響力を持った白樺派の活動（『白樺』の創刊〔一九一〇年〕など）、新しい女性たちによる『青鞜』（一九一一年創刊）、大杉栄や荒畑寒村ら主に社会主義者を編集者としながら、広範・多様な人材を集めた『近代思想』（一九一二年創刊）、社会主義からキリスト教に変わる小田頼造による『創世』（一九一二年創刊）など、一九一〇年前後に創刊された定期刊行物や展開された運動をいくつか指摘するだけでも、その理解は首肯されるであろう。

この明治が終わり、大正に入る頃から、自己主張や表現・伝達形態の方法として、特に思想、文学、芸術、宗教など、広い意味で思想と言える領域で注意を引くようになる新しいあり方の一つが、ここで取り上げている個人紙誌とその登場・発展であった。見方を変えれば、個人紙誌のあいつぐ発行こそ、そのような国家から人間、あるいは全体から個（個人）に関心や視点、重点や比重が転換するあり方の生成と展開を鮮明にうかがわせてくれる動きといってよかった。

彼らにとっては、個人紙誌は自己主張・自己表現を誰にも遮られずに直截にできる場・手段であった。社会の動向、主潮・主流に関係なく、また出版社・編集者の理念・意図・もくろみに関係なく、自由に執筆・発言したいという目標、意識、考えを持つものが登場し、個人紙誌を通してそれを実行

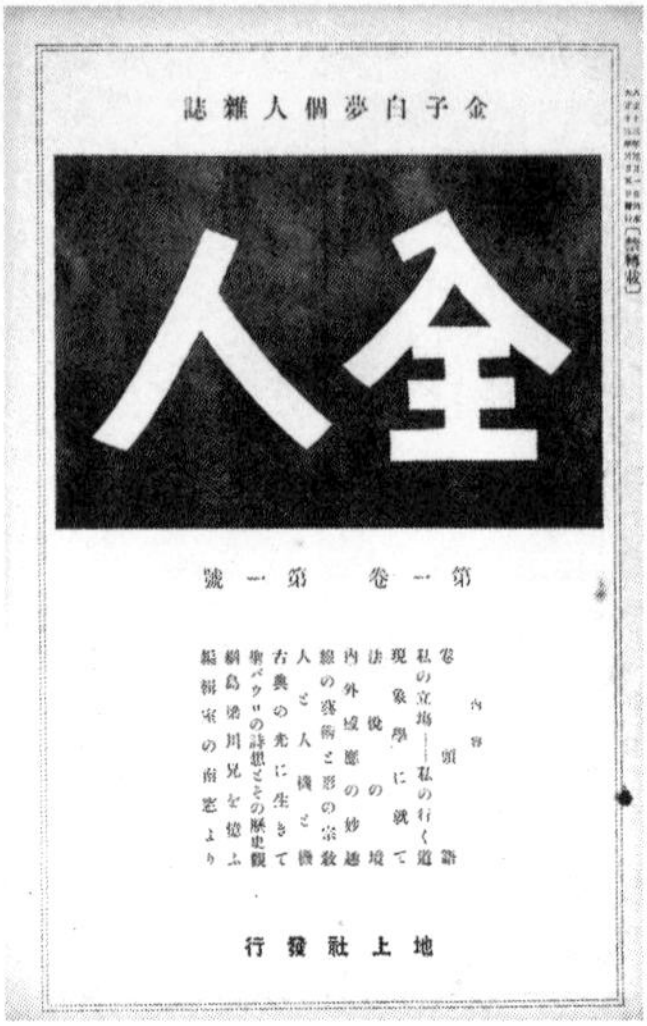

金子白夢個人誌『全人』

したのである。

その点では、個人紙誌の登場は、一九一〇年代から二〇年代にかけて、一面でまさに自立した個性、そして言論人・自由人・思想家・芸術家の生成であり、と同時に、新しい潮流の成立をも意味していた。弱いながらも、一人一人で時代や潮流に対峙し、主張し、自立する市民の登場を見せつけるものであった。

高田集蔵、中里介山らの個人紙誌への踏みだしは、同時代のインテリゲンチャのみか、その入口あたりにいる多くのもの、例えば地方にあって高等教育には近づけないものの、向学心・向上心のある若者たちにも、大きな影響や希望を与えた。一般紙誌と違って、個人紙誌は、読者に発行者との個人的つながりを強く意識させ、自らも参加意識を抱かされ、強い親しみをもって関わることになった。

ただし、個人紙誌の狙い、生成、展開、方法は一つではない。関係者・当事者は、多様な目的、狙い、意識、方法をもってそれぞれの紙誌に取り組んだ。個人=自分を自覚・意識し、個人=自分を押し出す個人紙誌は、個人が孤立して行う活動ではない。むしろ個人の自由と責任で、しかし多くの読者に支えられて、社会と時代に立ち向かおうとするものが少なくなかった。個人誌イコール孤立や内輪への閉じこもりではなく、誰からも強制も負荷も課せられることなく、自由を確保しつつ、むしろ同時に読者・支援者の生の声に支えられて、自分らしい生き方を求めるのであった。

後のことになるが、一九二四年三月に名古屋で創刊された金子白夢の『全人』のような穏やかな個人誌にしても、キリスト者として静かに出発しつつ、同時に強い使命感、改革意識も内に秘めていた。表紙にも「金子白夢個人雑誌」と明快に打ち出し、「私は『人』としての真の教養のために、私共の生活の深化と浄化とのために新らしい生活使命を尽くしたい」（創刊号「巻頭言――私の宣言――」）とし、その「最高理想」をキリストに置き、自らの個人誌の使命を静かに訴えていた。このように自らの意識、目的を誰はばかることなく明快に打ち出せるのも個人紙誌の特徴・良さでもあった。

(2) 一九一〇年代以降の個人紙誌

LA FOLIOJ DE L'ARBOJ
木の葉

高田集蔵個人誌『木の葉』

すでに部分的に触れかけているように、広い分野にわたる思想や思想家の関わるところで、個人紙誌が独特の風格をもって一つの流れを形成する出発点は、明治末である。さらに、一種の流行のようになり、社会的に一定の役割を果たすようになるのは、大正も次第にすすむ一九一〇年代の半ばを過ぎてからである。その先駆をなしたのが高田集蔵と中里介山の二人、とりわけ高田集蔵であった。そしてそれに続くのが宮崎安右衛門、加藤一夫らであった。

この点について、高田自身ある程度自認するように、自らの個人紙『木の葉』に次のように言っている。


「大正畸人傳の著者鳥谷部陽太郎によれば、近頃頻々として出る個人雑誌の元祖はかく申す私であるそうな。果して然るや否は知らぬが、少くも同君をして然か考へしめるほど、私は古くから一人雑誌を出して来たのですが、さうした独創的な事を始めた祟りが、いつも逆境にばかり艱んで来た……」（高田集蔵前掲「編者から」『木の葉』第一号、一九二七年六月）

高田は、明治末から大正、昭和と三代にわたって活動する思想家であるが、徹底した平和主義、反資本主義、非営利主義、独特の発想や用語にこだわる理念・思想、そして土地と農作を中心にした自給自足生活の立場を守った。現実の生活でも、営利行為や売名行為につながることには耳をかさず、拒否の姿勢を貫いた。経済的にも精神的にも自己に厳しく、それだけに貧窮にもめげず隠士風の生き方を変えなかった。宗教・信仰にも関わるが、独自の見方を維持した。

ただ、そのような特異な生き方では、自分は納得・満足できても、家族の生活を守ることができるとは限らない。九津見房子との結婚の破綻はよく知られているように、実際に、結婚生活では破綻を繰り返した。主張や思想の発表も、また信仰や信念の表白も、太平洋戦争後の時期を含むほぼ生涯にわたって原則として自身の個人紙に拠った。『独立』『村落通信』『一艸廬』『貧者の声』『木の葉』などである。

彼がこの種の厳しい生き方に徹する独自の境地を開いたのは、自身の厳しい生活規律、孤独な精神的・思想的修養・鍛錬、新井奥邃らとの交流など現実の日々の生活の中で得たものといってよい。決して学校教育などで得たものではない。むしろ既存の教育のあり方・制度、そしてそれを土台にする社会的・経済的諸制度や既存の慣習を批判し、克服する姿勢に立っていた。これまでの理解では、彼は東京専門学校（後・早稲田大学）法律科中退という説もあるが、東京専門学校ないしは後身の早稲田大学には入学した事実は確認されていない。興味を持つ学科目の聴講に通ったことが入学・中退の誤伝となって今日に生きている可能性がある。

小田頼造個人誌『創世』

個人紙誌の刊行に際しては、高田は自ら執筆・編集をするのは当然としても、加えて資金を節約するためにも、出版活動に最低限必要な家内工業風の印刷設備を自ら持ち、活字拾いから印刷・発送まで自身で行った。それのみか、個人紙誌など機関紙誌の刊行を企図しながら、資金がなく出発あるいは維持できないものにも、印刷を引き受け、協力もしている。自らの体験から、経済的貧窮と社会的活動の難しさの間で艱難・苦しみを知りぬいた者の連帯・配慮と言ってよいであろう。そういった生き方の中で生み出されたのが『村落通信』などの個人紙であり、独特の発想に立つ社会観・人間観であった。

例えば、個人紙を名乗っていないので、形式的には個人紙の範疇に入れにくいが、実質的には個人紙に近い小田頼造の『創世』（一九一二年一二月創刊）の刊行に際しても、高田は小田に助力を申し出、実際にも印刷を引き受けているほどである（『創世』第二号、一九一三年一月）。

当時の個人紙誌の形式、ことに新聞型の形式を作り上げたのは、この高田であった。貧窮の中に自ら活字を拾い、組み、印刷をしただけでなく、お金を節約するために製本も不要で、綴じもしないで、ただ重ねたままの新聞形式にしたのも、彼の工夫であった。

もう一人の個人紙誌の先駆者で、高田と親しく、高田に続いた中里介山は、大著『大菩薩峠』で知られるように、大正期に大衆文学を開拓した著名な作家である。高田とは親友であり、高田の影響を受けて個人紙誌に依拠するあり方を実践する。個人紙誌を含め、新たに創刊の際には、よく高田に助言を仰いでいるほどである。彼も創作以外の主張や考えの主たるものは一般紙誌にではなく、自らの個人紙誌『手紙の代り』『孤立者の通信』『峠』などに、また個人紙誌に近いが、同人紙誌・グループ紙誌でもある『独身』『隣人之友』などに発表しつづけた。また創作は自らの隣人の友社から刊行をするのを常としていた。

高田と介山に加えて、個人紙誌にこだわり続けた先駆者の一人に宮崎安右衛門がいる。彼が個人紙誌を出すたびに頼りにしたのは、この高田と介山であり、また彼らを応援した江渡狄嶺であった。宮崎は、高田と介山、そして江渡を尊敬し、三人を目標に後を追う姿勢で生活し、個人紙を発行した。

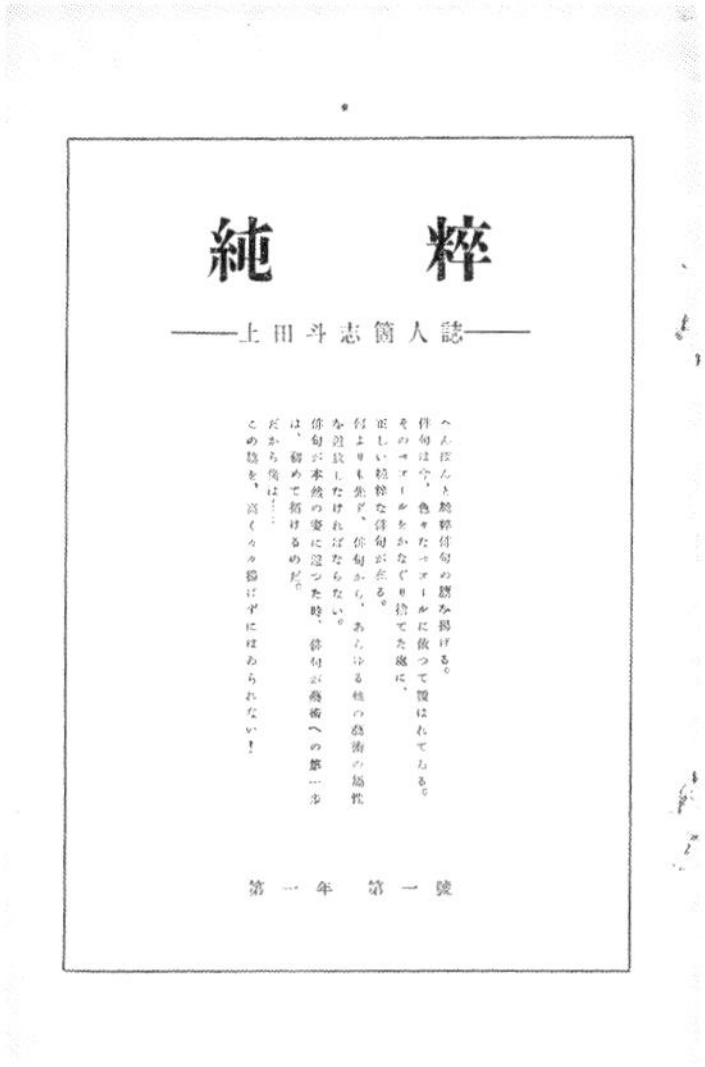

上田斗志個人誌『純粋』

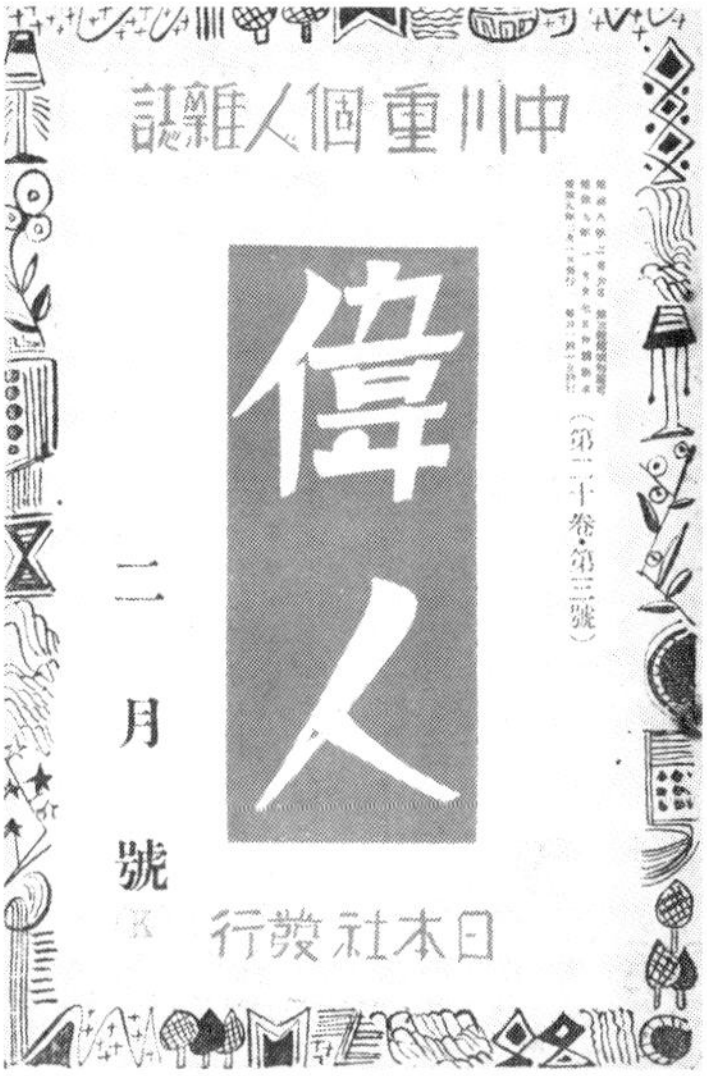

中川重個人誌『偉人』

『褐衣』『童心』『一如』などの個人紙、また編集に携わった機関紙は、いずれも高田と介山、そして江渡を頼りにしつつ発行されている。

個人紙誌の三先駆者、あるいは三羽烏と言えば、この高田、介山、宮崎の三人になるであろう。この三人に江渡や後閑林平を加えて、いずれも新井奥邃を敬愛し、相互に助け合う関係にあった。

この三人に続いて、あるいは彼らに添うように加藤一夫、有島武郎、賀川豊彦、後閑林平、梅原眞隆、室伏高信、三宅雪嶺、江原小弥太、村松梢風、相馬御風、二階堂真寿、大西悟道、金子白夢、古屋芳雄、堀井梁歩、赤神良譲、武者小路実篤、有島武郎、中川重、石丸梧平、上田斗志、谷口雅春、新井紀一、西山五百枝、野沢一（木葉童子）、木村高幸、矢内原忠雄、正木ひろし（昊）、唐沢隆三、野本三吉、寺島珠雄、後神俊文ら多くの思想家・社会運動家、文学者・宗教家が個人紙誌の刊行に挑戦する。

彼らのかなりのものは、必ずしも発表する機会・場がないから個人紙誌を発行したわけではない。その点で、無名のものが個人紙誌や同人誌を発行する場合とは異なる。無名のものなら、発表の場が容易に得られないので、個人紙誌に拠らざる得ないことは理解できる。しかし、かなりのものは、他に発表する場も機会もありながら、何ものにも拘束されないで、時には厳しい時代状況の中で一定の緊張感をもって、また時には自由に書き続けうる場を確保する手段として個人紙誌の刊行に踏み出したのであった。

例えば、中里介山は、個人誌『峠』の購読者には、自ら編集した『隣人之友』を無料進呈した。そこでは「独立独歩にして、他の言論者の云ひ難き事を云ひ、正々堂々として、国家民人の為に最健最善の道を唱道す。……ジャーナリズムを排して、読まるべきものと称すべし。」と謳った。その姿勢は彼の個人紙誌、同人紙誌にも通じるものであった。

また介山、加藤一夫、武者小路実篤、有島武郎らがしばしば一般紙誌からの原稿依頼を断わってまで個人紙誌に依拠したのは、その例である。彼らの場合、執筆の場や機会はいくらでもあり、しかも外部からの依頼に応じて原稿を書いている限り、その原稿の執筆にのみ努め、他のことは忘れて全精力を注げばよかった。

しかし、彼らはむしろそこにとどまることに満足しなかった。あえて執筆のみか構想、編集、印刷、配布にまで一人で責任を負うあり方、それだけにむしろ負担も緊張感も大きくなるあり方を選んだ。その代わり、それを克服あるいは成就した時の充足感も単なる依頼原稿の引き受けよりもはるかに大きかった。そんな意味も個人紙誌には含まれていた。

なお一九一〇年代に始まる戦前の個人紙誌の場合、同一人でも、時代を超えて継続して個人紙誌に依拠し続ける場合は、時と共に発行しなおし、紙誌名も変える例が多い。先駆者の高田、介山を先頭に、加藤一夫、宮崎安右衛門らがそうである。それに対し、一定の場所で、自らの生活をそのまま反映する姿勢や目的で発行する場合は、長い時期にわたっても、紙誌名を変えないで、一つの名称を通すのが通例である。相馬御風、谷口雅春、矢内原忠雄、正木ひろし、唐沢隆三等がその例である。

6　個人紙誌に当事者が託すもの——もう一つの分類

(1)　個人紙誌の狙いと分類

以上に見た個人紙誌について、発行人本人がどの程度関わっているかによって、位置づけ・分類も変わってくる。特定の一人が企画、編集、執筆、発送、会計の全てを担っているか、それとも個人紙誌と言いながら、執筆陣に当人以外のものも協力・参加しているか、その参加度も単なる協力か、それとも個人紙誌の発行人と対等に近い位置・地位に立って編集・執筆、作成に加わっているか、などによって位置づけは変わってくる。

このような編集・発行人本人の関与度・関わり方による分類・判断については、既に触れた。それに加えて、当事者の刊行の目的・狙いやそれに向かう姿勢によっても、個人紙誌か、それとも当人も何人かの中の一編集者にすぎないのか、などについて判断が変わってくる。そのように当事者が個人紙誌に踏み出す狙い、意図、期待からみると、次のような分類も可能である。

例えば、その一は、公開できない純粋な私信ほど狭い個人的なものではないが、手紙代わりに、日常・近況の報告、感想・意見の報告、それに対する知友たちの返書など、相互報告・交流の場・手段とする通信型である。ただし、単純な日常・近況の報告のみではなく、殊に新たな課題、挑戦、目標などがあれば、それに対応する日々の生き方、生活状況、挑戦、完成途上の成果の中間報告などの編集・発信となることもある。原初的・初期的個人紙誌、またはその延長上にあるものと言ってよい。

このあり方は、高田集蔵、中里介山、加藤一夫、宮崎安右衛門らには、どの個人紙誌にも何らかの形でうかがえる。高田の『村落通信』、介山の『手紙の代り』などは、その典型的な例である。ただ通信型といっても、前にも見たように当事者・執筆者はただ一人で、純粋な個人の通信・発信にとどまるものは少数である。交通・通信事情の悪かった時代には、後閑林平（群馬県沼田市月夜野）ら地方在住者のように、手書きの謄写刷で個人紙誌（『至微者偶信』第一便、一九二二年一月）をつくり、手紙・近況・報告の代りに利用するものがあった。

その二は、十分に練り上げたものや完成したものでなくても、言いたいこと、書きたいことを編集者など誰からもチェックされることなく、気軽に自由に発言できる場・機会とするもの、創作やディスカッション・ペーパー・未定稿のように試行・試作の発表の場・機会とするもの、時にはグループ活動・同人活動の準備・試行紙誌とするものなどである。この型には、総合誌に近い広がりのあるものも出てくる。

具体的には、どの個人紙誌にも多少はうかがえるが、加藤一夫の初期のもの、赤神良譲（「赤神良譲個人雑誌」『社会学評論』創刊号、一九二六年一月）、先の入山春行（個人編輯の『与謝野晶子研究』）らのものである。完成した内容で専門誌に正式に発表する以前に試行的に発表するもの、あるいは一般誌には発表する気持がなく、それでも折角書き上げた研究や創作を試行的に発表する場として、個人紙誌を活用するものである。

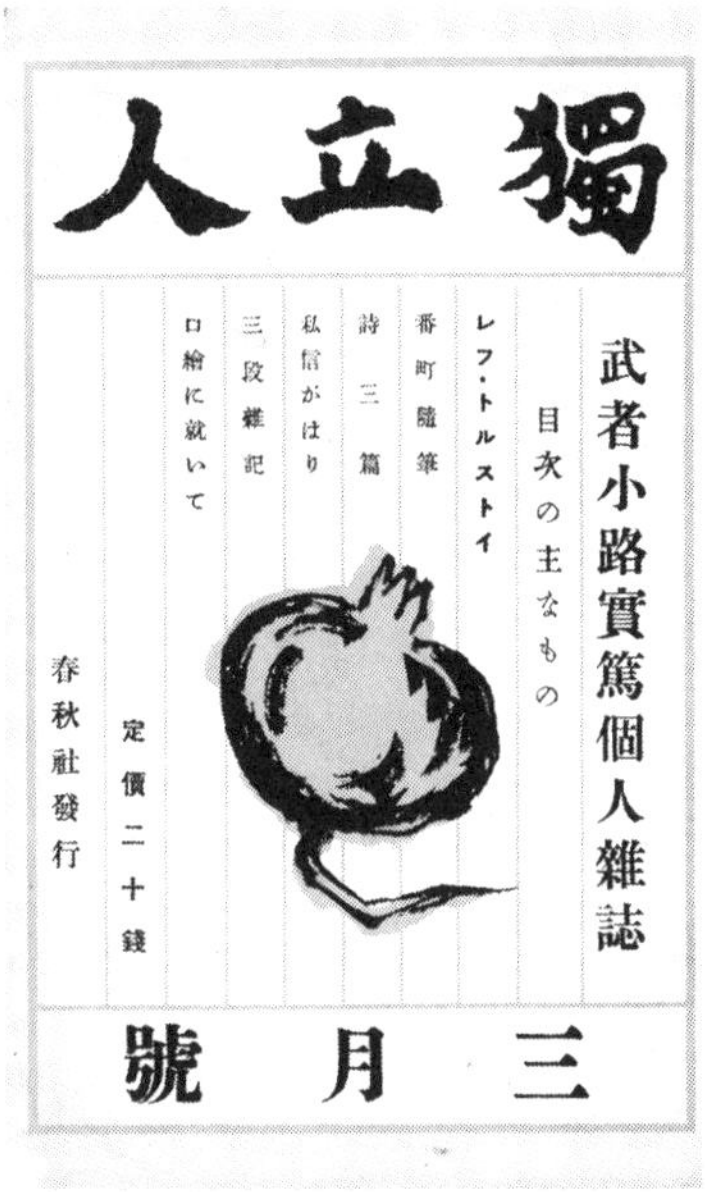

武者小路実篤個人誌『独立人』

その三は、一歩踏み込んで、自己の思想・信条・信仰について、当局を含め、他に気兼ねなく、自由に言いたいことを表白・発信する場にする、明快な信条・信仰に基づくものである。個人的すぎて一般紙誌には合わないが、止むに止まれぬ気持・信念・信仰心から個人の思想・信条・信仰を表白したり、発信したりする場・手段とするものである。時には、もっと進んで厳しい時代状況の下で言論や信仰の自由を守り、自己の主張を曲げないで発表できる機会を確保する場・手段とするものもある。

例えば、高田、介山、加藤、賀川豊彦、谷口雅春、二階堂真寿、金子白夢、梅原真隆ら宗教家や強烈な思想・信条の持主の個人紙誌によくうかがえる。そのうち、高田、介山、加藤らのように、単に取締り当局に対してだけではなく、同じ陣営でも理念や活動方法の違う他派からも自立や主体性を守るために利用されることもある。その点で、活動・運動紙誌的な性格も持つ。

この例に近いものに、武者小路実篤の『向日葵』（創刊号、一九四七年一月）がある。彼が作家としての最後のまとめを考えて取り組んだ雑誌である。『向日葵』は個人誌とは名乗らず、個人編輯であった。しかし編集や内容から見れば、個人誌と個人編輯の中間でどちらにも分類できる。執筆者は、本人に加えて志賀直哉、千家元麿ら武者小路の友人・知友たちである。

武者小路はその当時の意気込みを「雑誌がおおすぎることは自分も知っている。しかし自分が書きたいことを勝手に書ける雑誌はない。……そう言ふ雑誌が自分たちには必要なので、この雑誌を出す事にした。……白樺が僕の門出の雑誌とすれば、この雑誌が僕の有終の美を得さしてくれることを自分は望んでいる。」（「発刊辞」前掲『向日葵』創刊号）と訴えている。

昭和の進行と共に、準戦時、さらに戦時体制が強化されると、一層言論の自由が奪われる。そんな時代に、正木ひろし、矢内原忠雄らは個人誌を発行する。自らの言論・主張の場を確保するためである。自由な主張ができないほど厳しい言論統制や抑圧がなされる時に、自らの考え、主張、生き方を

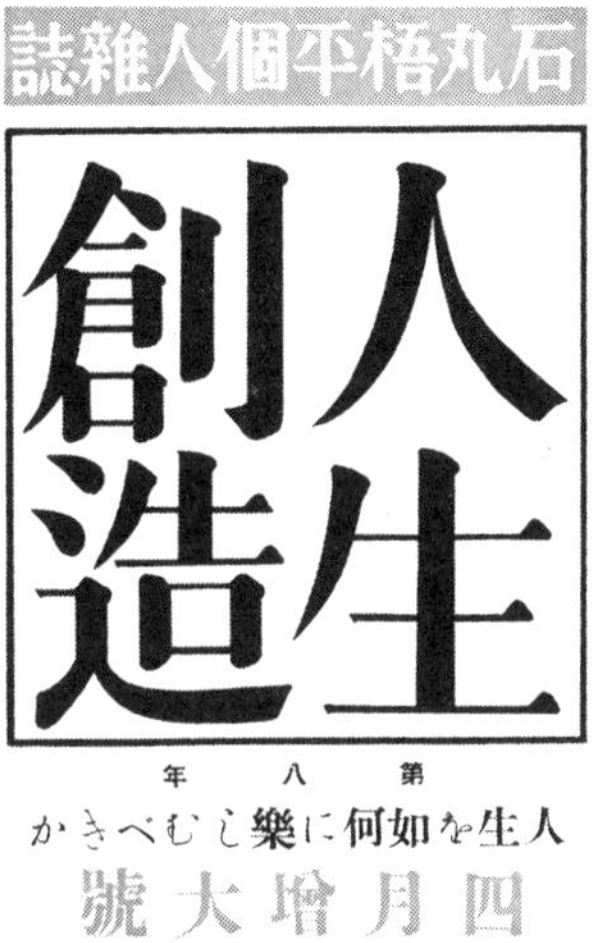

石丸梧平個人誌『人生創造』

有島武郎個人誌『泉』

最低限でも守り続ける拠り所としたものである。

さらに、その四は、特定の個人が出版社などに委嘱、依頼されたりして、個人編集・個人紙誌の形で出版するものである。その場合、個人が編集に責任を負う例と、個人誌は名ばかりで、特定の個人を看板に使いながら、実際には出版社・編集部なりが編集を担当している例がある。いずれにしろ、特定の個人は執筆中心で、編集、発行、発売、財政には責任を負う必要がないケースである。

この場合、出版社の方が特定の個人の一人雑誌、あるいは個人誌的編集で雑誌の維持が財政的にも可能と判断するのが基本である。また編集・発行・印刷人の全てを引き受け、個人誌の看板も掲げながら、創刊号から他の人たちも執筆者に加わっていて、実質は個人誌よりも、「個人編集」といっていいものもある。ただ、いずれも「個人雑誌」「個人紙誌」を名乗っているのである。

具体的には、有島武郎の『泉』（叢文閣）、村松梢風の『騒人』（騒人社）、武者小路実篤の『独立人』（春秋社）、加藤一夫の半個人紙誌ないしは個人紙誌。石丸梧平の『人生創造』（人生創造）などがその例である。

『騒人』は「村松梢風個人雑誌」として出発し、すぐに「村松梢風編集」、さらに最後は村松の名前を無くし、「文芸読物雑誌」に拡大していく。ただし、「個人雑誌」を謳った創刊時から、村松以外の作家・文学者も参加し、執筆人に加わっているように、創刊前は「個人誌」を目ざし、そう謳いながら、それは単なる看板で終わり、最初から予想以上に多くの友人たちの協力で総合文芸誌の性格をもつことになった。村松以外には、生方敏郎、馬場孤蝶、沖野岩三郎、野尻抱影、近松秋江、相馬御風ら多くの作家や評論家が登場する。

また関連する例であるが、一九二四年に創刊し、比較的長く維持される石丸梧平の「個人雑誌」を名乗る『人生創造』についてはすでに触れた通りである。

(2) 生の声、生の感情、生の姿が反映される個人紙誌

上記の四つの区分全体を通して言えることは、どの個人紙誌も単なる個人的・一方的な私信の発信にとどまるものではないこと、さりとて、『騒人』や『我観』のような例外もあるが、一般の公的な

新聞・雑誌のように不特定多数に広く開かれたものとも違うこと、さらには通常同好の士・小グループによる同人紙誌とも明らかに違うということである。個人紙誌は、個人が理念、自由と権限、そして責任を持っているかどうかが基本になるので、性格や形式は近いようにみえる同人紙誌やグループ紙誌とも、決して同一ではないことが明らかであろう。

同人紙誌は、複数で取り組む以上、特定の個人にのみ専ら権限を集中することはない。個人を超えるいろいろの制約や約束ごとが出てくる。それに対し、個人紙誌は、原則として個人が他からの一切の拘束や束縛を離れて、自由に思うままに筆を走らせ、編集することが基本である。同人紙誌も、その性格を多少は残してはいるものの、個人を超える同人間の最低限の約束やルールは存しているように、個人紙誌に解消されるものではない。

それだけに、個人紙誌にはしばしば生の声、生の感情、生の姿、あるいは未成熟、未完成、未醗酵のあるがままの考えや主張や方向性がさらけ出されることも珍しくない。そこには、手紙や日記やメモに近い姿勢や思いで綴られる日常生活に関する私的通信・データ・覚書きが含まれることもある。時には一般紙誌、あるいは洗練された論文やエッセーでは見ることのできない感情の強くこもった主張・論説、評論、感想、あるいは整理・淘汰される前の生の、時には思考さ中でまだ十分熟さない発想や視点や評論に遭遇することもある。

その方が、見方によっては読者、受け取り手、さらには研究者にとってはきわめて貴重である。個人紙誌の発信者個人の内面・心の内、また人間像・思想家像を含めてうかがうこともできるからである。それによって、むしろ発信者をあるがままの全体像において理解することができたり、本音を受け止めたりすることもできる。

そうであれば、個人の伝記・評伝類の執筆には、個人紙誌の発行経験を持つ人物の場合、それを資料として検討し、活用することは不可欠といってよい。

なお、個人紙誌の名称・標題にも、発行人の意思・姿勢・目的が表現される場合がある。実際に、紙誌名から個人紙誌を分類することも可能である。個人が中心になる以上、当然紙誌名の付け方は多様であるが、個性的でもある。

例えば、それぞれの個性、信条、信仰、方針に合わせて、手紙・通信的ないかにも個人紙誌を想起させるものから（いずれも完全な個人紙ではないが、高田集蔵『村落通信』、中里介山『手紙の代り』など）、さりげなく信条・生き方をうかがわせるもの（加藤一夫『一隅から』『大地に立つ』、相馬御風『野を歩む者』、正木ひろし『近きより』、金子白夢『全人』など）、信仰・宗教の薫りが漂うもの（二階堂真寿『迷へる羊』、賀川豊彦『雲の柱』、矢内原忠雄『嘉信』など）、さらには個人紙誌とは無関係な学会誌や研究誌を想起させるもの（赤松良譲『社会学評論』、入江春行個人編輯『与謝野晶子研究』など）までいろいろで

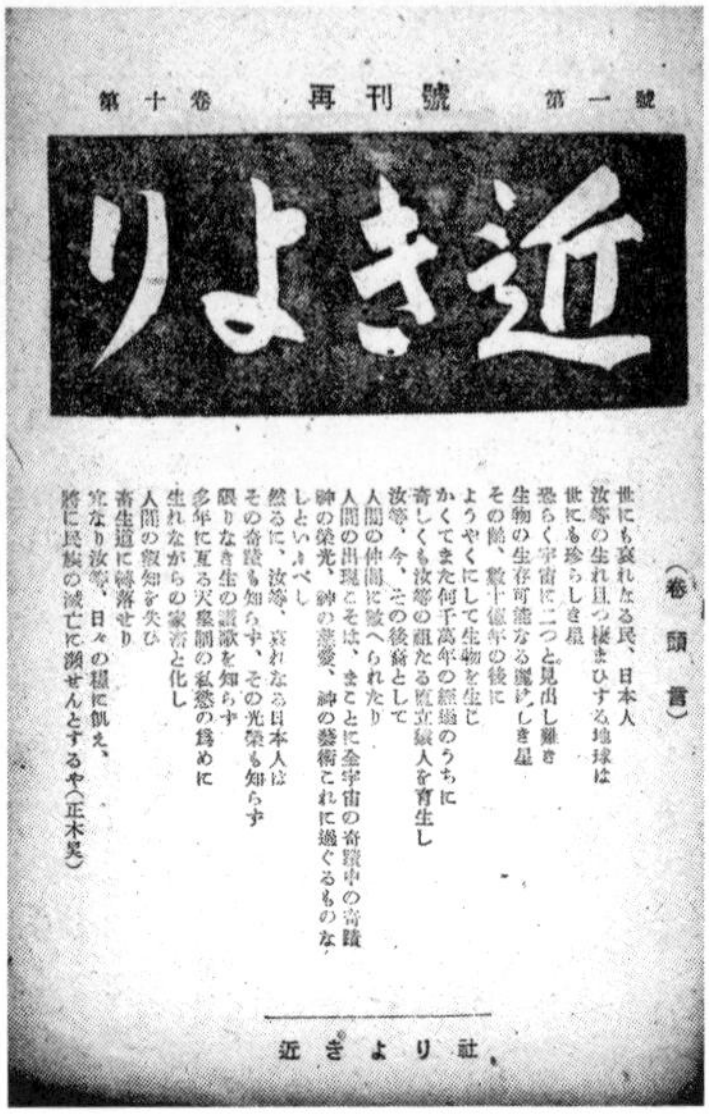
第十巻　再刊號　第一號

近きより

（巻頭言）

世にも哀れなる民、日本人
汝等の生れ且つ棲まひする地球は
世にも珍らしき星
恐らく宇宙に二つと見出し難き
生物の生存可能なる麗はしき星
その餘、數十億年の後に
ようやくにして生物を生じ
かくてまた何千萬年の經過のうちに
奇しくも汝等の祖たる直立猿人を育生し
汝等、今、その後裔として
人間の仲間に數へられたり
人間の出現こそは、まことに全宇宙の奇蹟中の奇蹟
神の榮光、神の慈愛、神の藝術これに過ぐるものな
しといふべし
然るに、汝等、哀れなる日本人は
その奇蹟も知らず、その光榮も知らず
限りなき生の讃歎を知らず
多年に亙る天皇制の私慾の爲めに
生れながらの家畜と化し
人間の叡知を失ひ
畜生道に轉落せり
空なり汝等、日々の糧に飢え、
將に民族の滅亡に瀕せんとするや（正木昊）

近きより社

正木昊個人誌『近きより』再刊号

ある。

そのような多様さ、つまり個々に見ると、個性的で各々意味のある紙誌名を持っていることが個人紙誌の特徴の一つと言ってよい。

7　社会思想史・運動史研究、あるいは人物研究を豊かにする個人紙誌

これまで日本では、個人紙誌を本格的に取り上げた研究も、また個人紙誌を有効、適切に使って伝記や歴史をまとめた研究もほとんど見られない。個人の伝記や研究論文をまとめる際に、その人物の関わった個人紙誌を説明する程度のものは見られたが、個人紙誌を特に重視し、当人の生涯や思想や活動における、個人紙誌の位置・意味づけや役割を重視したものは極めて少なかった。

それでも、ようやく最近に至って、なお著名なものに限られてはいるが、中里介山、加藤一夫、賀川豊彦、正木ひろし、野本三吉らのもののように個人紙誌の復刻やそれに対する言及・評価が少しずつ見られるようになっている。もっとも、まだその流れや全体像、そして個々の個人紙誌の特徴・個性を的確に掌握して、明快に位置付けつつ取り上げるところまでは進んではいない。にもかかわらず、そのようなレベルでの理解や研究を手掛けうる条件が少しずつ整備されつつある。

もともと、個人紙誌そのものが一般にはよく知られていたとは言えないが、それに関係する研究者の間にさえ、実態や全体像が的確に理解・掌握されていたとは言えない。というより、理解や掌握ど

ころか、個人紙誌に関係する人物を研究対象とするものでも、それぞれの個人紙誌に強い関心を示すものさえ、めったに居なかった。

それだけに、研究対象にする思想家なり宗教家なりが個人紙誌を発行したことがあり、かつその個人紙誌が研究をすすめる上で依拠したり言及したりすることが不可欠なほど重要な場合でも、これまではまったくそれらに依拠も言及もしていない伝記や評伝も成立しえたのである。たとえば個人紙誌の先駆者の一人である中里介山に関する伝記・評伝にもその例が見られる。

介山は広く知れわたった作家であるだけに、彼に関する伝記・評伝もいくつか世に送り出されている。ところが、その中には介山に関する著名な評伝を含め、介山の個人紙誌についてはまったく触れていないか、触れていても正確ではない扱いにとどまる著作もみられる。

介山は、生涯を通じて『手紙の代り』『孤立者の通信』『峠』など個人紙誌ないしは本人は個人紙誌とは呼んでいないが、そう呼んでも差支えない性格の機関紙誌をあいついで発行している（ほかに『独身』『隣人の友』など個人紙ではないが、個人紙に近いものもある）。しかも、そこには介山の肉声が溢れており、彼の人生、社会、文学、映画、演劇、戦争、天皇などに関する重要な視点・主張、あるいは思いがけない交遊関係も生のままうかがうことができる。

このように個人紙誌の先駆者の一人で、かつ明治末から大正、さらに昭和にかけて紙誌名を変えつつ、繰り返し個人紙誌を刊行し続けた人物の生涯と思想を綴るのに、その人が自らの精神、主張、思想、宗教、生活、芸術にわたって日常の中から率直に表白した記録である個人紙誌をまったく素通りしてしまうことは、問題が少なくない。

しかるに、現実には個人紙誌が重要な意味を持つ人物に取り組む場合でも、個人紙誌を素通りする研究がこれまではしばしば見られた。たしかに初期的・試行的研究、特定の側面・課題に限定した研究の段階では、それほど大きな欠落とは見なされないで済んだが、より深い研究、より内容豊かな研究、つまり総合的な研究には、個人紙誌の利用は欠かせない。そして、今やその段階に到達しているといっても言い過ぎではない。

ただそういった個人紙誌を無視ないしは軽視してきた研究者やその研究にも、これまでは同情すべき点がなかったわけではない。すでに指摘したように、これまで戦前の個人紙誌がまったく見る機会がなかったわけではないが、ものによっては専門家でも容易に手にすることはもちろん、見ることも簡単ではなかった例が少なくなかったという事情が、それである。

個人紙誌であれば、もともと発行部数も少部数であった上、今日まで保存されている部数ということになったら、さらに限られ、きわめて少数か、極端な場合は方々に散らばっている各号を合わせて辛うじて一部揃うかどうかという残存状況にある例さえ見られる。

それだけに、専門の研究者ならその所在を確認しているものでも、一般の人にはもちろん、大方の研究者にとっても、所在の確認も、閲読の機会も得られないのが当たり前であった。そこに、実は個人紙誌の自由な、あるいは適切な利用を妨げてきた大きな問題も存していた。そして、それを何とか打開すべく方法・アィデアを検討・工夫することが現在の課題の一つになっているのである。

おわりに――個人紙誌研究をめぐる課題

本章の目的は、戦前日本における個人紙誌の全貌を明らかにすることではない。それが可能になるのは、まだ先のことである。また、その一部であれ、具体的に一つ一つの内容に立ち入って深く詳細に検討することでもない。

本章で、私が意図したことは、個人紙誌の流れやその状況について、限られた事例・例証にもとづくものであれ、概観や特徴を紹介しつつ、それが大正・戦前昭和期における作家、文芸家、芸術家、評論家、学者を含む思想家や思想史研究においてきわめて重要な文献・資料である点、にもかかわらず、それらが十分に調査・研究・解明もされないままであった点を明らかにすることであった。

現に、今日に至っても個人紙誌に関しては簡単に利用できる条件や環境も、研究成果も、整備されるには至ってはいない。個人紙誌の全貌の解明や深い内容の究明は、なお時間を要することである。

それ以前に、個人紙誌を現物ないしはコピーを一か所に集中的に集め、管理・運営する個人紙誌センターを設置するなど、一方で個人紙誌の収集に努め、保護・保存を図ること、他方で研究者や愛好家が利用しやすくすることも、なお今後の課題である。そのようなことは個人の努力では明快に限界がある。

太平洋戦争前は、出版活動、とりわけ思想・思想運動につながる左翼系や進歩的色合いの出版活動に対しては、出版どころか、利用や所有することに対してさえ抑圧や取締りがなされるのが常であった。そのため、労働運動・社会主義運動の機関紙誌はじめ、思想性や進歩性を帯びる文芸、演劇、映画、美術、文化、教育、医療、福祉、労働、宗教等の機関紙誌類は、安定的に刊行することも、広く配布することも、また保存し、後世に残すことも、きわめて困難であった。

それでも、マルクス主義系の機関紙誌は、研究者が多かったこともあり、戦後に至って比較的研究も調査も進められてきた。保存や活用も良好の方であろう。しかし、それ以外の系統のものには、これまで発行状況も、残存状況も、綿密には調査がなされないままのものも少なくない。ましてや、少数派の位置しか与えられなかった個人紙誌ともなると、発行状況も、残存状況も、概要としてさえ、全体像はまだきちんとは明らかにされていない。むしろ本格的な全容の解明は今後に残されたままである。

このように、戦後に至って、一方で思想家や思想史研究の領域でも、いろいろの方法が工夫されて、個人紙誌を含む継続性のある機関紙誌類に関する研究でも、かなりの進展が見られた。にもかかわらず、他方でなお研究の遅れた系統・領域も見られる。そのように軽視されてきた領域・課題の代表の一つが個人紙誌であった。

それだけに、広く利用できる条件・環境が整備されれば、研究者や個人紙誌の愛好家にとっては、大きな福音である。個人紙誌は、思想（史）や思想家の研究にとっても豊かな素材に満ち溢れた研究の宝庫といえるからである。研究者が増えれば、また連携・協同して取り組むことができれば、調査・研究の進展は間違いない。個人紙誌の研究にも、思想史・思想家の新たな解明にも、大きく寄与することになろう。

今後、思想領域においては、戦前における希少な一般機関紙誌と共に、さらに一層希少といってよい個人紙誌の発行状況、および今日の残存状況を詳細に調査すること、そしてそれらの成果を蓄積・活用して思想（史）・思想家研究の欠落を補うことが必要である。そのための基礎的な素材提供が本章の狙いである。

一人一人の理想や夢、才能や力量、生き方や関心など全精神が込められた個人紙誌の豊かさ、深さ、多さ、多様さを考えたら、個人紙誌の活用は、多様な領域において、今後の研究の進展・深化に大きく寄与することは間違いない。そのためにも、個人紙誌専門の収集・保存、開示・発信のセンター、あるいは図書館、文学館が設置されることを願わずに居られない。

〈参考文献〉
小松隆二「『原始』と加藤一夫」『三田学会雑誌』第七八巻第五号、一九八五年一二月
小松隆二「『大地に立つ』と加藤一夫」『三田学会雑誌』第七九巻第五号、一九八六年一二月
小松隆二「自由人連盟と加藤一夫」『三田学会雑誌』第八〇巻第四号、一九八七年一〇月
『「原始」解説・総目次・索引』解説：紅野敏郎、小松隆二、加藤不二子、不二出版、一九九〇年
『「雲の柱」解題・総目次・索引』緑蔭書房、一九九〇年

小松隆二「日本における思想家の個人紙誌」『三田学会雑誌』第三巻特別号―1、一九九〇年九月

第二章　加藤一夫と個人誌『大地に立つ』
――半個人誌から個人紙（第二次）へ

1　加藤一夫の再評価

長い間忘れられかけていた加藤一夫について、私はかつて『三田学会雑誌』に数回にわたって小論を発表した。

それらは、大正初期以来、時代と共に民衆芸術、トルストイ研究、アナキズム、農本主義、あるいは個人紙誌等の領域では、先導的役割を演じてきた加藤の生涯（「土の叫び地の囁き」『三田学会雑誌』第七八巻第四号、一九八五年一〇月号）、そして彼の活動では重要な位置を占める個人誌『原始』『大地に立つ』、あるいは自由人社のような小団体の活動紹介や位置づけを行うものであった（「『原始』と加藤一夫」『三田学会雑誌』第七八巻第五号、一九八五年一二月。「『大地に立つ』と加藤一夫」『三田学会雑誌』第七九巻第五号、一九八六年一二月。「自由人連盟と加藤一夫」『三田学会雑誌』第八〇巻第四号、一九八七年一〇月）。

その後、加藤に対する関心は、専門家・関係者の間には少しずつ広がりと高まりを見せてきた。例えば加藤をめぐる記念集会（一九八七年一二月の私も発起人の一人であった「加藤一夫生誕百年記念の集い」他）、加藤一夫研究会による機関誌『加藤一夫研究』の刊行（一九八七年創刊）、あるいは加藤の関わった機関紙誌や個人紙誌、例えば『科学と文芸』『一隅より』『原始』『大地に立つ』などの復刻の企画も検討、実行された。

とはいえ、その関心の高まりはまだ限られた範囲・広がりにおいてであり、加藤研究の裾野はなお決して広いとはいえない。現に、加藤の解明・理解に欠かせない彼の発行した著作、個人紙誌や機関紙誌の全体像など基本資料の整備・蓄積さえ、まだ十分には行われていない。その点では、加藤に関する本格的研究は、なお今後に待たなくてはならない状況である。

その未発掘の機関誌の一つである個人紙誌『大地に立つ』については、『原始』を紹介した段階で、すでに紹介を予定していたものであった。『原始』は二八冊で終刊を迎えるものの、しばらくの中断の後、『大地に立つ』に引き継がれる。それを見ても『原始』と『大地に立つ』は一連のものとして理解する必要があったのである。

実際に、両誌は、継続・一貫する流れの中で刊行されている。また加藤の内面においても、両誌とも個人紙誌と加藤編集のグループ誌の間を行ったり来たりする性格のものであった。この二点を見ても、両者は切り離しがたく結びついている。それは、『大地に立つ』を刊行し、土地や農村社会のことを真剣に考えるうちに、結局、かつて追究した〈原始〉の精神に立ち還る必要を、加藤自身が改めて確認するにいたるという内的陶冶・到達点からも言えることである（加藤一夫「原始を回復せよ」『大地に立つ』第三巻第一号、一九三一年一月）。

その意味でも、加藤を全体像として総合的に解明するには、とりわけ関東大震災後の加藤を解明するには、『大地に立つ』を忘れて、『原始』のみの紹介では不十分のそしりを免れ得ない。

その『大地に立つ』に関しては、これまで第一、二次を通じての全揃いは発見されていない。同誌を紹介する段階でも、全揃いを所蔵している図書館や個人は発見できなかった。その点からも、同誌も超稀覯書の一つといってさしつかえない位置にある。

そこで、『原始』に続いて、『大地に立つ』についても、その位置づけや役割、そして総目次の紹介を中心に筆をすすめることにする。ただし、本章では全揃いが未発見のリーフレット型の第二次については概略を紹介する程度に抑え、雑誌型の第一次『大地に立つ』中心の紹介にとどめることにする。

2　半個人誌『大地に立つ』の創刊とその前後

(1) 関東大震災と東京追放、関西へ

前掲の拙稿「土の叫び地の囁き」で見たように、加藤一夫が『原始』を刊行したのは、彼の三八歳から四〇歳にかけての一九二五年一月から一九二七年四月の間である。二年を僅かに超える期間であるが、その間に、彼は関西に渡り、それから東京に戻って、両地域であわせて二八冊の『原始』を世

第二次『大地に立つ』創刊号

第一次『大地に立つ』創刊号

に送りだす。

加藤が『原始』を個人誌として世に送りだしたのは、友人・同志の多い関東ではなく、一時的に避難・移住した芦屋であった。個人誌は未経験ではなく、東京ですでに大震災前に経験を持っていたし、中里介山ら多くの人たちの個人紙誌にはよく触れていたので、ことさら抵抗感はなかった。ただ、かつての『一隅より』は、神田豊穂、谷口熊之助、江渡狄嶺ら良き協力者、杉山元治郎、賀川豊彦らかつての友人・学友も読者として近くにいた。また一般読者にも後閑林平、上澤謙治ら熱心な応援者がいた。その点が違っていた。

『一隅より』は、個人紙とは断っていないが、自ら「私の手紙代用のリーフレット」と呼んでいるように、個人紙であった。その時の発想・経験が、東京を遠く離れた関西の芦屋の地で生かされるのである。

関東大地震の災難で、加藤は、多くの社会主義者・アナキストと共にいったん巣鴨署に保護検束される。しかし、東京を離れることを条件にすぐに釈放される。そのため、荒廃と混乱の中、娑婆には出たものの、釈放条件を満たすために、直ちに家族を連れて東京を離れざるをえなかった。あてがあって東京を離れることにしたわけではないので、不安は伴ったが、そうも言ってはおれなかった。関西在住の民衆詩派の富田砕花を念頭において、出発前には了解を取る時間もゆとりもなく、ともかく西下する。

関東大震災前には、加藤はアナキズム系では一定の評価を得ていた。大杉栄は別格の位置にいたが、加藤も書斎派の印象を与えつつも、一九一六年頃からの民衆芸術運動やトルストイ研究以来、思想、文芸、芸術領域では注目されていた。たしかに大杉のように、アナキズム系の中心的位置にあった『労働運動』を拠点に、当時の社会的リーダーやマルクス主義系とも真っ向から論争するような華々しい役割を演ずることはなかった。

しかし、加藤は自由人社など小グループを足場に意外に目立つ活動に従事していた。その点で、大杉と並ぶアナキズム系の中心人物の一人であったことは間違いない。

例えば、アナ・ボル対立が激化している時に、大杉らアナキズム系を徹底的に批判した反対派のマルクス主義陣営から、加藤に対し、こんな評価も聞かれた。

「大杉派の善良な分子と、学生を集て居るのが、……至極真面目で、カカアを取られた其ののろけを書立た、人善しのアナか虚無か正体の知れない、加藤一夫君だ。此先生非常な人格者で多くの学生や、まだ生の労働者をチャミングする。……何ぞ計らん、芝浦の若手連中は、此一夫大明神の崇拝者だ。」（穴飽生「アナアキストの裏面観」『労働組合』第一号、一九二三年六月）。

そんな位置・地位にあると評価するものもいた時の「東京追放」であった。

かくして、芦屋に到着。富田砕花の世話で、兵庫県芦屋に借家を見つけ、落ち着く。以後およそ二年間、そこに滞在することになる。その間、加藤としては沈黙を守るなどということは到底できない。生活のこともあり、落ち着くと新聞・雑誌と連絡をとり、原稿の約束を取り付けたりした。

その後で、社会運動として最初に取り組んだのが、個人誌として始めた『原始』の発行であった。いわば東京追放中に文芸や思想に関して、湧き出る創作や運動展開への意欲や考えを発表する場としたのである。

もっとも、加藤はそのまま関西に住みつく考えはなく、住み慣れた東京の復興、治安の回復を見守っていた。その間、地方から地方の視点をもって出発した『原始』で頑張り、関西にいる間はそれを継続しようと決めていた。

ところが、『原始』は意外に評判がよかったので、場合によったら、その『原始』を抱えたまま、帰京することも覚悟しだした。

（2） 帰京、そして東京での再起

やはり関西では、自分の力を十分に発揮することができないと思ったのであろう。意外に早く、二年で関西を切り上げることになった。一九二五年八月であったが、長男・哲太郎が小学校に入学した二年目の夏休みを使って、家族と共に芦屋をあとにして帰京する。

その時、予定通り『原始』を関西に残さず、東京に一緒に持ち帰った。九号からは中央の東京での刊行に変わる。そのまま終刊号の二八号まで、東京府下武蔵野村（現・武蔵野市）吉祥寺での刊行となるので、『原始』は関西地方の芦屋で始まり、中央の東京で終わることになる。

なお、前掲拙稿「『原始』と加藤一夫」において、私は『原始』の終刊号は二八号と思われるが、若干の留保が必要である旨記した。二八号では、何の予告も、断わりもない、全く突然の終刊となっているからである。

ところが、その後の調査で、従来の推察通り『原始』の終刊は第二八号であることが確認された。例えば、畠山清身「加藤一夫に喧嘩を売る」（『悪い仲間』一九二八年二月）でも、そのことが確認できる。

それからしばらくの沈黙の後、二年半経過した一九二九年、加藤はまたも個人紙誌ないしは自らが中心となる機関紙誌の刊行に意欲を燃やす。その結果送り出されるのが、本章が主たる研究対象とする『大地に立つ』であった。

『大地に立つ』の創刊は、一九二九（昭和四年）年一〇月。菊判四一頁で出発する。「加藤一夫編集」を表紙にも大きく謳っているように、編集人は加藤。ただし編集員会があるわけではなく、加藤の気持・姿勢は個人誌とさして変わるものではなかった。基本的なこと、重要なことはほとんどが加藤の手になった。実際に、後述するように発行を引き受けた春秋社も、『大地に立つ』を加藤の「半個人誌」と呼んでいた。ただ刊行にあたって春秋社に援助を仰いでいるので、発行所は春秋社、発行人は同社社長の神田豊穂の名義となった。

この点について、加藤は、創刊号の「編集の後に」で、「本誌の発行所は『春秋社』であるが、編集は僕自身の家でやる。仮りにその編集所を『大地に立つ社』と名づけておく。原稿や寄贈雑誌等は編集所宛に願ひ度い」といい、春秋社はあくまでも事務的な協力をするにすぎないことを説明している。

『大地に立つ』の刊行にあたって、加藤は『原始』の主な読者たちに刊行の挨拶を書簡で送っている。春秋社が『大地に立つ』刊行会の名で刊行の挨拶を送るときに、そのB４の用紙の後半分を使い、一緒に書き送ったもので、謄写刷りである。やや長くなるが、資料的にも貴重なものなので、その全文を紹介してみよう。

「今回『大地に立つ』を刊行しました。小さな貧弱な雑誌ですが、小生の新らしい考へを土台として、新らしい感想や研究や創作をのせて行きたいと思って居ります。即、人類の生活を『大地に立つ』ることをもって第一の主眼とし、その立脚点から現代文明を批評し、新らしき進路を求むると共に、特に、東洋思想及び農村問題、農民文学に力を注ぎたいと思って居るのです。

従年の我が友とは相容れないものもあるでせうが、却って喜んで下さる方も多いと思って居ます。何うか御一読の上、単に一購読者たるのみならず、進んでこの運動に御助力を与えて下さることを、衷心から希願する次第であります。」

(3) 『大地に立つ』の足場と周辺

『大地に立つ』創刊前後は、世界恐慌が本格化する前夜であった。その大恐慌は加藤の足下をも脅かしはじめていた。引き続き農・土地・村落に関心が残っていた点で、加藤にとってはその視点・あり方をさらに実践・検証する必要に迫られていた時期であった。

かつての『原始』刊行時は、関東大震災後のアナキズム運動の後退期にあたっていた。労働組合レベルでは、アナキズム系に代わって、総同盟が圧倒的な力を持ち出し、アナキズム系を少数派に追いやりつつ、同時に巨大化した自らの内部でも左右の対立、そして分裂に直面するといった状況を迎えていた。

思想運動レベルでも、社会主義陣営にあっては、アナキズムを凌駕して、社会民主主義とマルクス主義が躍進し、普通選挙の時代にそなえていた。アナキズム系は憲兵隊による大杉栄たちの虐殺に対する和田久太郎らの復讐活動の余波で、厳しい弾圧にさらされていた。

そのため、アナキズム系は、他派に比し、後退の流れも急であった。それでも、小集団グループ中心に、多様な団体や機関紙誌の存在・活動は方々で続いていた。その多様な機関紙誌の代表的なものの一つが『原始』であった。

『原始』が終刊を迎え、次の『大地に立つ』に挑戦する頃も、アナキズム系をめぐる状況は、大震災後の後退の趨勢を跳ね返す勢いは戻っておらず、厳しい環境・状況に囲繞されていた。その間、アナキズム系も手をこまねいていたわけではなく、思想運動レベルでは黒色青年連盟（一九二六年一月）、労働組合レベルでは全国労働組合自由連合会（略称・全国自連、一九二六年五月）の結成をすすめるなど、初めての全国組織・ナショナル・センターを旗上げしたりして、後退に歯止めをかける努力は行っていた。

ところが、その努力にもかかわらず、その後もアナキズム系は後退の趨勢を阻止し、前進・発展に向かうことはできなかった。特に労働組合陣営が少数派のところに、さらに分裂状態を露呈し、アナキズム陣営に暗い影を落とし始めていた。そんな時の『原始』の終刊であった。

そのような推移の中でおよそ二年半が経過。その間、上記のように全国自連の分裂、黒色青年連盟による純正アナキズムの受容とセクト化、かつては多数のアナキズム系機関紙誌の中では、つねに中心的位置にあった『労働運動』の消滅と、劣勢に拍車をかける動きが続いた。かくして、厳しい恐慌と弾圧の下で、アナキズム系はますます後退の様相を強めていた。

その頃、アナキズム系ないしはそれに近接するグループの間では、農民・農村運動に新しい動きが目立っていた。日本農民組合などの合同の動きを背景に、既存の『小作人』グループのほか、『農民』『農民自治』『農村青年』グループの動き、また加藤も新居格らと共に部分的に関わる、協同組合運動の先駆者でもある岡本利吉（普意識）らの農村青年共働学校（静岡県駿東郡富岡村葛山、現・裾野市）、その影響を受けた農民自治大学（宮城県刈田郡小原村、現・白石市）などの動きも活発化していた。

そんな中で、加藤も都市・工業への批判、搾取なき農本社会への期待を強く持つようになっていた。『原始』を支えていた時代の意識や理想とは明らかに違うものを抱くようになっていたのである。

そのような状況下に生み出されるのが、『大地に立つ』であった。もちろん、『原始』の時代にも、同誌で「農民問題」の特集を組むなど、農民・農村問題やその運動にも関心は示していた。しかし、なお農民や農村よりも、文学や芸術や思想にはるかに比重がかかっていた。

それに対し、『大地に立つ』の時代になると、なお文学や芸術にも興味を示し続けはするが、それ以上に農民・農村、そして大地そのものが主たる関心事になっていく。『原始』から『大地』に変わる標題がその相違を最もよく示していると言ってよいだろう。

ちなみに、『原始』と『大地に立つ』の連続性なり、継続性については、加藤自身にも両者をうっかり取り違えるほど、つながりの強いものであった。例えば『大地に立つ』創刊号の加藤自身による「編集の後に」の中で、「原始は早くから出来て居たのだが、印刷の行き違ひから非常におくれてしまったのが残念である」というように、『大地に立つ』というべきところを、うっかり原始と混乱して筆をすすめ、活字にもしているほどである。

3 『大地に立つ』の協力者たち

編集人加藤、発行人神田豊穂の陣容で出発した第一次『大地に立つ』は、一九二九年一〇月の創刊から三巻一号（一九三二年一月）の終刊まで編集人・発行人、そして発行所（春秋社）とも変わらない。創刊号から表紙に掲げられた「加藤一夫編集」の看板も最後まではずされない。それだけ加藤による編集人の仕事は、名目だけではなく、実質的にもその業務に責任を持つものであった。個人誌で始まって、やがて加藤以外のものにも広げる半個人誌になった『原始』を継ぐかたちなので、『大地に立つ』でも、加藤の役割は通常の編集人のそれを超えるものであった。

たしかに、『原始』と違って形式上は個人誌ではないので、最初から加藤以外のものも執筆はしている。しかし、加藤なしには存在しえず、明らかに加藤の半個人誌といってよいものであった。実際に、加藤は個人誌同様に、自由に書き、自由に編集した。その点は、春秋社も同様の認識で、刊行にあたって配った挨拶状にはっきりと「久しく沈黙を守り、瞑想に耽って居ました、加藤一夫が今回、思想上の新しい転回を機として、半個人雑誌『大地に立つ』を本社から刊行することになりました……」という風に、加藤の「半個人誌」と認識し、宣伝している。

執筆者には、信仰上、あるいは思想上加藤とつき合いの深かったもの、例えば前者では栗原荒野や鑓田研一、後者では麻生義、犬田卯、高群逸枝、松原一夫、安岡黒村ら、他に山川時郎、土屋公平らのように、この雑誌を通して知り合うものなどもいた。思想関係者の場合、依然としてアナキズム系ないしはそれに近いものが多かった。

ただ、第一次『大地に立つ』にしろ『原始』ほどアナキズム色は濃くないし、アナキズム運動的性格も強くない。第二次に至ると、さらにアナキズム色は薄くなる。もっとも、第一次でも、大地に立つコミューンの訴えをなすときの用語や視点は（第二巻五、六号など）、明らかにアナキズムのそれであり、加藤自身の農本社会論にはアナキズムの理論が強く働いていると言ってよい。

内容的には、たまたま『大地に立つ』の創刊と重なったトルストイの娘トルスタヤの来日は、加藤にとっては大きな事件であったので、しばらくはトルストイ関係の記事が目立つ。それに象徴されるように、当初は文化、芸術、文学的性格の論稿が多い。中には、注目に値する農民文学・芸術論もみられる。その後、次第に農本社会論など農業・土地とそれを基礎にした農村社会に関わるものが目立つようになっていく。

『大地に立つ』の支部もすぐに各地に結成される。出発して間もない一九二九年の一〇、一一月には、まず東京府下野方支部（和光堂書店方）、東京府下高田支部（安岡黒村方）、東京市京橋支部（小黒勝市方）、佐賀支部（栗原荒野方）、山梨県中巨摩郡百田支部（秋山金録方）の五支部、さらにその暮れから新年にかけて、山梨県中巨摩郡飯野支部（伊東栄義方）、兵庫県揖保郡揖保村鶏籠支部（真殿正好方）、長野県上水内郡鳥居支部（榎田国男方）の三支部が加わるなど、随分早期に支部が全国的に結成されていく。

支部の結成は加藤および春秋社にとっても、いろいろの意味で喜ばしいことであった。まず支部がまとめて購読料こみの会費を徴収し、納入してくれること、読書会や講演会の母体になりうること、その結果、加藤自身の思想や理想の啓蒙・宣伝にも活用・寄与できることなどであった。実際に、この『大地に立つ』の時代には、加藤はよく各地に出かけ、読書会や講演会の講師を務めている。

なお支部結成の動きに併せて、早々に支部結成規定が作成される。参考までにその規定の一部を紹介しよう。

一、『大地に立つ』支部は五人以上の同志をもって組織する。
一、『大地に立つ』同志は大地に立つ生活の意義を体得したものであって、その宣揚に努めるものでなければならぬ。
一、支部員は会費として月一二銭を出す。
一、その会費は支部の責任者が集めて少なくとも月の二五日までに何々支部としてまとめて発行所へ前納する。発行所からは月々の雑誌を支部宛に直接発送する。

4 『大地に立つ』のその後の展開

僅か二年足らずの継続ながら、この間、『大地に立つ』の目標やモチーフ、すなわち加藤の農民・

農村社会観も重大な変化を遂げる。

『大地に立つ』出発時の加藤の農民・農村に対する考えは、まだ理念レベルのものに近く、穏やかなものであった。理想社会の具体像の中に農村を明快に位置づけたり、それに実践性を持たせたりするものでもなかった。彼は言う。大地に立つ生活とは、大地を上から見るのではなく、対等に向き合い、大地と共にあり、大地と融合、調和するというものであった。

「まず第一に大地と調和すること……。万人が万人、寄生的生活をやめることである。……利得を目的とする産業を限定することである。民衆の必要に応じて、消費を根本とする産業に限定することである。……斯くして先づ原産物を多く採取せしめよ。そして、さうした根元的な仕事の必要に応じて科学を研究せしめるがいい。否、人々をなるべく少なく働かせて、なるべく多くの余裕を持たせることによって彼等自身最も必要とする学問を研究せしめ、芸術を創作せしめるがいい。農業者や漁業者に必要なる道具や肥料を各自に製造せしめるがいい」（加藤一夫「大地に立つ生活の意義――創刊号を出すに当り我が態度を明にす――」『大地に立つ』創刊号、一九二九年一〇月）。

それにあわせて、先の刊行に際しての挨拶状にもうかがえるように、人間の生活は大地に立つことこそ、主眼とされるべきであるという視点を基礎に、当面『大地に立つ』も「理論的にやって見たい」（前掲「編集の後に」『大地に立つ』創刊号）と、理論面からのアプローチに力を入れることも示される。具体的には大地に立つ視点から「現代文明を批評し、新らしき進路を求むると共に、特に、東洋思想及び農村問題、農民文学に力を注ぎたいと思って居る」のであった。

ところが、号を重ねるにつれて、たんに「理論的に」考えたり、批評するだけでは収まらなくなっていく。「農本社会の建設へ」(『大地に立つ』第二巻第六号、一九三〇年六月)を書き、それに対する賛辞や批判を受けたりしつつ、農民自治を基礎に、かつ農業本位・農民本位の構想の上に立つ農本社会の建設を具体的な目標に掲げるようになっていく。

しかも、そのために自らも共働者となる実践に取り組む決意を固めるところまですすんでいく。そこでは、「一切の根源、一切の生みの親、一切の墓場である」(前掲「農本社会の建設へ」)大地のもとでの生活、すなわち「百姓」こそ万人が取り組むべき生活であり、労働であること、それによって搾取もなくなり、人間的な生活も可能になることが示される。それと同時に、都会や工場への嫌悪の情もどんどん強くなっていく。ここまで来れば、「百姓」生活の実践も時間の問題であった。

加藤は、すでに一九二七年に「春秋社から若干の金を出してもらったのと、翻訳の前借とで」(「手紙代りに」『大地に立つ』創刊号)、まだ田畑が一面に広がっていた神奈川県都築郡新治村中山(現横浜市緑区)に大きな邸宅を建てていた。ここを足場に農本社会建設への第一歩を踏み出すのはそうむずかしいことではなかった。実際に、自宅からそう遠くない川井に、まもなく共働農本塾を開く。

このような農本社会への希求、そしてその実践が本格化するのは、第二次『大地に立つ』の時代に入ってからである。本稿が対象にしている第一次でも、大地に立つコミューン＝農本社会構想はかなり具体化されるが、実践への本格的な踏み出しまでは到達していない。

第二次『大地に立つ』が刊行され、農本塾が開かれるときには、親戚の加藤武をはじめ、読者の中村敬一、池田一三らも加藤の構想に賛同し、農本塾の塾生や共働者として川井にやってくる。結局はその理念、実際の生活は不徹底に、しかも短期間で終わるが、一時的にはそこに新しい創造的な生活が始まるかに見えるほどであった。

5 『大地に立つ』の位置

かつて農業・土地を基礎にした本然生活を唱え、実践した加藤は、アナキズム運動を含めた社会運動の高揚する一九一九年前後から久しく農業本位・農村本位の生活を離れていた。鋤や鍬に代えて、筆や口舌をもって都会で文芸や芸術、社会評論や思想に関わる生活に重心を置いてきた。『原始』も、まさしくその流れに属し、文芸中心の個人誌（後には個人誌を超えてアナキズム系文芸誌の性格を持つにいたるが）であった。

ところが、『原始』を廃刊してから、二年近くの沈思黙考の果てに、加藤は再び農業・土地に回帰する。その最初の明快な意志表示が「半個人雑誌」の名称を定着させる『大地に立つ』の刊行であった。同誌でも、第一次と二次ではもちろん、第一次の中でも、前半と後半とでは姿勢は変わるが、全体を貫くモチーフは創刊号に掲げられた〈宣言〉にあたる次の巻頭言によく表現されている。

一、人間は「大地に立つ」て生きねばならぬ。
一、社会は「大地に立つ」てその機能を発揮するものでなければならぬ。
一、「大地に立つ」者とは他人を土台とすることなくそれ自ら生活の根源より発するところの生活をなすものである。
一、「大地に立つ」社会とはそれ自ら生命の根基から発露する統制の下に在るものである。
一、現代の文明は此の根底から断たれた根なし草の花に過ぎない。それは奴隷への寄生木である。
一、「大地に立つ」にはおのづからその方法がある。頭を地にしては大地に立つことを得ない。足を浮かしては大地に立つことを得ない。
一、我等は「大地に立つ」ことを学ばねばならぬ。

加藤の土地・農民運動に対する関わり方は、当時のアナキズム系でも決して一般的なもの、主流にあるものではなかった。

戦前のアナキズム系の農民運動は、大きく三つの流れに分けて考えることができる。その一は、古田大次郎、中名生幸力、望月桂、木下茂らが小作人社や農村運動同盟を担った流れである。主に一九二一年から一九二八年にかけての動きである。反地主・反権力の視点に立つ小作人運動で、啓蒙・宣伝活動が中心になる。自らは必ずしも農村に居を構えたり、農業に従事したりするわけではない。もちろん、農村・農業生活を試みなかったわけではないが、厳しい弾圧の下で、農民と共に、農民の中に定住することは不可能に近かった。

その二は、そろそろこの昭和初め頃から動きだしていて、やがて長野県などの農村にも根強く協力者を生み出す「農村青年」運動の流れである。単なる外からの啓蒙・宣伝を超えて、農村・農民とも結びつきを持ち、全村運動を土台に農村改革、さらには農村革命をも志向するグループである。宮崎晃（添田晋）、鈴木靖之、星野準二らがこの流れに属す。なお農村における実践性という点では農民自治運動も、この流れで考えることができよう。

その三が、加藤らの流れである。社会変革と結びついた組織や実践よりも、農本主義に立って個としての農業実践と陶冶に目標をおく。一般農民には容易に受け入れられないが、科学の市民化・日常化など、科学性の重視も特徴となっている。だから、一面で、都会や工業の否定の上に、新しい農本社会の建設を目指すのであるが、その際、全社会的な変革の理論や運動とは、観念では結びついても、実践ではかみあわぬ面をもつ。他面で、日本村治派同盟や岡本利吉らの農村青年共働学校とも一時的に結びつくように、加藤の農本社会論は岡本に似て理想主義的側面を持ち、特定のイデオロギーや運動論の枠をこえて、無限定に広がる可能性ももっていた。この点は後に農村青年社グループに強く批判されるところでもある。

もともと、加藤のアナキズムは、個人主義的・哲学的性格が強く、運動としての社会変革論と結びつくよりも、理想主義ないしはニヒリズムのような個の変革に帰着する性格が強かった。農業との関わりにおいても、個人主義的・人間主義的視点での関わりがきわめて濃厚である。搾取することも、されることもない生活、自ら無に到達できる生活、それを土地に立脚する農業生活に求める。そうであるとすると、晴耕雨読の修養主義的農業実践、そして非組織的農本主義に進む可能性が強いが、加藤はまさにその方向に進んでいく。

しかもその個や無を支えるものとして、ほどなく再びキリスト教を受容して宗教回帰の姿勢を見せることになる。

このような個人主義的・非組織的性格をもつ農業実践への打ち込みは、外に向けた『大地に立つ』がいったん中断、ついで再刊されるときには「加藤一夫個人紙」として世に送り出されることにも象徴的に現れている。

個人紙誌といえば、全般的にも大正・戦前昭和期を通じて盛んであった。もともと、その頃のアナキストの機関紙誌には、個人紙誌に近いものが少なくなかったが、明快に個人誌をうたったものは、そう多くない。その代表が加藤のそれであった。

以上のごとく、『大地に立つ』は、いろいろの意味で土地・農業・農村・農民に視点が集中されたところに顕著な特徴をもっていた。農本社会の建設にみられる将来社会の構想についても、またその生活実践についても、それが言える。さらに第二次に集中するものではあるが、宗教の追求にしても、また芸術、文学、文化の領域の考察についても、それが言える。

例えば、同誌の前半は文学や芸術論にも注目すべきものが見られるが、その関心はあくまでも農が主であり、農を通しての芸術であり、文化であった。農を根元的に問い直そうとするとき、この『大地に立つ』は、多くの素材を現在のわれわれにも残してくれているといってよい。

6　『大地に立つ』の終刊

『大地に立つ』の終刊は突然やってくる。一九三一年一月のことである。『原始』と違い、きちんと終刊の告知を行っての終了ではあったが、前号までは一切予告、ないしは終刊をにおわせる動きはなく、読者の反応からみても、明らかに唐突の終刊であった。せめて最終号を終刊特集に近い編集をしていることが、読者への責任を果たしたことになったであろう。

その最終号における終刊特集といってよい論稿としては、加藤の「終刊の辞」「原始を回復せよ」「新治村より」、山川時郎の「『態度の革命』の思想体系――『大地に立つ』廃刊を記念として――」、中村六三郎らの「誌友より」などである。その加藤による終刊の説明に少し耳を傾けてみよう。

「甚だ唐突ではありますが、『大地に立つ』は本号をもって終刊とします。これは私としても甚だ残念でありますが、読者諸君に於ても亦事の余りに急なのに驚かれることと思ひます。だが、私の生活に於ける運命的変革は何うしても斯くするよりほかはなかつたのであります。……私および本誌にふかい関係をもつて居るところの春秋社内の事情の変化は、私をして遂に、毎日社に出て社の事務を見なければならなくさせたのです。そのために私は、朝の六時頃に起きて七時半にはもう家を出て、夜は八時頃でなければ帰れなくなつたのです。……もし私が、強いて『大地に立つ』を続けようとしても、おそらく私は録な雑誌を出すことも出来ないでせう」(「終刊の辞」)。

ここに終刊の事情は明らかであり、特に付け加えることはない。ただ、終刊のあり方にも、大恐慌下に置かれた春秋社の不振が土台にあるにしろ、結局は加藤個人の状況認識・判断で決断されている。そこにも、『大地に立つ』は加藤の半個人誌ないしは個人誌を出るものではなかったことが確認できるであろう。

この終刊で特徴的なことは、終刊がたんなる終刊ではなかったことである。現実に、まったく中断なく、加藤の体力・時間的余裕にあわせた形で、翌月には何のとどこおりもなく、第二次といってよいリーフレット型(B5判)の『大地に立つ』が読者に届けられる。しかも、リーフレット型第一号にあたる一九三一年二月号は、第一号とはせず、第一次『大地に立つ』と継続性をもたせて、第三巻第二号とされているのである。見方によっては、この処理では終刊ではなく、雑誌型からリーフレット型への変更に過ぎない、ともとれるのである。

にもかかわらず、ここで雑誌型とリーフレット型をもって、第一次と二次に区別するのに、理由がないわけではない。雑誌型が新聞・リーフレット型に変わるという外見以上に、何よりもまず第一に、加藤が第一次を廃刊にした理由は、自分以外の執筆者の原稿を見、手を加えるゆとりがなくなったことである。

その結果、第二に、できるだけ自分の原稿だけにするため、加藤の半個人誌が加藤の個人誌(個人紙といってよいが、加藤は個人誌と呼んだ）に変わること、表紙にもはっきり「加藤一夫個人雑誌」と謳われることである。

第三に、内容も農民や農村の文化、芸術等に比重のあった雑誌時代に比し、リーフレット時代には農本社会建設への目標と実践が主たる課題になっていくことである。

第四に、途中からではあるが、リーフレット時代に入って、加藤が宗教への回帰を宣言し、実行すること、それによって宗教色がきわめて強くなることである。

さらに第五に、岡本利吉や橘孝三郎らとも交流を持つにいたることである。言葉を換えると、第一次は文学や美術や思想を通して〈農〉をみる、あるいは逆に農を通して文学や美術や思想を見る、いわば文芸・芸術・思想と〈農〉の融合、それに比し第二次は宗教や理想を通して〈農〉をみる、いわば宗教・理想と農業の融合が特徴となっている。

ともあれ、第一次の終刊が中断なく第二次に引き継がれるにしろ、第一次『大地に立つ』は、一九三一年一月をもって終わりを告げる。日本の産業界は大恐慌の最低点をくぐりぬけ、満州事変以降の軍事色の濃化に支えられて、僅かであれ、景気を回復していくのに、農村は一層不況色を濃くしていく。

同時に、加藤個人の活動も、アナキズム運動も、極端に活動を狭められ、生きていくのが精一杯の時代に入りつつあった。加藤にとっては、『大地に立つ』の第一次、続いて第二次の廃刊は、社会思想・社会運動的性格を強く押し出す加藤流の小グループの活動や機関誌の終りに加え、さらに思想性をもつ個人紙誌の終りをも意味していた。まだ間があるものの、やがて加藤の内部においてアナキズム・社会運動からの離脱が始まる。それに至るアナキズム的色彩を持った最後の大きな活動が『大地に立つ』であった。

7 『大地に立つ』第一次総目次

第一巻第一号（一九二九年一〇月） 四一頁

穀草を苅る（口絵ジェームス・チャピン）　『大地に立つ』宣言（この巻頭言には表題はついていない。創刊宣言にあたる内容なので、仮りに「宣言」とした。）　大地に立つ生活の意義――創刊号を出すに当り我が態度を明にす――　加藤一夫　新しき「現代」の創始――我が散文詩　加藤一夫
手紙代りに（一）（二）（三）　加藤一夫　トルストイの隠遁と死　ア・エル・トルスタヤ　尾瀬敬止訳　トルスタヤ女史を語る（末尾に、加藤一夫の短い添え書き）　尾瀬敬止　都会文明を排す　加藤一夫　村落雑筆　加藤一夫　農民文学概論（一）　加藤一夫　思ひ出　上杉繁　此の生活は　小須田薫　編輯の後に　加藤一夫

第一巻第二号（一九二九年一一月） 四八頁

トルストイとトルスタヤ嬢（写真　チェルトコフ撮影）　東洋思想と大地に立つ生活　加藤一夫

村落雑筆　加藤一夫　農民芸術史の基礎　麻生義　無産階級美学に就いて　鑓田研一　農民
文学概論（二）　加藤一夫　人間の力（詩）　安岡黒村　トルストイの隠遁と死（2）　ア・トル
スタヤ　尾瀬敬止訳　瘦地に萌ゆる　犬田卯　村の暁（五幕八場）　栗原荒野　手紙の代り
に　編輯の後に

第一巻第三号（一九二九年一二月）　四七頁

古代ギリシヤ農民のオリーブ採取図（口絵）　村落雑筆　加藤一夫　農民運動の必然的動向
高群逸枝　農民の時代――若き農村の青年、少女に 送る――（詩）　安岡黒村　農民文学概
論（三）　加藤一夫　農民芸術と都市芸術――農民芸術史序説――　麻生義　人造人間の説
木村幹　誌友より　高尾朝花、中島哀浪、石川三四郎、安岡黒村、秋山金六、西村陽吉、土屋公
平ほか　手紙代りに　加藤一夫　村の暁（五幕八場）　栗原荒野　瘦地に萌ゆる　犬田卯
編輯の後に

第二巻第一号（一九三〇年一月）　五一頁

原始日本狩猟耕人の絵画　二つの道――西洋文明は東洋文化に代られるであらう――　加藤一夫
思想の共同確立　高群逸枝　都市の起源とその正体　伊福部隆輝　百姓の腕（詩）　北上允
大空の下に（詩）　土屋公平　古代文化の探求　安岡黒村　民謡二篇　渋谷栄一　農村のあ

まりものは何うすればい丶のです　天笠春雄　　土を離る丶ことの運命——友へのお答へ——　加藤一夫　詩友より　土屋公平、松本清、大木情司、秋山金録ほか　手紙代りに　消費組合講座（二）　加藤一夫　農民文学概論（四）　加藤一夫　村の暁（五幕八場）　栗原荒野　瘦地に萌ゆる　犬田卯　編輯の後に　文部規約

第二巻第二号（一九三〇年二月）　四八頁

現代のマジック（詩）　加藤一夫　村落雑筆　加藤一夫　都会否定の社会的基礎　松原一夫　階級美学論——農民芸術史序説——　麻生義　とっちめてやれ——大地短歌——　田中元治　農村の二男坊三男坊の問題について　小海隆三郎　土地問題と二男三男坊——小海君に——　加藤一夫　伸び上る現実（詩）　土屋公平　機械芸術と重農芸術との対流（航空文明は芸術を如何に決定するか）（詩）　安岡黒村　農村青年に寄す（詩）　鷲巣　すゞ　農民文学概論（五）　加藤一夫　消費組合講座（二）　加藤一夫　誌友より　李哲浩、安岡黒村、保坂富士馬、山川時郎、土屋公平ほか　手紙代りに　村に帰る　小黒勝市　村の暁（五幕八場）　栗原荒野　編輯の後に

第二巻第三号（一九三〇年三月）　四七頁

虚無の道　加藤一夫　文明的進歩と道徳的頽廃——悪魔の文明の一考察——　山川時郎　共同

耕作組合について　加藤一夫　農民文学の発展性　小須田薫　大地歌壇　栗原荒野、渋谷哲介、伊藤栄治　黎明は近づく――犬田氏の「村に闘ふ」への感想――　延原大川　農村問題研究会仮趣旨及び規定　農村協同組合に就て　伊福部敬子　農村教育の必要　本多雪子　土に生く奈良喜代子　都会に押し出された小羊は（詩）　小黒勝市　地底の叫び（詩）　土屋公平　虚無の黒旗（詩）　不二木一郎　意欲の方へ（詩）　木川之介　次の時代へ（詩）　胡麻政和　新芽がめばえた（詩）　北上允　美のない街（詩）　安岡黒村　農村の少女に与ふ（詩）　鷲巣すゞ真芽（詩）　内村利男　落木の日の女（詩）　青山孝之　誌友より　加藤稔、内村利男、佐藤武、鷲巣すゞ、山川時郎ほか　新治村より　消費組合講座（三）　加藤一夫　編輯の後に

第二巻第四号（一九三〇年四月）　六〇頁

文明否定の道徳的根拠――我等は何故文明を否定するか？――　山川時郎　東洋主義と農民芸術――農民芸術史序説　麻生義　共働農村の理論的基礎――都会偏重のマルクス説と我等――　小海隆三郎　春を待つ（詩）　北上允　土掘る時に（詩）　鄭秋江　空映を見た！（詩）　土屋公平　派遣軍（詩）　小黒勝市　文明の克服（詩）　延原大川　自由への路!!!（感覚的生活の否定）（詩）　安岡黒村　大地和歌　農土芸術論　土屋公平　『土に燃ゆる』意気――寺神戸君の近業を評　小須田薫　農民文学概論　加藤一夫　消費組合講座（四）　加藤一夫　誌友より斎藤茂吉、松本、秋山金録、井上多一、延原大川ほか　新治村より　『牛肺疫』　田中元治

村の暁（五幕八場）　栗原荒野　『村の暁』を観て　中島哀浪　編輯の後に

第二巻第五号（一九三〇年五月）　四八頁

原始社会の統制　加藤一夫　共働農村の理論的基礎――都会偏重のマルクス説と我等――　小海隆三郎　都会文明の必然的崩壊――その実証的根拠の一つ――　山川時郎　個人主義の哲学　ヴィクトール・バッシュ　宮田秀吾訳　農民詩及び短歌に就て　松原一夫　エセーニン詩集　土屋公平　自由へ、自由なる世界へ（詩）　安岡黒村　畑に草をとる午后（詩）　内村利男　野びる（詩）　福島久良三　新庁舎と煙突（詩）　岩浅節　大地短歌　西山又二、小松功、長島良太郎、田中元治ほか　消費組合講座（五）　加藤一夫　誌友より　山田清英、長嶋秀太郎、内村利男、秋山金録、保坂富士馬、小松　功、鷲巣すゞ、大木清司、山川時郎ほか　新治村より　土　岡田寿三　編輯の後に

第二巻第六号（一九三〇年六月）　四六頁

農本社会の建設へ　加藤一夫　耕土を追はる、日（詩）　鄭秋江　村の近景――村の生きる道――　延原大川　大地に立つ Regional Park に就いて　中村貴美夫　農民と音楽　岡田寿三　新興短歌雑感　加藤稔　都会文明の必然的崩壊――その実証的根拠の一つ――　山川時郎　教壇に立てる同志達へ（詩）　石川和民　敵はこのケタだ（詩）　大沢重夫　雑草（詩）　土屋公平

都会の挽歌（詩） 延原大川　正直に向ふには（詩） 田中瑤村　誌友より 浅川一郎、木村英雄　新治村より　無益な執行命令 ルードルフ・ガイスト 柴田帆洲訳　鴉と農夫の会話 田中元治　編輯の後に

第二巻第七号（一九三〇年七月） 五〇頁

農村問題に対する私の態度 加藤一夫　農民美学の問題――農民芸術史序説―― 麻生義　享楽的寄生虫としての文明芸術 山川時郎　芸術派理論は時代に逆行する――農民文学の陣営から―― 土村泰　村の近景――村の生きる道―― 延原大川　共同組合の現在と将来 鑓田研一　この道！（詩） 石川和民　鈴蘭とふるさと――ある少女へ送る――（詩） 安岡黒村　荒廃の中の声（詩） 土屋公平　大地歌壇 岩浅節　「農本社会論」批判と研究　農民自治主義の理論と実践 山川時郎　新しい経済学の樹立へ 鷲巣すゞ　器械の肯定か否定か 中村六三郎　農本社会と器械との問題 加藤一夫　大地短歌 西山亦二　債鬼 小須田薫　無益な執行命令 ルードルフ・ガイスト 柴田帆洲訳　編輯の後に

第二巻第八号（一九三〇年八月） 四八頁

農村生活の問題 加藤一夫　大地歌壇 上田舟三、浅州一郎　孤愁（詩） 安岡黒村　殿堂　宗教の非社会性――予言者宗教の大衆性―― 山川時郎　大地短歌 沢村隆次、内田一夫　農

民階級の音楽――その端緒として――　土屋公平　共同経営組合の現在と将来（二）　鐀田研一　村の近景――村の生きる道――　延原大川　農本社会の精神的把握　中村六三郎　器械・文明・精神　加藤一夫　大地にしつかりと立ちあがって（詩）　一之木溪楓　母（詩）　胡麻政和　鍬と兎（詩）　福島久良三　この腕この肉腰（詩）　酒井沢樹　新治村より　慰安会とおきん　山田清英　街・村・生活――四景――　小黒勝市　編輯の後に

第二巻第九号（一九三〇年九月）　五〇頁

産業主義を排す　加藤一夫　態度の変革　中村六三郎　文明的享楽の否定　山川時郎　農民文学の新しい形式　土村泰　共同経営組合の現在と将来（三）　鐀田研一　村の近景　延原大川　農本社会の施設と様式　小須田薫　農村生活の問題　加藤一夫　母を思ふ（詩）　安岡黒村　短詩――虚無を歌ふ――　西山亦二　散文詩　自然に、自由に　鄭秋江　誌友より　林原尚孝、西山亦二、三井寿袈緒　新治村より　次男坊　小橋浩　街・村・生活――四景――　小黒勝市　編輯の後に

第二巻第一〇号（一九三〇年一〇月）　一週年記念特別号　六四頁

創刊一週年記念号を出すに当り再び我等の根本原理を反省す　加藤一夫　「大地に立つ」一年を終る　土屋公平　大地歌壇　大木清司　我等は農村問題研究会を如何に持つべきか――一周年

記念号のために――　加村喜一　「態度の革命」の理論的根拠　山川時郎　農村を救う力　中村六三郎　母（長詩）　安岡黒村　大地短歌　西山亦二　農村消費組合の信用制について　松本清　農本社会の諸問題　延原大川　「草宴」　金小岡　農民小唄の考察　田中元治　農民詩の本質　土屋公平　戦線に立つ（詩）　土田耕助　徴兵署にて（詩）　石川和民　白色奴隷の航路（詩）　木下勇　民謡・秋が来る（詩）　金小岡　檳榔樹（詩）　小松里夫　正義の憤激（詩）　小須田薫　共同経営組合の現在と将来（四）　鑓田研一　日本中世及び近世の農村生活　加藤一夫　誌友より　堀下幸治、志村洪ほか　新治村より　大地短歌　上田舟三　黒旗をおつ立て、（朗読戯曲）　土村泰　白楊木（小説）　張赫宙　編輯の後に

第二巻第一一号（一九三〇年一一月）　四九頁

東洋思想の展開へ　加藤一夫　イズムに対する考察　中村六三郎　「態度の革命」の理論的根拠　山川時郎　農民音楽建設に関するノート　土屋公平　秋風賦（詩）　安岡黒村　母上の霊前に捧ぐる詩三篇　安岡黒村　農村とスポーツ熱　藤平貞司　共同経営組合の現在と将来（五）　鑓田研一　現代に於ける農村生活　加藤一夫　新治村より　野菊の花――愛妹康子に与ふ――（詩）　延原大川　暮秋（詩）　宮崎秀　盆地――Nに歌ふ　李均　短詩　西山亦二　灼熱の田園で　山本晴工　初秋短唱　西山亦次　死と生を超える（大地短歌）　おきんの出郷　山田清英　海浜を持つ農村　岡田寿三　編輯の後に　加藤一夫

第二巻第一二号（一九三〇年一二月）　四七頁

農村の経済問題　加藤一夫　埴輪土偶の農民　麻生義　態度の革命　其の経済的意義　松本清
「態度の革命」の理論的根拠　山川時郎　イズムに対する考察　中村六三郎　私の思想的転機
と其感情的表現　安岡黒村　村を憶ふ（詩）〔附記〕私の詩に就て　延原大川　乗船命令　木
下勇　俺の歌（手記詩篇）土屋公平　詩人の積極性と消極性を論じ――土屋公平君の一詩集
「新しい地床」への批評――　安岡黒村　農民小唄と農民詩　土村泰　酒倉庫　堀下幸治
黒色讃歌　田中元治　新治村より

第三巻第一号（一九三一年一月）　四五頁

終刊の辞――附、新しい計画の予告　加藤一夫　農村社会研究会規約　リーフレット型『大地
に立つ』について　原始を回復せよ　加藤一夫　態度の革命・その経済的意義　松本清
『態度の革命』の思想体系――「大地に立つ」廃刊を記念として――　山川時郎　現代農村教育
批判　藤平貞司　共同経営組合の現在と将来（六）　鑓田研一　十二月の霧――新しい永遠の
理想を誓ふ幻に燃ゆる少女へ――（詩）安岡黒村　まってろお母よ（詩）北上允　杉の枝を
下す（詩）土田耕助　銃口を向ける――町に憧憬れ、町に嫁ぐ女に――（詩）古山信義　生
命の仭に（詩）池田一蔵　饑餓の港（詩）木下勇　噴上る愛（詩）西山亦二　土の歌　西
山亦二　誌友より――『大地に立つ』の廃刊に臨んで――　山川時郎、中村六三郎、堀下幸治

盗伐の後に（小説）　山田清英　新治村より

〈参考文献〉

小松隆二「土の叫び地の囁き」『三田学会雑誌』第七八巻第四号、一九八五年一〇月号
小松隆二「『原始』と加藤一夫」『三田学会雑誌』第七八巻第五号、一九八五年一二月号
小松隆二「『大地に立つ』と加藤一夫」『三田学会雑誌』第七九巻第五号、一九八六年一二月
　本章はこの旧稿を基に書き直したものである。
小松隆二「自由人連盟と加藤一夫」『三田学会雑誌』第八〇巻第四号、一九八七年一〇月）
『「原始」解説・総目次・索引』解説：紅野敏郎・小松隆二・加藤不二子、不二出版、一九九〇年

小松 隆二（こまつ・りゅうじ）

［所属］ 白梅学園、慶應義塾大学（名誉教授）、日本ニュージーランド学会、現代公益学会、社会政策学会、他。

［主要著作・活動］『企業別組合の生成』（お茶の水書房、1971年）、『社会政策論』（青林書院、1974年）、『理想郷の子供たち—ニュージーランドの児童福祉—』（論創社、1983年）、『難民の時代』（学文社、1986年）、『大正自由人物語』（岩波書店、1988年）、『イギリスの児童福祉』（慶應義塾大学出版会、1989年）、『現代社会政策論』（論創社、1993年）、『ニュージーランド社会誌』（論創社、1996年）、『公益学のすすめ』（慶應義塾大学出版会、2000年）、『公益の時代』（論創社、2002年）、『公益とは何か』（論創社、2004年）、『公益のまちづくり文化』（慶應義塾大学出版会、2005年）、『公益の種を蒔いた人びと—「公益の故郷・庄内」の偉人たち—』（東北出版企画、2007年）、『新潟が生んだ七人の思想家たち』（論創社、2016年）、『戦争は犯罪である—加藤哲太郎の生涯と思想—』（春秋社、2018年）他。

『大杉栄全集』編集委員（現代思潮社、1963～65年。ぱる出版、2014～16年）、『下中弥三郎労働運動論集—日本労働運動の源流—』監修（平凡社、1995年）、他。

日本労働組合論事始
——忘れられた「資料」を発掘・検証する

2018年8月20日　初版第1刷印刷
2018年8月25日　初版第1刷発行

著　者　小松隆二
発行者　森下紀夫
発行所　論 創 社
東京都千代田区神田神保町 2-23　北井ビル（〒101-0051）
tel. 03（3264）5254　fax. 03（3264）5232　web. http://www.ronso.co.jp/
振替口座　00160-1-155266
装幀／宗利淳一
印刷・製本／中央精版印刷　組版／フレックスアート
ISBN978-4-8460-1712-5